鸟瞰古罗马

帝王之家与权力之影

［法］卡特琳·萨勒 文
［法］让－克劳德·戈尔万 图

谢强 郭畅 译

VOYAGE CHEZ LES EMPEREURS ROMAINS

四川文艺出版社

吕岱斯，高卢巴黎西人（Parisii）的首府，最早是塞纳河转弯处的一座小城。皇帝"叛教者"尤利安曾居住于此。他非常喜爱这座城市，称它为"可爱的吕岱斯"。

目 录

皇帝的宫殿与别墅 1

恺撒
（前100—前44）
雷吉亚 8
亚历山大宫 10
恺撒罗马广场 11
庞培库里亚 14
古罗马广场上恺撒的葬礼 16

奥古斯都
（前63—公元14）
奥古斯都府 24
第一门别墅 33
第一门的奥古斯都雕像 34
波西利波别墅 35
凯撒利亚和耶路撒冷，大希律王王宫 40

提比略
（前42—公元37）
斯佩隆加 42
卡普里朱庇特别墅 49
提比略宅邸 55

卡里古拉
（12—41）
内米湖上的船宫 56
梵蒂冈战车竞技场 60
巴亚的克劳狄泉水池 62

尼禄
（37—68）
金宫 66

图密善
（51—96）
图密善宫（弗拉维宫）................................. 80
图密善别墅 99

哈德良
（76—138）
哈德良别墅 110
巴亚湾 126

罗马帝国末期的皇帝们
戴克里先（245—313）
萨罗纳宫（斯普利特）................................. 132

马克森提乌斯（280—312）
马克森提乌斯宫 132

君士坦提乌斯二世（317—361）
马克西穆斯竞技场上的方尖碑 133

查士丁尼（482—565）
君士坦丁堡大皇宫 142

注释 144
词汇表 145
参考文献 146

皇帝的宫殿与别墅

邀请人们探访罗马皇帝家苑是一种发现这些君主性格和生活环境的方法。在将近4个世纪的时间里，罗马的皇帝统治着一个幅员辽阔的大帝国——囊括了当时西方人所认知的世界的大部分。皇帝们平时在哪里生活？他们的住所与同时代人的住所一样吗？皇帝们在帕拉蒂尼山上修建的辉煌宏大的皇家建筑，如今只余寥寥的遗址；这些世界之主用来暂时躲避罗马喧嚣的数不胜数的休闲别墅，命运也没有更多的不同。让-克劳德·戈尔万重现了这些面积和奢华程度都令人瞠目的皇帝住所，让读者可以走进皇帝的私人房间，漫步在他们的花园，参与他们的休闲活动。这组"名信片"式的收藏向人们揭示了古代爱好者尚知之甚少的世界，并帮助读者进一步了解古罗马的世俗建筑、宗教建筑，以及古罗马人的娱乐场所。在这里读者可以跟随提比略皇帝从卡普里岛的朱庇特别墅视察海上舰船的游弋；可以在尼禄皇帝身边，于金宫的微缩世界中慢慢醒来；可以成为图密善皇帝的家宴宾客，和他一起在帕拉蒂尼山上行宫的奢华宴会厅共同进餐；还可以与哈德良皇帝一起在蒂布尔别墅花园漫步，那里复制了古希腊最著名的景观。

罗马人使用 domus 和 aedes 两个词来表示"家"，并没有专门词汇来指涉皇家建筑。后来在拉丁语中出现了"palais"（宫殿）这个词，它来源于皇家住所聚集的帕拉蒂尼山（Palatin）。保罗·韦纳明确指出不应将罗马皇帝与后来的欧洲王朝的国王或帝国的皇帝混为一谈。出现在公元前27年的元首制并未参考罗马传统或外国模式。掌权者大都不是世袭继承。事实上，在帝国统治的4个世纪中，很少有儿子继承父亲成为帝国皇帝的。韦伯芗活着的时候曾尝试创立一个由他的两个儿子提图斯和图密善继位的世袭朝代，但并没能长久。一般说，帝位继承通常是在氏族内部产生（朱利亚-克劳狄王朝，塞维鲁斯王朝），或选贤任能（安敦尼·庇乌斯），或通过武力暗杀掌权者篡位。这些因素有助于我们理解罗马皇帝首先是一个贵族，他在掌权后，会一边继续过贵族望门生活，一边掌握无限的帝国权力。他能传给后代的则是财产——家具和房子[1]。因此，在近一个世纪中，皇帝住所就是自己的家，是家族财产。罗马的第一位皇帝，奥古斯都，终身生活在他成为皇帝前就已修建于帕拉蒂尼山上的略显简陋的宅邸里。由于行使权力的需要，皇帝必须将自己寓所附近的其他私宅买下充公，用以安置越来越多的与自己统治相关的服务机构。1世纪末，图密善终于在帕拉蒂尼山上建成了一个庞大的建筑群，该宫殿群由皇家家族的私人宫殿（奥古斯塔纳宫）与办公宫殿（弗拉维亚宫）组成。在这一个世纪中，帕拉蒂尼山上的皇帝住所加强了元首的权力，也体现出帝国意识形态的不同阶段。从奥古斯都居住的"简陋"住所到此后共和意识尚存的一段时间里，元首只是"罗马的第一公民"；在建造了图密善的豪华宫殿之后，元首则变成了既是"主人"也是"上帝"。

在自己家里，皇帝的生活与同时代贵族的生活别无二致。每天早晨他都和元老院元老们一样，要参加源自共和国时期的觐见（salutatio）仪式。公民们成群结队地涌入中庭向他致意。奴仆们负责按照公民的等级给他们确定顺序，皇帝必须向每个公民说一句好话。在一整天的时间里，皇帝的时间依照罗马人一天的日常生活传统来安排。上午，他要去元老院审读请愿书，会见外国使臣，指示秘书给重要的人、总督及外国君主回信。上午的这些活动结束后，或在下午开始时，皇帝会少许进食，之后便进入私人活动时间。洗浴是晚饭前和午后的重要内容，皇帝的每个住所都有私人浴场，供他享受几个小时。接下来是晚宴，皇帝会宴请一些宾客或去一个友人家用餐。同帝国其他公民一样，皇帝也会参与战车比赛、戏剧演出或者角斗士竞技这类娱乐活动。

对一个皇帝时间安排的梳理清楚表明在公元纪年的头两个世纪里并不存在与皇帝职能相关的正式礼仪。所以当我们言及某位罗马皇帝的"宫廷"和"朝臣"时，不应与路易十四在凡尔赛宫建立的宫廷相提并论：在17世纪，数以千计的朝臣与国王生活在宫里，国王是全部典仪的主角，而朝臣是不可或缺的龙套——参与国王的起居、饮食、散步都被视为一种特权。而罗马并不是这样，皇帝只是作为一个普通个体，与家人、仆婢一起在家（domus）中生活。一些大人物，元老院的元老或骑士，是作为客人被邀请来分享皇帝生活的。

早期几位皇帝从自己氏族手中继承了家产。而自韦伯芗起，这些家产都被并入帝国遗产，进入公共领域。因此，皇帝大兴土木，拥有许多自己的第二住所，修建自己专有的建筑。公元前2世纪时，修建意大利乡村别墅的风气开始在罗马贵族中盛行。这也变成了社会评价一个人成功与否的标准：能够随意离开罗马的喧嚣与污染，到乡下闲居很长时间，那里的舒适与典雅程度还与城里府邸不分伯仲。共和国末期的所有政治人物都为他们的度假地花费了大笔开销。J.卡尔科皮诺（J. Carcopino）认为，西塞罗至少拥有8—11处别墅（villa），还有9处用于意大利旅行的落脚点。夏季酷暑来临，城内炎热的空气让人无法呼吸，庞普廷沼泽带来的热病肆虐，所有有条件的人都会离开罗马。罗马人甚至把8月夸张地称为"收尸月"。

为了给这些意大利住所起个名字，罗马人使用villa这个词。该词最初表示"农场；农业开发"的意思。无论是靠近罗马近郊，还是靠近海边，罗马别墅都保留了大片陆上农业生产用地（果园、菜园、葡萄园、畜牧用地）或者海产养殖区域。但与主人和宾客的娱乐活动项目相比，这些农业活动都是次要的。

自公元前1世纪末起，关于罗马别墅的一股潮流逐渐发展，并最终成为主流："休闲"型（otium）别墅逐渐取代了"事务"型（negotium）别墅，特别是主要处理国家事务的别墅。为自己留下一

▶ 两座总督宫殿（大不列颠，埃及）

上图是1世纪末位于大不列颠东南部的一处宫殿。下图是托勒密（埃及）罗马总督的宫殿。这些建筑的规模让它们可以接待贵宾。

皇帝会以各种原因前往意大利以外的地方：对各行省的官方巡视、军事远征、朝拜像厄琉息斯（Eleusis）一样闻名的圣地，或者只是单纯的旅行。有些皇帝，比如哈德良，热爱旅行；但更多的皇帝喜欢待在宫里。皇帝出行需要带很多人：随从和近卫队，亲信，朝臣，往往还有其他皇室成员（还不算每位贵宾自带的各种奴隶）。因此，这是真正的远征：车船载着皇帝和他的随行人员。尼禄去巡游希腊时，使用了不少于500辆车来载随行人员。紧随其后的是装着餐具、家具和地毯的大推车，这些物件是皇帝和他的朋友们在旅途中重现日常装饰的必需品。为了安置皇帝及其随从，途经城市的达官贵人都必须提供住所（hospitium），也就是说，把他们安排到自己家里。在各省首府，总督的房子会临时作为罗马皇帝的行宫。在大多数罗马帝国的大型不动产中，比如，在罗马和意大利的皇宫，有1/4是用来作宾馆的。通常皇帝卫队要在奴隶和释放奴前到达，以保证显贵客人们得到舒适的安排。

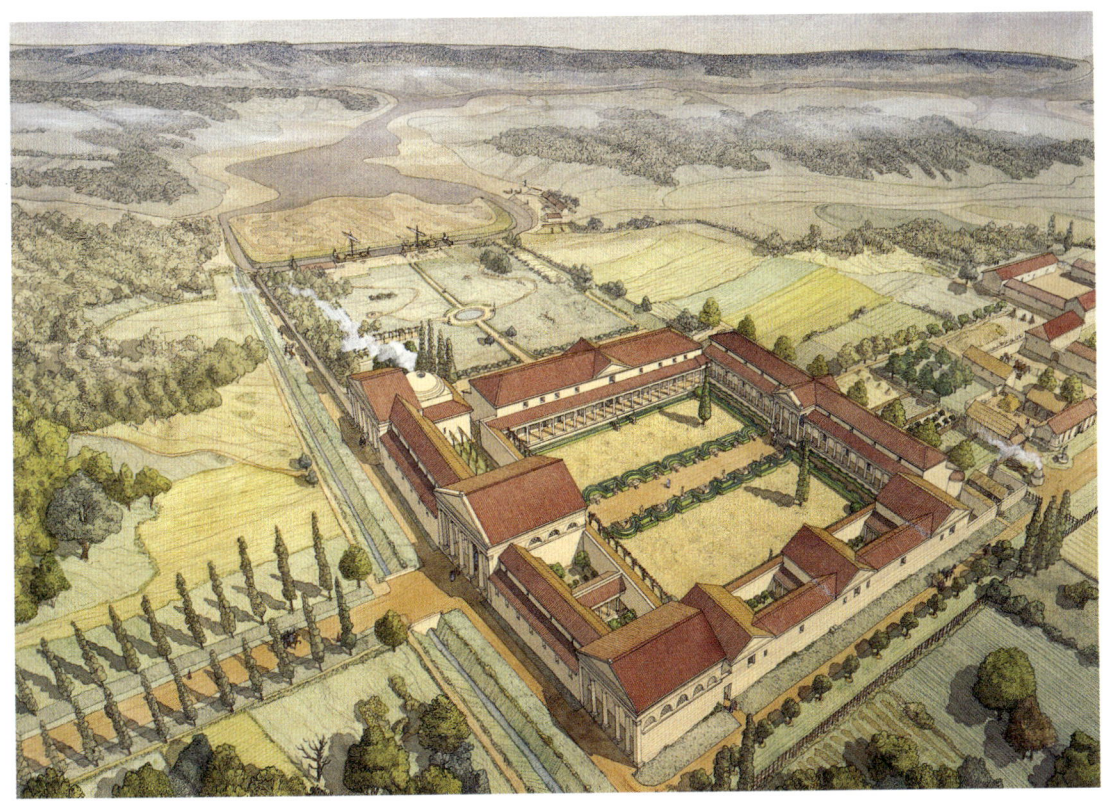

3

> **一幢别墅的鸟舍**
>
> 　　作家瓦隆（Varron，生活在共和国末期）提起了他在拉丁姆的卡西姆有一座别墅。这座别墅有当时非常著名的一座鸟舍。鸟舍整体形似书写板，在相当于书写板穿环的位置建有一座圆堂，内有餐厅。
>
> 　　在卡西姆城下，一条小河在两侧石栅栏的护送下，穿过了我的别墅……河边是散步道，紧邻我的鸟舍。它的两端有高高的围栏，整体看起来就像一个有穿环的书写板。鸟舍的矩形部分长72尺（约20米），宽48尺（约14米），圆形穿环直径27尺（约7.5米）……鸟舍入口处是两排石柱柱廊，中间是低矮的灌木丛……柱廊里是各种各样的鸟，一张拉紧的网为鸟提供食物。在矩形建筑的尽头，有两条细长的水池，水池中间有一条小道通往圆堂——一座柱子环绕起来的圆形建筑物。在圆形建筑物的外部石柱柱廊和内部杉木柱廊之间，有一张网覆盖整个空间。这里有一座阶梯式建筑，很像一个小剧场，一个给鸟，特别是给夜莺和画眉使用的设施。
>
> 　　圆堂内部有一汪水塘，中间有一座非常小的小岛。岛周围是鸭子的栖身处。小岛上有个小柱廊，能绕着中轴转动，它像一张桌子架着一个发光的轮子……在这里工作的奴隶要转动这个轮子，这样水和食物就能送到每个宾客能拿到的地方。转盘的底座一般会铺上地毯，鸭子会从上面走过，去池中游水。只要拧动木轮上的水龙头，每个客人都能获得冷水或热水。
>
> 　　　　　　　　　　　　　　　　——瓦隆《农村经济》（*Économie rurale*）III, 5

份空闲，远离城市的种种事务，去一个拥有一切、环境宜人、美丽又遗世独立的地方来恢复活力，是一位罗马贵族，尤其是一位罗马皇帝理想的生活。别墅中的休闲有助于人通过反思充实自己的思想，用西塞罗的话说，就是"在休闲中思考事务"。当然，不同的皇帝对休闲的运用是不同的：提比略在卡普里岛、哈德良在蒂沃利建造自己的退休别墅是为了进行哲学沉思；其他皇帝，如卡里古拉、尼禄、图密善，他们的第二住所的用途是放松和享乐。对休闲的诉求成为疯狂建造新别墅的借口。贵族们从中发现一种逃避责任与烦琐义务的方式，并最终在他们的度假地找到了一种帕斯卡尔式的"消遣"。对此，塞涅卡早有预言："会不会有一天湖边不再有建别墅的地方？或者，你们在河边再也找不到建造别墅的地方？凡有温泉流淌的地方就有供你们享乐的新住所。凡是海岸形成海湾的地方，你们就会立刻开工动土，因为你们只能欣赏人工兴建的景观，而无法欣赏大海本身。确实你们的宫殿遍布山丘之上，可以俯瞰广袤的土地和河流，你们的宫殿如山一样高耸在平原上，即使你们已经建造了无数座宏伟居所，难道你们就不是你们自己，不是一个孤独而渺小的个体了吗？要这么多房子有何用？你们还不是只能睡一间屋！"

给别墅选址需要考虑多种因素：健康卫生、好的朝向，环境也要宜人。意大利某些地区得天独厚：萨比纳地区（Sabine）的恬静风景、阿尔巴诺山（Albains）的清爽微风、拉丁姆地区（Latium）的海岸、那不勒斯海湾的绚丽景观和温泉。皇帝的别墅大多分布在这些地方，临近和容易返回罗马是很重要原因——条条大路（尤其是阿皮亚大道）通罗马。实际上，在必要的情况下，皇帝必须能迅速返回罗马。意大利其他地区在公元纪年的头两个世纪中都不被青睐，人们只知道作家小普林尼在科莫湖建有别墅。不得不指出的是，这位作家出生在科莫湖地区，所以他对此地有很深的眷恋。安静也是一条决定性标准：只能有风声、水声和鸟鸣声。奴隶们负责维持别墅运转，但不许发出声响，因为主人需要幻想他是这世上的唯一。

别墅房间的安置都经过严格计算。为了住得舒适，大部分此类建筑应对冬天有朝南的房间；应对夏天则有朝向小院、避阳的房间，院中的树木和喷泉送来阵阵清凉。对罗马而言，同所有南方国家一样，水是舒适与奢华必不可少的因素。别墅建在水源地附近，通过输水道将水引入，而巨大的储水池则可以储存雨水。建筑师们发挥着自己的创造力，在别墅周围的花园和散步道中配置瀑布、喷泉、泉水池、水渠和人工湖。

从共和国末期开始，罗马贵族纷纷涌向那不勒斯湾的巴亚（Baïes）地区。该地早已因火山温泉而闻名，后又被一个天才推销者塞尔吉乌斯·奥拉塔（Sergius Orata）推向"顶峰"。此人首先打造那不勒斯湾美食的名气，在巴亚附近的卢克里努斯湖（又译"卢克林湖"）里养殖牡蛎——在被绳子捆扎在一起的木桩上可以养出肥美无比的牡蛎。然后奥拉塔买下海边大部分别墅，用当时最先进的设施进行奢华装修：利用地下硫质喷气孔加热的浴场管道、"悬空式"浴池。最后他将大部分景观好的别墅再卖掉。当时能在巴亚拥有一座奥拉塔装修的别墅，在罗马贵族中是件时髦的事。帝国前5位皇帝出身的朱利亚-克劳狄家族可谓其中代表。在巴亚和附近的鲍勒（Baules）地区，大部分不动产都集中在皇家手中。奥古斯都在波西利波拥有一处富丽堂皇的住所，在索伦托拥有一座大别墅。卢库鲁斯在米塞努姆、霍腾西乌斯在鲍勒、阿格里帕在博斯科特雷卡塞的别墅都是皇家财产。尼禄的第二任妻子波佩娅是位于托雷安农齐亚塔的奥普隆蒂斯别墅的主人。在巴亚，人们在水下7米深的地方新又发现了一座克劳狄别墅。

巴亚在1世纪是一个无法绕过的时尚度假地，可当"必去"二字。尽管奥古斯都皇帝很排斥笼罩在"这个聚集一切罪恶之地"的放纵之风，但其家族的女性——他的女儿茱莉娅、外甥女们和外孙女们——仍是这个地方最坚定的追捧者。这里具有一切吸引罗马时髦年轻顾客群体的东西，比如：在色彩鲜艳的游船上踱步；在撒满玫瑰花瓣的卢克里努斯湖上开晚会；乐师和歌手登上沿着岸边缓缓漂动的小船，为海滨别墅的居民们表演。罗马人打着来巴亚进行温泉疗养的幌子在此尽情享受小城的放纵风情，没有任何束缚地投入这种"纵欲奢华的生活"（dolce vita）。塞涅卡愤怒地指出："海边走着摇摇晃晃的醉汉，艄公们聚在一起纵情玩乐，歌手和乐师的音乐的喧闹声填满潟湖，总之，所有的玩乐可以说都脱离了道德准则，谴责被抛到脑后，尽情享受一切。"

考古遗址与古代作家的描述让我们对这些乡村和海滨别墅的奢华有了一个概念。建筑师们希望每幢房子都别出心裁，依地势而建。有的建筑跨河而立；有的择峰而居，岩石上的阶梯通向山顶峭壁的房子；有的寓所围绕着一棵巨树，树冠覆盖周边的房间；还有的别墅，以湖水的波涛作为"背景画面"。临海别墅被设计成一面可俯瞰大海和群岛，另一面朝向静谧的田园的结构。当别墅主人从一侧穿行到另一侧时，便仿佛又换了一幢别墅。皇帝必须用自己第二住宅的雅致和别出心裁取悦宾客。卧房简朴少有装饰，因为原则上说宾客们不会到这里来。反之，对门厅、大堂及餐厅，建筑师们要精心选择最好的朝向和最精美的摆设：一间带有巨大窗户的圆形房间，可以让人们一边欣赏美景一边休息；一间悬在海上的客厅让人感觉是在船上；在一座角楼上，人们可观看日出日落；围绕一个大理石水池摆放露天餐厅的躺床，水面漂浮着微缩舰船造型的器皿，上面载满了美味佳肴。

别墅的内部结构需要尽量贴合皇帝和宾客们在罗马城里房屋的装饰，书房四壁是高大的书柜，要有陈列绘画、雕塑、石刻的展览厅。有些皇帝出门时会把最珍贵的藏品、家具、餐具用马车随身带走，让他们在夏季别墅里感觉和在家里一样。塞涅卡曾嘲笑那些随身携带自己美丽水晶花瓶、银制餐具的赶时髦的人，这些宝贝被精心包装以免在旅途中损坏。而恺撒在出征时，也从不离开他从罗马家中带出来的马赛克镶嵌地板和精工镶木条地板。

皇帝家苑的内部装修因个人的时尚感和品味而定。房间的墙上绘有壁画或饰有由不同颜色大理石镶嵌成的几何图形。壁画风格因时代而变。奥古斯都时期，人们喜爱再现花园，因此壁画的主题会选择茂盛的珍贵绿植。李维娅在罗马第一门的别墅的壁画便是当时"花园"主题壁画的代表作，画中各种鸟儿于多种多样的树上嬉戏。在另一些别墅中，利用立体透视形成的虚幻空间将人们的视野拓展至窗外想象的建筑。尼禄金宫的大部分壁画便展示了另一种绘画理念：中性色调的背景，"巴洛克"元素，芦苇，叶形或树枝大烛台上镶满微型雕像，小建筑，后来启发了文艺复兴时期的"穴怪"风格的怪异装饰。地面铺设着以神话故事、角斗士决斗和战车比赛为主题的巨大马赛克画，绚丽多彩。如同其他别墅，这里家具稀少，但由各类名贵稀奇材料制成。拥有一件崖柏制成的桌子是"高雅的"，此木的自然旋纹就像眼睛的形状。所有房间、花园、林荫道，都摆设了各式珍贵饰品，大师的画作、古希腊和希腊化时代著名的雕塑作品、稀有的银器，以及其他各类奇珍异宝。这些都是皇帝从罗马带出来的真品或者罗马家中藏品的复制品。

乡村别墅边上的果园、菜园、葡萄园、禽舍告诉我们这里是"农场"，尽管它们的存在已经失去了实际用途，只是一种装饰。蜗牛和睡鼠的养殖为皇家餐桌提供了深受宾客喜爱的食物。在最大的乡村度假地，如图密善在阿尔巴诺山的别墅，还有野味园，里面有野兔、野麂、野猪，可以让人们既体验狩猎的乐趣，又不会面临太大危险。

最让海滨别墅的主人们骄傲的是他们的淡水或海水的水产养殖场。最初，这些鱼塘里的鱼与乡村别墅养的其他鱼一样，都是用于销售的。后来这些鱼塘成为主人引以为傲、供宾客参观的别墅一景。西塞罗创造了"piscinae"这个词，即"鱼塘主人"，以此痛斥那些把养鱼看得比共和国命运还重要的罗马政治阶层成员。此后，这个词便用来指拥有豪华海滨别墅的人们。最著名的两位"鱼塘主人"是米塞努姆的卢库鲁斯和鲍勒的演讲家霍腾西乌斯，他们的别墅后来成为皇帝的财产，而前任的这些著名鱼塘被继续维护。这些"超级"鱼塘拥有珍稀品种的鱼类，为修建它们曾展开巨大的工程。卢库鲁斯让人穿山建渠，将鱼塘与大海连通起来，海水随着潮起潮落从这条隧道涌进涌出，给养着不同品种鱼类的各个鱼塘持续换水。

别墅的花园有助于美好的生活，而"休闲"就孕育于其中。皇帝要求园丁吸取波斯人"花园"的灵感，创造景观设计。对皇帝而言，花园不仅是从别墅俯瞰的一道风景线，而且他可以随时走进其中享受。这个绿色空间的舞台维度在金宫的整体设计中有着突出体现。园丁们在过道的右侧修造"法式花园"，让其开满鲜花的花坛呈现几何图案；在过道左侧修造"英式花园"，让其呈现自由生长的无序状态。罗马人发明了"修剪"的技艺，"修剪者"（topiarius）会将树木，特别是黄杨木，修剪成几何形状或动物形象。他们也懂得用攀缘植物装饰墙体，并会支起架子养藤萝和葡萄，创造适宜的休憩之所。

皇帝住宅与罗马贵族居住的别墅并无不同。然而，在某些住所，如在斯佩隆加（Sperlonga），人们在皇帝住宅附近安置了近卫队军营与专供帝国邮差用的马厩。公元63年的大地震摧毁了众多别墅，此后巴亚地区的海滨度假风潮开始衰退。公元69年维苏威火山的爆发又加快了那不勒斯湾的衰败。从2世纪开始，度假地被迁移到自然灾害较少的托斯卡纳地区、意大利北部和湖区。

那些南部别墅，仍然归皇帝所有，偶尔还会吸引皇帝回到那里（哈德良就死在巴亚的一座皇家别墅中）。

读者可以从皇帝的家苑看到设计者和居住者的个性：斯佩隆加的洞穴和卡普里岛的朱庇特别墅展现着提比略的痛苦和多疑；金宫则是尼禄无边雄心映照于现实的一部分；哈德良别墅则如它的创造者一样呈现伊比鸠鲁学派的高雅。至于那些海滨别墅，它们代表了一种对休闲娱乐的追求，后来成为罗马精英阶层一种真正的生活理念。

恺撒
（前100—前44）

尤里乌斯·恺撒立像，来自卡皮托林博物馆恺撒雕像。

雷吉亚

与大部分同时代贵族一样，恺撒在意大利拥有众多居所且为此不计成本。但他在罗马的两处住宅并不奢华。公元前58年，高卢战争开始后，恺撒只是偶尔住在城里，因为直到遇刺，他大部分时间都在外行军征战。公元前63年前，他和母亲奥莱莉娅一起生活在罗马平民区苏布拉（Suburre）茱莉娅家族朴素的房子里，那里是罗马人口最稠密的地区。这栋房子的位置对他政治生涯起到了很大作用。事实上，他的政治生涯是从平民派开始的，苏布拉区的手工业者和商人都认识这个住在平民区的贵族年轻人。

公元前63年，大祭司庇乌斯过世，年轻的恺撒（当时只有37岁）申请继承这个职位。按照常理，就任这个高级宗教职位是对一个人政治生涯的加冕。恺撒觊觎此位实在是过于大胆，虽然他已当选过罗马市政官，但他的竞争对手都是比他更为年长与位高权重的人，也都比他更有资格获得罗马宗教领袖的位子。争夺此位对恺撒而言就是一场豪赌，他十分清楚失败将使他颜面尽失，甚至会陷入万劫不复。选举之日，他一边拥抱送他出门的母亲，一边对她说："母亲，你今天要么见证你儿子成为新的大祭司，要么看着他败北逃亡。"

恺撒并不需要逃亡，他赢得了足够多的选票当上了大祭司。按照宗教机构意愿，他从苏布拉区搬到了国家宫（Domus Publica），直到去世，他都住在这里。大祭司的官邸位于雷吉亚旁，后者坐落在直穿古罗马广场的神圣道路上。雷吉亚毫无疑问是罗马最古老的建筑之一，但长期被误认为是国王努玛·彭皮里乌斯（Numa Pompilius）的寓所。在恺撒时代，它还保持着公元前6世纪建成时的样子。雷吉亚的建筑规模不大而且形态怪异（三个长方形房间与墙壁围出一个不规则的院子），国王努玛·彭皮里乌斯之后也从未有国家的最高宗教领袖，比如神圣之王（Rex Sacrorum）、大祭司，于此居住。雷吉亚有一个房间作为供奉战神马尔斯的神殿，里面保存着12面安客勒盾（ancile）[2]，佑护着罗马军队。神殿每年开放两次，分别在开战和停战时（3月和10月），萨利祭司（Saliens）[3]们会穿上古老的战士装束，请出神殿中的盾牌，跳着三拍子的舞蹈在罗马穿街走巷。跳舞的同时，他们还会唱起流传下来的古老歌谣——恺撒时代人们已经听不懂歌词了，并用手中的长矛敲打盾牌。马尔斯神殿旁边的是古老的丰收女神奥普斯·孔西瓦（Ops Consiva）的神殿（也属雷吉亚的一部分）。雷吉亚举行着罗马最崇高的宗教仪式，也保存着大祭司们的档案。它与维斯塔神殿和国家宫相邻，或者更具体地说，恺撒的官邸是维斯塔神殿的一部分。今天，我们在维斯塔神殿遗址还可以看到一个贴满马赛克的半圆形后殿（abside），里面残存着浴场装置和花园图案的壁画。而国家宫是一处"工作住所"，所以恺撒几乎没改变这里的装饰。住在这里，雷吉亚和维斯塔神殿之间，恺撒等于住在罗马的宗教中心。这是恺撒走向未来独裁者生涯的第一个重要阶段。入主"皇家"官殿雷吉亚，预示他渴望的至高无上权力的到来。

公元前62年，在国家宫里发生了一件惊天丑闻，牵扯到恺撒的妻子。每年12月初，罗马的女子们都要庆祝达米亚（Damia）节，祭奠一位古代的良善女神（Bona Dea，直译为"好女神"）。她是一位民间女神，没有人知道她的真名。在阿芬丁山上的神殿祭奠完这位女神后，这些罗马女主人和维斯塔贞女们在各自婢女的陪同下会聚集到一位高级官吏（haut magistrat）的家中。这些头上戴着鲜红发带的女人们，会献上一头母猪和葡萄酒。舞者、乐手和歌手们为这个仪式献艺。达米亚节严禁男子参加，没有男人参加的祭祀庆典滋养了罗马男人们的臆想——想象他们的妻子寻欢作乐的丑态。

公元前62年，恺撒成为罗马的行政官（préteur，又译"大法官"）。所以这年的达米亚节要在恺撒家中庆祝，也就是说在国家宫里举行。庆典由恺撒的第二任妻子庞培娅主持，他的母亲奥莱莉亚和姐姐茱莉亚辅持。仪式中，一个男人串通了一位侍女为他开门，成功地偷偷溜进了恺撒的国家宫。这个还未长出胡须的年轻人身穿藏红色女竖琴师长袍，还用一条头巾遮住了半张脸。在国家宫走廊里，他迷了路，便向一位侍女问路。虽伪装精妙，但声音暴露了他的性别，该侍女赶忙跑进女祭司集合的房间，大喊房子里有个男人。这个亵渎神灵的举动让女人们惊慌失措，立即终止了庆典活动。奥莱莉亚让人盖好圣器并命人捉拿罪犯。最终，成功地在一个房间里找到了罪犯并将其粗暴地驱赶出去。女人们半夜回到家后，都迫不及待地叫醒了她们的丈夫，讲述整个事件和这个渎神者的名字。

犯人是年轻的普布利乌斯·克洛狄乌斯（Publius Clodius），在罗马颇有名气——他出身于名门望族，却投身平民派。公元前62年，他短暂的政治生涯因深陷丑闻、挑衅捣乱和各类大大小小的控诉而黯淡。然而，这个已当选次年财务官（questeur）的普布利乌斯·克洛狄乌斯为什么会设计这个秘闯罗马最神圣宗教庆典之一的无耻计划呢？也许这只是一次不假思索的莽撞挑衅，毕竟此人一贯对宗教毫无敬畏之心。可从第二天开始，另一种传言在罗马城不胫而走：克洛狄乌斯爱上了恺撒的妻子，想出了（这个笨拙的）点子，趁她的丈夫不在时去见她。不过，没有任何人指证庞培娅是这次渎神行为的同谋。

恺撒肯定希望息事宁人，毕竟这事儿让他的处境很糟糕：此事发生在他的家里，又牵涉他的妻子。怎么办？他已成为所有罗马人茶余饭后的热门话题。不过，恺撒也不想和克洛狄乌斯搞僵，他视其为今后施展自己政治抱负的有用同盟者。因此恺撒没有因为他私闯宅邸去立案，也没有诉之以通奸。恺撒只是休了妻子庞培娅，也未明说离婚的理由。有个不知趣的家伙问他休妻的

▼ 雷吉亚，尤里乌斯·恺撒的官邸（罗马）

近景左边是雷吉亚和不规则内院以及放置圣物的建筑，右边是维斯塔灶神殿，长明火的烟从里面飘出。远景是灶神之家，恺撒的居所。在路上（圣道），有一支凯旋的队伍。

原因，他只是回答"恺撒的妻子不容怀疑"。当然克洛狄乌斯并未逃出罗马当局之手，恺撒的对手们想以亵渎罪来起诉他。在收买了审判团之后，克洛狄乌斯最终以假证词伪造了自己不在场的证明，而被宣布指控不成立。

达米亚事件是罗马人津津乐道的政治丑闻之一，在恺撒的政治生涯中也发挥了关键作用。恺撒选择牺牲或许无辜的妻子来换取他个人的利益，赢得了克洛狄乌斯的感恩。克洛狄乌斯后来成为恺撒的珍贵盟友，他用自己一贯的手段，组织叛乱和暴力示威，为恺撒铲除对手，而这些都是恺撒不能亲自做的事情。

亚历山大宫（Le Palais d'Alexandrie）

公元前48年8月，恺撒的军队在法萨卢斯战役中，战胜了庞培，但庞培成功逃脱，乘船抵达亚历山大的海滩。埃及年轻的国王托勒密十三世的总管阿基拉斯（Achillas）杀害了他，当恺撒于4天后登陆亚历山大时，把他的头当作欢迎礼物献给了恺撒。但这位法萨卢斯战役的胜利者对罗马将军受到这种侮辱十分愤怒，也从中看到了巧取埃及的良机。当时埃及还是独立的国家，两位共治君主——托勒密十三世和他的姐姐克利奥帕特拉——正在打内战。为了取悦已经进驻亚历山大王宫的恺撒，克利奥帕特拉想出一招，让人把自己卷在地毯里秘密送进这位罗马统帅的寓所。恺撒立即拜倒在这个年轻女人的石榴裙下，坠入爱河。这对儿情人在被托勒密和亚历山大军队包围的宫殿里一起生活了几个月。

亚历山大的宫殿区巴西雷亚（Basileia）占据亚历山大城总面积的1/4有余。实际上从公元前331年建城以来一直到克利奥帕特拉统治时期，一代代的君主都在已存宫殿外进行增建。公元前 48 年，王室各宫殿已彼此相连，延伸到了洛察斯岬（cap Lochias），与耸立着名灯塔的法罗斯岛隔海相望。一个用海堤围起来的小港口是埃及国王专用港口。洛察斯岬与法罗斯岛构成一个巨大的海湾。将法罗斯岛与陆地相连的是一条长长的突堤——艾普台斯塔维雍堤（Heptastadion）。这里还有一座名为安提罗得（Antirrhodos）的小岛，也被王宫所占据。巴西雷亚布满花园和林荫道，除了王室建筑群，还有亚历山大城最具声望的著名建筑，为首的是亚历山大博学园。这座"缪斯的住所"是一幢雄伟大楼，既是文学院，也是大学。这里生活着 100 多位学者——语法家、哲学家、诗人和科学家，他们都由王室当局资助。博学园为这些成员提供了住房，并有一个大型公共餐厅供他们使用。会议室和半圆形谈话室（exèdre）配有许多座椅，可以让所有学者交流他们的发现，也可以接待公众。离博学园不远的大图书馆，保有 70 万册馆藏图书供学者阅览。这两座建筑周围都是林荫道，学者们可以一边散步一边交换意见。在这个建筑群里，还设有一座庙宇（Sôma），里面有托勒密王朝历代国王的坟墓和亚历山大大帝陵寝。

恺撒与克利奥帕特拉被亚历山大人包围在这个宫殿区近六个月。为了不让敌人抢占停泊在港口的罗马战船，恺撒决定将舰队付之一炬。火焰蔓延到了岸上，殃及了图书馆，图书馆连同里面不可估价的藏书全部被烧毁。后来克利奥帕特拉的新情人马克·安东尼派人去搜集帕加马（Pergame）图书馆的藏书，把它们放在重建的亚历山大图书馆中。

恺撒罗马广场

恺撒为罗马做了一个宏伟的城市建设规划，后因他过早去世而未能实现。但勃勃雄心留存在恺撒主持的建筑作品上。他首先试图与希腊化的君主们较量，后者在埃及的亚历山大和小亚细亚的帕加马都留下了举世闻名的建筑作品。亚历山大有着著名的灯塔，规整的城市规划让它的街道横平竖直，宽阔的林荫大道两边排列着宫殿和花园，这些都让古代旅游者惊叹不已。统治帕加马的阿塔路斯王朝依地形修建了帕加马卫城：在剧场周围扇形展开四座高台，承载雅典娜神殿和宏伟的宙斯大祭坛，大祭坛基座的壮观饰带浮雕表现了巨人之战（奥林波斯众神与巨人之间的战争）的场景。恺撒从这两座城市的建筑汲取灵感，他的建筑审美反映出一种至高权力的意识形态。

恺撒在公元前 54 年开始试图增建一个新的广场以缓解古罗马广场的压力。恺撒广场（又名尤里乌斯广场）于公元前 46 年落成，那时恺撒已在法萨卢斯战役中战胜了庞培。从那时起，恺撒广场就成了一种政治计划的象征：为了回应庞培建造的胜利女神维纳斯（Vénus Victrix）神殿，恺撒也要在自己的罗马广场上修建一座母亲维纳斯（Vénus Genitrix）神殿。她是罗马民众的保护神，是埃涅阿斯的母亲，自然也是埃涅阿斯的后代，尤里乌斯氏族的祖先。庞培所建神殿宣扬胜利，而恺撒广场的神殿则是尤里乌斯一族的祭祀神殿。

恺撒广场属于恺撒早期对罗马政治与宗教中心进行改造的城市建设规划之一。他首先对共和国广场进行重塑，曾经充斥广场的店铺全部消失了，就连人民大会的集会所（comitium）也没保留。在协和神殿前，建起了一座新的讲坛。恺撒还迁移了库里亚（curia），将它重建并改变了它的朝向，使其成为恺撒广场的一个交叉点。朱利亚库里亚的工程，在公元前 44 年 3 月未能完工，不能使用，这就解释了为什么元老们在罗马历 3 月还需去庞培库里亚举行会议。恺撒让人拆除了森普洛尼娅巴西利卡（basilique Sempronia），用一座辉煌壮丽的新建筑——朱利亚巴西利卡

恺撒广场建筑全景，由恺撒兴建，主体建筑是母亲维纳斯神殿。在广场中央，矗立着这位独裁者的雕像。这个广场直到奥古斯都统治时期才完工。

（basilique Julia）——替代。恺撒还给埃米利乌斯·保路斯（Aemilius Paullus）一大笔费用来整修埃米利亚巴西利卡（basilique Aemilia），因为这是他的一位祖先建造的。新罗马广场更加宽阔，也更好地体现了这位独裁者隐藏的野心。天真幼稚的西塞罗以为这座罗马广场的重建有效地缓解了老共和国广场的拥挤问题。其实，恺撒只是根据自己对罗马广场的期盼，通过重新安排广场上的建筑，改变了原来的政治方向，尤其是举行元老院会议的库里亚地位降级，成为新旧两座广场的连接点。

尤里乌斯·恺撒是首位为罗马公民兴建豪华休闲公共广场的罗马执政官。公元前54年，他决定沿卡皮托林山把新广场建在共和国广场的北面。这时，恺撒已经全身心投入高卢战争，不能亲自抓工程，只好将购买私人土地的工作交到另外两位政治人物——西塞罗和奥皮乌斯（Oppius）——手中，他们是昔日的敌人，今日的盟友。在给阿提库斯（Atticus）的信里，西塞罗写道："我们作为恺撒的朋友（我是说，我和奥皮乌斯，会不会激起你的妒忌心），为了这个令你羡慕的工程，不计成本花费了6000万塞斯特斯来扩建老广场，将其延长至自由中庭（Atrium de la Liberté）。那些私人地产主不肯接受更低的价款。"实际上，根据苏维托尼乌斯（Suétone）的记载，这次产权转让一共花费了1亿塞斯特斯。

工程从公元前51年开始，到公元前46年的夏天，广场未能在原定工期内竣工，这时距恺撒得胜归来仅余4天。然而工程主体已经完成了大半，足以看出它的全貌。一位来自雅典的建筑师按照希腊古典主义建筑基本原则设计出此建筑群。狭长的恺撒广场长160米，宽75米，三面为双围柱廊，中央是母亲维纳斯神殿，围绕神殿四周的圆柱全部鎏金。恺撒希望他的市民可以欣赏他的艺术品收藏，因此在柱廊和神殿内部展示了很多画作［其中两幅出自拜占庭的提莫马库斯（Timomaque de Byzance）之手，恺撒为此花了超过100万塞斯特斯］、雕像、6个指环盒（戒指收藏），以及一些雕琢过的宝石和一件珍玩——镶满大不列颠珍珠的盔甲。神殿前，是宁芙阿皮亚得斯喷泉（Fontaine des nymphes Appiades），喷泉的中央是一座恺撒的骑马像。这座雕像是根据留西波斯创作的亚历山大大帝的骑马像复制而成的。这位独裁者的坐骑细节表现尤为精彩，马蹄被雕刻成由人的手指组成。整个恺撒广场都处在女神和她的后代的保护之下，彰显着一种半人半神的威力。

西塞罗和奥皮乌斯还被恺撒请来改建塞普塔（Saepta）[4]，该工程的相关款项来自高卢的战利品，西塞罗写道："我们要创造一件宏伟的作品，总之，我们要在战神广场[5]上，为部落会议修建一个大理石门廊，再用长1000米的柱廊将它们围起来。完工后的新建筑，将同公共别墅（Villa Publica）连起来。如果你问我：'这个建筑有何用？'我会回答你：'我们操这个心干什么？'"朱利亚塞普塔（Saepta Julia）是共和国政府的形象工程，因为这个建筑要将老塞普塔（围墙）现代化。过去这里是平民选民集会的地方。实际上，这个的宽阔广场（长300米，宽125米）位于战神广场的北边，是一个柱廊环绕的豪华广场。公元前26年，阿格里帕终于完成朱利亚塞普塔的建设，它从来没有被用在投票选举上，而是成为罗马人最喜爱的闲逛场所。

大部分恺撒的建筑成就都是在他的继任者奥古斯都治下完成的。然而这位独裁者生前就已经对共和国广场和战神广场的宗教和政治空间做出了新的定位，他本人的雕像也矗立其间。散步的人可以从朱利亚巴西利卡出发，经过朱利安讲坛、朱利亚库里亚，穿过恺撒广场，最后到达朱利亚塞普塔。

被刺杀前几个月，恺撒计划对罗马城进行一番彻底改造。西塞罗写道："卡皮托（Capito）偶然提到这个城市的扩建计划。需要将台伯河从米尔维尤斯桥（Pont Milvius）改道，让它流经梵蒂冈平原。这样，战神广场将布满各种建筑物，梵蒂冈平原则会变成另一个战神广场。"恺撒的这个雄心勃勃的城市扩建法案，计划通过改道台伯河，将梵蒂冈和特拉斯提弗列区尚未开发的地区囊括至市区中，扩展城市面积，罗马的城市重心也将转移到战神广场。苏维托尼乌斯对恺撒美化城市的意图另有补充。恺撒建议填平战神广场上的山羊沼泽，来建造一座献给战神的史上最大神殿。这样，这尊神灵——罗穆路斯和瑞穆斯的父亲——的神殿就可以与恺撒广场上的尤里乌斯氏族的母亲维纳斯神殿遥相呼应。为了超过庞培剧场，恺撒计划修建一个背靠卡皮托林山，俯瞰罗马广场，像帕加马卫城那样的大剧场。亚历山大与帕加马的大型公共图书馆也启发了恺撒，他想要在罗马建一座可以与它们比肩的建筑。恺撒把收集书籍和建立图书目录的任务交给了多体裁作家马尔库斯·瓦隆（Marcus Varron）。在这一整套计划里，当然也有改造罗马街区的项目，将狭窄的小街道按亚历山大城的模式变成宽敞大道。最后，他还想将蓬丹（Pontins）沼泽的水排干，改善罗马严重被污染的环境。但这些雄心勃勃的计划一样都没有实现。

庞培库里亚

公元前61年，庞培第三次凯旋，决定建造罗马第一座石材剧场，并于公元前55年落成。庞培希望这个以剧场为核心的建筑群成为"英白拉多（imperator）庞培"个人功绩的象征。剧场雄踞战神广场中央，高度为45米（和卡皮托林山一样高），剧场没有按照常规背靠一个自然山体，而是建在一系列雄伟高大的券拱上。入口处有一组纪念性雕像，取材自庞培战胜的12个国家，出自雕塑家科波尼乌斯（Coponius）之手。巨大的观众席最多可容纳20000名观众，最高处矗立着一个供奉胜利女神维纳斯的小神殿（胜利门），礼赞道德、荣誉与成就。这些都是英白拉多应有的优秀品质。在舞台背景墙后面是一个宽敞的广场（长180米，宽135米），也是一个由柱廊（庞培柱廊）围起的花园。这里有喷泉和许多女性雕像，有些是古希腊雕塑家的作品，另外一些则表现当时的女雄。西塞罗的朋友阿提库斯是著名的艺术品收藏家，这些雕像都是他挑选的。在柱廊的最东边，建有一个长方形的大谈话室，里面有一座手持宝球的庞培的裸体雕像。这间谈话室被命名为"庞培库里亚"，公元前44年3月，恺撒就是在这里遇刺身亡。庞培的这个巨大建筑群总长超过300米，如同小镇，与卡皮托林山相望。

公元前44年，一群对恺撒政治失望的罗马人策划了对他的暗杀。他们没有一个切实的计划，整场暗杀的主要人物是两个庞培旧部：一个是恺撒老情人塞尔维利娅（Servilia）的儿子，马尔库斯·朱尼乌斯·布鲁图（Marcus Junius Brutus）；另一个是军人，盖乌斯·卡西乌斯·朗基努斯（Gaius Cassius Longinus）。24个谋反者对刺杀方式犹豫不决：有人建议等恺撒从家里出来后，在圣道上伏击他；另有人建议在特里布斯人民大会投票选举的时候行动；还有人建议在他看角斗士表演的时候动手。当他们得知元老院将于3月15日在庞培库里亚开会时，这些谋反者终于找到一个完美符合他们企图的时间和地点：因为元老们都不带武器，而他们反而可以轻易地把匕首藏在scrinium（拉丁语，复数形式为scrinia，一种用来装纸莎草卷轴的金属圆筒。——编者注）里，冒充议事所需要的文件。届时，恺撒身边不会有武装护卫。而且，佩带武器的角斗士们那天会在庞培剧场训练，可以实施增援。时间十分紧迫，因为那之后过不了几天，恺撒就要出发去征讨盖塔人（Getae）。谋杀计划是按秒计算的：特雷波尼乌斯（Trebonius）要在库里亚外

庞培剧场的壮观全景。高处是胜利女神维纳斯神殿,剧场后面延伸出去的是围廊花园,花园尽头就是恺撒在公元前44年遇刺的"库里亚"。

15

面拦住恺撒最好的朋友，执行官安东尼。其余23个谋反者每人都要向独裁者刺一刀。角色的分配如同演戏一样：先由提利乌斯·辛贝尔（Tillius Cimber）控制住恺撒，卡斯卡（Casca）刺第一刀，然后是他的兄弟，布鲁图，接着是其他谋反者。

谋杀发生前，许多事情的发生都可能阻止恺撒前往庞培库里亚。在此之前的几天，出现一些不祥预兆，预示将有血光之灾。占卜师斯普林那曾经向恺撒发出警告，要他小心3月15日这一天。卡尔普尔尼娅（Calpurnia），这位独裁者的妻子，做了一夜带有先兆性的噩梦，到了3月15日的早晨，她恳求丈夫更改元老院会议时间。因为所有这些不吉征兆，也因为他自己健康情况不佳（与平常朴素的习惯相反，事发前一晚他在骑兵长官雷必达的宴会上大吃大喝），恺撒思考了很久，要不要听从卡尔普尔尼娅的建议。就在他想派安东尼取消元老院会议时，谋反者之一的特雷波尼乌斯来到他的家，用嘲笑的口吻曲解了卡尔普尔尼娅的噩梦。他劝诱恺撒去元老院开会，不然恺撒会被大家当成一个怕女人的软弱男人。这时已经快到上午11点了，而元老们从早上7点就等候在那里。恺撒最终决定离开家，上了肩舆，这台肩舆把他从国家官带到庞培柱廊。当他在人群里看到占卜师斯普林那时，他大笑着说："你看，3月15日已经到了。"斯普林那马上回应道："对，已经到了，但还没有过去。"著名的希腊语教授克尼多斯的阿尔忒弥多洛斯（Artémidore de Cnide）已经听到刺杀的风声，他从人群中冲出来，跑到恺撒的肩舆前，并塞给恺撒一张写着谋反者名字的纸条。恺撒几次想打开这张纸条，但由于要跟他说话的人太多而没有机会。他进入元老院后，手里还拿着这张纸条。

恺撒穿紫色绣金托加，头上戴着凯旋金冠，直接走向他的金座，等了几个小时的元老们深深地松了一口气。接下来发生的事按谋反者预谋的那样发生了，他们的动作迅速且残忍。元老们（大约900人）惊慌失措，他们不知道究竟有多少谋反者，只顾自己逃命，没有人想到要救恺撒。在庞培剧场集合的角斗士向库里亚赶来，更加剧了元老们的恐慌。所有陪伴恺撒从家里来到库里亚的人和等在外面的下级官吏、公民、外国人、释放奴和奴隶也都四下逃跑。惊恐笼罩整个罗马的大街小巷。元老们对所有他们遇见的人大喊："快逃，关上门，别出来！"一些人紧锁家门，爬上房顶保命，一些人则趁火打劫，把市场里的食品掠夺一空。执政官安东尼得知有人在四处寻找他，欲除之后快，急忙换上了奴隶的衣服，逃回家中躲了起来。骑兵长官雷必达则飞奔逃到台伯岛，那里有他的军队，可领兵回援战神广场。

托加沾满鲜血的谋反者挥舞着手中的武器，从庞培库里亚出来。其中一位把一顶皮勒思帽（pileus，古罗马时期的一种无檐皮便帽。——编者注）挂在他的剑上，这种帽子在罗马是奴隶被释放的象征。但这时已经没有人再听他们说话了，被抛弃的库里亚一片寂静，恺撒的血尸横陈在庞培的雕像脚下。到了晚上，三个轿夫（可能是恺撒的奴隶），壮着胆子走进大厅，把恺撒的尸体带回家。在他紧握成拳的手里，还攥着阿尔忒弥多洛斯的预警小纸条。事发前夜，在雷必达举行的宴会上，恺撒他们曾经就哪种死法最惬意有过一段对话，恺撒大喊着说："意外身亡。"

古罗马广场上恺撒的葬礼

不到30人的谋反者，除了对恺撒的一致仇恨外并没有具体的政治纲领，怎么可能为大庭广众之下的刺杀行为找到合理解释？他们挥舞着武器，容光焕发地登上卡皮托林山，向民众高喊"自由"。他们显然坚信刺杀了恺撒后，他们将重建自由，但这自由到底是什么？一切都很模糊。当布鲁图不久后来到古罗马广场，在民众面前高谈阔论时，人们既没有表现出指责也没有表现出拥护，只是默默地听着。

两天后，元老们又聚集在忒路斯（Tellus，古罗马大地女神）神殿，表现出同样的彷徨：一方面，元老院宣布将恺撒列入众神之列，并保留他已经颁布的措施；另一方面，在西塞罗的请求下，元老院又赦免了谋反者并授予布鲁图及其同谋行省的管理权。这样折中的做法在当时是大家都能接受的。但是，这几天的耽搁让恺撒的朋友们，如安东尼、雷必达，以及恺撒的岳父卡尔普尔尼乌斯·皮索有机会反转形势。他们公布了恺撒的遗嘱，该遗嘱规定分给每位公民75第纳尔（相当于300塞斯特斯）并将自己在台伯河对岸的公园献给罗马人。

葬礼定于3月20日举行，卡尔普尔尼乌斯·皮索要求葬礼绚烂壮观。遗体要在战神广场，在恺撒为他女儿茱莉娅修建的坟墓旁，高高架起的木堆上焚烧。人们在古罗马广场大讲坛前，按照母亲维纳斯神殿的形制，为他建造了一座金色灵堂。灵堂里，铺着紫色和金色床单的灵床上摆放着恺撒被刺当天穿的染血托加。罗马各界人士来到灵柩前献上他们的祭品。根据葬礼传统，演员们在乐师的伴奏下表演着死者生前最光辉的篇章。接下来，安东尼为他的朋友致悼词，他先让一位差役宣读元老院授予恺撒神誉的决议，以及年初元老们立下的捍卫恺撒生命的誓言。然后，他又讲了几句话，主要是激发民众的同情心并指出谋杀的叛逆性质。最后，安东尼舞动起恺撒那被匕首刺得千疮百孔、血迹斑斑的托加为演讲画下句号。

当官吏们抬着恺撒的灵轿穿过古罗马广场前往战神广场的时候，罗马人积压的情绪转化为了愤怒。每个人都可以清楚地看到这位独裁者脸上被刀刺出的伤痕。人们的愤怒达到最高点，他们高呼拒绝战神广场上的火化仪式，因为元老们并没有遵守他们的诺言。被赐予"国父"称号的人应该在他的人民中火化。

两个男人拿起灵堂中燃烧的蜡烛，点燃了灵轿。所有在遗体旁边的人都拿起栅栏、桌子和椅子，把在广场建筑物里能找到的所有木头都扔到火堆里。在这场自发的火化仪式中，每个人都想往火堆扔点什么，以示哀悼。在场的荣誉军团的老兵们把他们的武器投入火中，参加葬礼仪式的演员和乐师们则脱掉他们的演出服，将它们撕碎扔进火堆。妇女们把珠宝，孩子们把脖子上挂的护身符和穿着的红边托加全都扔进火堆。恺撒被火化后，民众手持火把涌向布鲁图和卡西乌斯的家意欲报复，而两人趁机逃出了罗马。平民护卫官赫尔维乌斯·秦纳（Helvius Cinna）因为与其中一个谋反者科涅利乌斯·秦纳同姓而被剁成肉块，头被挂在棍子上游街。

这场自发的火葬仪式之后，在罗马的外国使团用自己的方式吊唁恺撒。尤其值得提及的是，城里的犹太人都拥护恺撒，反对侵入耶路撒冷神殿的庞培，他们在这位独裁者的陵墓旁边集体守夜多日，表达他们的哀思。

至此，对罗马人来说，恺撒已经不是一个人，而是一位神祇。一颗彗星的出现更加强了恺撒进入不朽者行列的说法。公元前44年3月15日，一位政治家去世了，一位新神在罗马诞生了。

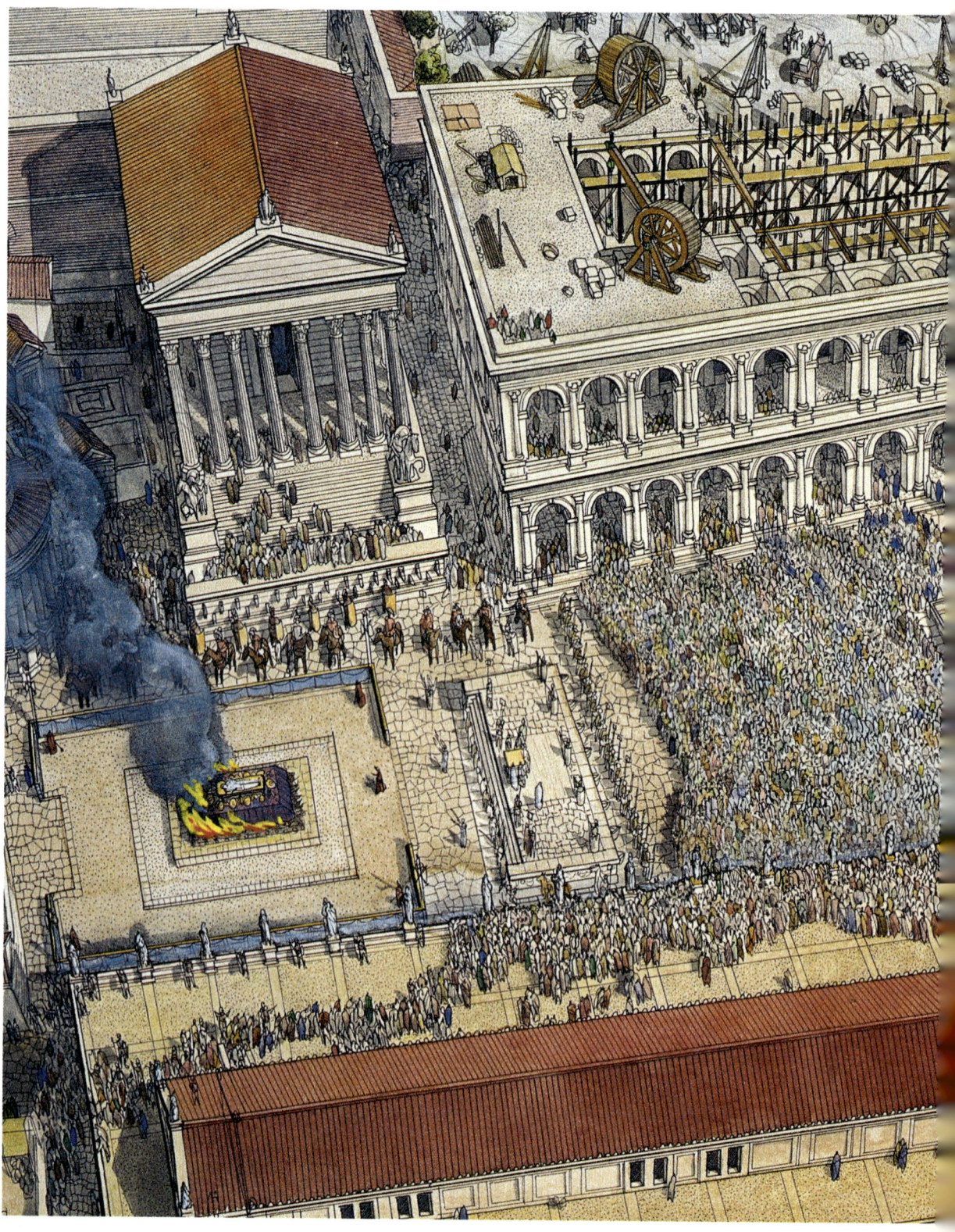

古罗马广场与恺撒的葬礼,后来奥古斯都在堆放柴堆的地方建起神圣尤里乌斯神殿。库里亚当时正在建造中。远景里的朱利亚巴西利卡还未竣工。

前页及此页为亚历山大城中心，展示了巨大港口和灯塔，画面左侧是洛察斯岬和整个宫殿群。

奥古斯都
（前63—公元14）

奥古斯都皇帝像，第一门别墅中的雕像。

奥古斯都府

帕拉蒂尼的故事多么神奇！这座小丘是罗马传奇的发源地，1世纪起成为帝国统治者宅邸的选择地，其名成为后世所有欧洲语言中皇家住所的同义词。

帕拉蒂尼山不高（最高处海拔51米），由三部分组成：两座山峰——南部的帕拉蒂尼和北部的杰尔马卢斯（Germalus），以及连接着旁边埃斯奎力诺山（Esquiline）的维利亚（Velia）地峡。帕拉蒂尼山占据城市的中心位置，一边是古罗马广场，另一边是马克西穆斯竞技场。帕拉蒂尼山与罗马辉煌的传奇历史紧密相关，罗马人对它充满感情。南坡上的石头台阶高耸入云，人们叫它卡西天梯（Scalae Caci），与建国前的古老传说相呼应：很久以前帕拉蒂尼山住着两个当地人，卡西乌斯（Cacius）和皮纳利乌斯（Pinarius），他们热情接待赫拉克勒斯（Hercules）并奉上礼物表示欢迎。而卡西乌斯家的所在地继承了主人的名字。但不要将这与卡库斯（Cacus）混淆起来，卡库斯是一个三头巨人，从赫拉克勒斯那里偷走了一些曾属于革律翁的牛。罗穆路斯和瑞穆斯这对双胞胎被人放在一个篮子里，丢在台伯河边，被涨潮的河水冲到帕拉蒂尼山一个名为卢珀尔卡尔（Lupercal）的山洞中，于是罗马人每年都会在这里举办卢珀尔卡尔节。罗穆路斯建立罗马城时，在帕拉蒂尼山周围犁出一道深深的沟壑，标志着新城的边界。在山的西南角存有罗穆路斯小屋（Tugurium Romuli，又称 Casa Romuli），一座有着茅草屋顶的圆形木屋，罗马人世世代代虔诚地维护着它。在4月21日罗马建城纪念日这一天，人们在帕拉蒂尼山庆祝帕里利亚（Parilia）节，以纪念牧羊人的保护女神帕勒斯（Pales），帕拉蒂尼山的名字的由来可能与此有关。所有这些元素关联在一起，让帕拉蒂尼山闪耀着神圣的光辉。当屋大维（奥古斯都）决定在这些神圣遗址旁边建造自己的府邸时，他一定想到了这些。

第二次布匿战争末期，罗马人在帕拉蒂尼山上为来自弗里吉亚的母神库伯勒修建了神殿：公元前204年，为了战胜迦太基人，罗马人从小亚细亚佩西努斯（Pessinonte）请来象征自然女神库伯勒的"黑石"，帕拉蒂尼山上的这座女神殿正式启

> **苏维托尼乌斯眼中的奥古斯都**
>
> 奥古斯都十分漂亮、异常优雅,在他一生的各个时期都保持着这种魅力……无论在谈话还是沉默时,他都是那样平静、温和。在奥古斯都翻越阿尔卑斯山脉时,曾有一个高卢首领假托借口要求面见,其实是想把奥古斯都推下悬崖,当他看到奥古斯都时,后者的表情让他无法下手(他后来向同胞承认)。他的眼睛清澈明亮,他喜欢被人觉得其目光充满神圣的力量。当他凝视某人的时候,对方会低下头,好像被太阳晃了眼睛,对此他十分享受。他微微鬈曲的头发近乎金色,双眉连在一起,耳朵不大不小,鼻子先向上隆起再向内弯曲,肤色介乎棕色和白色之间。他的个头不高(他的释放奴兼传记作者朱利乌斯·马拉图斯说他身高 1.7 米),但因身材匀称、比例协调,所以并不显矮。

用。除了天梯之外,还有两条上山的主路,分别是西坡上的胜利路和东侧的帕拉丁路,后者连通着古罗马广场的最东边。

帕拉蒂尼山在共和国末期成为典型的贵族居住区。山上大宅的主人们属于统治者阶层,而能居住在帕拉蒂尼山被视为政治阶层的跃升。屋大维,未来的皇帝奥古斯都,出生在帕拉蒂尼山东部,一个叫作"牛首"(Ad Capita Bubula)的地方。最初,他住在位于"羊道"(Scalae Anulariae)的演讲家卡尔乌斯(Calvus)的老宅。恺撒被暗杀后,为了实现自己的野心,他买下并搬到了位于帕拉蒂尼山西角的霍腾西乌斯的住宅。这栋二层楼的房子虽小,但位置好,离罗穆路斯故居和天梯很近。它的面积不足 350 平方米,与当时庞贝地区的豪宅没有可比性。据苏维托尼乌斯说,与其他帕拉蒂尼山上的贵族富丽堂皇的住宅相比,奥古斯都家的装饰显得非常寒酸。柱廊的柱子是普通的阿尔巴(Albe)石。房间的地面没有铺珍贵的大理石或马赛克。奥古斯都在同一个房间睡了 40 个冬夏,虽然罗马的冬季气候对他的健康非常不利。在他生病的时候,他更喜欢去他的朋友麦凯纳斯(Maecenas)[6]家睡觉,那里更舒适些。住宅的简朴符合奥古斯都简单生活的理念。苏维托尼乌斯明确指出他的家具和餐具非常简陋,对普通公民而言也算不上讲究。奥古斯都不需要家里有大宴会厅,而他的继任者们却喜欢在家里举办宴会。此外,他的食欲毫无规律,时常会在宴会前后独自吃东西,在宴会上却什么也不碰。他很少喝酒,简单的饭菜就能让他满足,尤其是家庭自制面包、小鱼、手工制作的奶酪再搭配一些青无花果。

由于这些原因,奥古斯都对霍腾西乌斯的房子没做什么改动,只是通过购买邻近住宅的方式

> **意外的拍卖**
>
> 在宴会中,人们习惯以各种消遣来娱乐宾客,抽奖与拍卖是奥古斯都提供给他的客人的其中两项活动。他让人把各种各样物品拿到宴会厅,珍贵的古钱币、服装、海绵、煤夹,这些物品被小心翼翼地包好。还有一些画作,被翻转过去,不让人看到画面。从叫价开始,每个躺床都参与竞价,当拍品拿到每个"买"者面前时(有时花了大价钱),大家就会哄堂大笑:有个人叫了高价,最后只买到一块海绵;另一个错失了多次机会的人,意外地发现自己没花几个钱,就拿到了一幅大师的画作,一幅拙作却被重金买走。

扩大了自己的居所。整个住宅群最终覆盖了帕拉蒂尼西坡的广阔区域，一面朝向马克西穆斯竞技场，另一面朝向古罗马广场，主要用于奥古斯都家族的居住，也为所有服务于权力的行政机构提供地方。公元前 36 年，在战胜塞克斯图斯·庞培后，奥古斯都在西西里岛周围建立了一个独立海洋王国，当时还只是屋大维的他通过中间人买下庞培家附近的几所房子，并承诺用于公共服务。公元前 31 年，亚克兴战役后，元老院将奥古斯都家的隔壁买下，作为房子扩展部分。公元前 3 年，闪电引发的火灾烧毁了奥古斯都的住宅，罗马还曾发起重建募捐，罗马各阶层人士都根据自己的收入按比例进行了个人捐款。面对堆积如山的财物，奥古斯都象征性地取了一点，只留下每位公民不超过一个第纳尔的财物。

迪翁·卡西乌斯（Dion Cassius）曾记载奥古斯都"希望生活在一座公私兼顾的房子里"。这种双重功能在奥古斯都的房间分配上体现得非常明显。西侧没有大理石地板的小房间都是私人空间。东侧是一些更大的接待厅，朝向一个柱廊庭院，墙上装饰着壁画，地上铺着大理石。

在私人居住区，有两个小房间因装饰独特非常引人关注。在"面具厅"（"salle des masques"），墙上绘制的面具给整幅壁画带来一种错觉，让人如同置身剧院。在深紫和深红的背景上，每面墙的中心都绘制着田园风光，非常突出。在第二个房间里，在壁画画面中，树枝和果实做成的花环挂在细细的壁柱上。这些壁画都有着"第二风格"绘画的鲜明特征。

住所的东部用于公共生活。中央大厅是家谱室（tablinum），两侧有两个私人图书馆。奥古斯都喜欢在那里指导他的两个孙子——盖乌斯和卢奇乌斯——进行阅读。在柱廊一侧，一个优雅堂厅的上方，有一个挂满鲜艳油画的小房间，这一定是苏维托尼乌斯提到的那个著名的书房。这位历史学家曾记载：奥古斯都在家里的二楼有一个书

帕拉蒂尼山上奥古斯都家中的"面具厅"。

房，他可以不受干扰地独自工作。他把这间房称为"叙拉古"（Syracuse），可能参考了叙拉古人在家中高处静修的习惯）或是"小作坊"。其他皇帝也有类似静修处，图密善在弗拉维宫里有自己的"叙拉古"，哈德良的别墅有"海洋剧院"。从"叙拉古"出来，奥古斯都可以沿着一条坡道直接前往帕拉蒂尼山阿波罗神殿前的广场。

公元前27年1月13日，奥古斯都住所办公区的官方性质，在元老院准许他在自己的名字后面加上"奥古斯都"（Auguste）这个称谓时，进一步加强了。他在自己功德碑的铭文中写道："我将国务从我的权限中转交到元老院和罗马人民的仲裁下。为我的这种德行，据元老院令，我被授予'奥古斯都'称号，我居所的门柱在公众仪式中被饰以月桂花环，而且一顶市民花环被安置在我的大门上方。"后者上面带有"致拯救公民"的铭文。关于这两个花环：依照罗马传统，月桂与英白拉多的胜利凯旋相伴，而橡木冠则是对保护公民生命的军人的最高奖励。通过展示大门上这两个与胜利紧密关联的标志，奥古斯都将自己塑造成战无不胜的英白拉多。除了这两个显赫的荣誉标记外，这位元首还被允许在他住所的门上添加三角楣饰，让它贴近神殿形制。

住所周围的神殿也让此地进一步神圣化。未来的奥古斯都买下霍腾西乌斯房产时，就把临近的罗穆路斯故居和天梯几乎据为己有。建于公元前294年的胜利女神神殿位于天梯北边不远的地方，它与库伯勒神殿一同构成奥古斯都宅院西侧边界。在东边，坐落着阿波罗神殿。公元前12年，大祭司雷必达去世，奥古斯都接替了他的位置。像所有大祭司一样（特别是恺撒），他应该搬去雷吉亚和灶神殿附近的国家宫。奥古斯都则更喜欢留在帕拉蒂尼山，他在家中祭奉灶神和珀那特斯诸神（Penates），后者是埃涅阿斯从特洛伊带回来的神，也是罗马人民的保护神。（人们尚不清楚这所住宅中哪个部分是供奉这些新神的地方。）宅邸中有一块大理石浅浮雕，背靠挂有橡树枝的墙面，复刻了古罗马广场的圆形神殿（即灶神殿）。它很可能是奥古斯都在家中对灶神神殿的再现。在家中并置供奉不同神的神龛是罗马人的习俗。在奥古斯都的住宅中，有分别供奉阿波罗、维斯塔和库伯勒的三座神龛并非偶然，而是有助于将这所房子的主人神圣化。正如奥维德在《岁时记》（Fastes）中所写："灶神维斯塔被他的亲属请进家中，阿波罗神占据住宅的一部分，第二个维斯塔又占了一部分，奥古斯都住余下的部分。帕拉蒂尼山月桂树万岁，橡树房子万岁！一所宅邸庇护着三个神。"

奥古斯都宅邸北面，库伯勒神殿露台下面，还有一处住所，河渠上的铭文告诉我们这里是李维娅的房子。这里不是她的第一任丈夫提比略·克劳狄乌斯·尼禄的房子，而是奥古斯都于公元前36年购置的。李维娅在这里一直住到公元29年去世。通过住所入口就可以发现房屋产权变动的痕迹。最早的时候，入口位于东边，直通四周是小房间的中庭。李维娅住进来后，这个东门被封上了，入口改到了西边，沿走廊下坡来到的是一个有遮阳篷的大庭院。在这个宅子的中央，有三个房间——一个家谱室，两侧是偏房，房间内部的透视立体（trompe l'œil）壁画保存至今。小厅面对正门的那面墙上，绘制着一幅表现波吕斐摩斯和加拉忒亚传说的巨大壁画。在另外三面墙上，绘制着三扇打开的门，一门后面是赫尔墨斯解救伊娥的场景，这是古希腊画家尼西阿斯杰作的复制品；另外两扇门内是建筑透视图。在两侧的偏房里，壁画上成串的水果和叶子悬垂在花彩下。在其中一个房间墙上面，一个纯黄色长木楣表现埃及人日常生活的场景。如同奥古斯都宅邸的壁画一样，此处的壁画也是典型的"第二风格"。

公元前36年，一道闪电劈在了屋大维（奥古斯都）刚收购的霍腾西乌斯家旁边的土地上。随着脏卜师[7]宣称这里是圣地，这位未来的皇帝开始在这个地方建造一座神殿以献给阿波罗。选择

◂ 帕拉蒂尼山奥古斯都宅邸

左边，入口的道路和天梯与玛格纳·玛特（Magna Mater，又译"伟大母亲""大母神"等，即库伯勒）神殿。整座住宅由三栋相连的房子组成，奥古斯都的房子在前面，中间一套房子，李维娅的房子在后边。住宅与高处的阿波罗神殿相邻，在后者的位置可俯瞰整座住宅。左边是图书馆的庭院，后者以达那伊得斯姊妹柱廊为入口。宅邸周围还有很多其他别墅。

阿波罗，可能是因为屋大维对新毕达哥拉斯主义的神秘教派有好感，后者视阿波罗为灵魂的解放者。此外，在屋大维的敌人中，塞克斯图斯·庞培称自己是海神尼普顿的宠儿，安东尼在亚历山大把自己比作新狄俄尼索斯。选择阿波罗，屋大维实际上是提醒罗马人在《伊利亚特》中，这位神曾经与罗马人的祖先特洛伊人并肩作战。帕拉蒂尼山的阿波罗神殿是第一座在罗马的圣界（pomerium）内为希腊神建起的神殿。在此之前，阿波罗是一位"外来"神，他的神殿只能建在罗马圣界之外，如战神广场。

神殿于公元前28年竣工，奥古斯都于同年10月9日为神殿献词。此时此刻，阿波罗已是奥古斯都个人的保护神，正是在他的护佑下，奥古斯都在亚克兴战役中战胜了他的对手安东尼，成为罗马世界唯一的主宰。奥古斯都自述，在亚克兴岸边的一座阿波罗的小神殿前，这位神向他伸出了自己的弓。随着帕拉蒂尼山上阿波罗神殿的建成，奥古斯都完成了与他家族相关的圣殿群：恺撒广场上同时作为尤里乌斯氏族神殿的母亲维纳斯神殿；复仇者马尔斯神殿，这是屋大维献给恺撒这位独裁者的，他与杀害他养父的凶手开战。当时的罗马人对这座毗邻皇帝家的阿波罗神殿有过热情的描述：罗马人沿着帕拉蒂尼山南坡的天梯可以到达这里。在他们面前，矗立着用来自卢尼城卡拉拉镇的洁白大理石建造的神殿。由于位置高，这座神殿就像雅典卫城一样俯瞰整个罗马城市。在神殿的顶端矗立着驾驶战车的太阳神阿波罗镀金铜像。

经过廊厅，便可进入该神殿的圣域，庭院中间的祭坛上有一座手持里拉琴的阿波罗的巨大雕像。亚克兴战役期间缴获的克利奥帕特拉舰队的舰骸被固定在基坛上。祭坛周围装饰着米隆（Myron）的牧群雕塑。这位公元前2世纪的艺术家擅长雕塑动物，4头牛雕刻精美。神殿的象牙大门经过了精雕细琢，这些门反映了奥古斯都对具有强烈象征意味的表达的喜好，它们可以融合神话启示和历史事实影射当下。在一扇门上，雕刻着尼俄伯哀悼被阿波罗和阿耳忒弥斯射死的孩子们。另一扇门上雕刻着公元前3世纪，高卢人入侵德尔斐，在帕尔纳索斯慌不择路被赶跑的场景。尼俄伯和高卢人因无礼冒犯了阿波罗，受到了惩罚。神话与历史间接地告诉人们奥古斯都的所作所为，由于他的虔诚，他在亚克兴战役中粉碎了安东尼和克利奥帕特拉狂妄的野心。

庙内被供奉的三座雕像都是希腊艺术的杰作：斯科帕斯（Scopas）的阿波罗，科菲索多图斯（Céphisodote）的拉托娜（勒托），还有提莫塞乌斯（Timotheos）的阿耳忒弥斯。在阿波罗雕像的基座放着装有《西卜林神谕集》的密封金盒子。这些预言书，在罗马历史上曾经被多次查阅，它们本一直保存在卡皮托林山上的朱庇特神殿中，是奥古斯都把这些珍贵的宝藏从那边转移到了他私人住所旁的神殿里的。在这三座雕塑的周围，还有九座缪斯雕像、珠宝收藏品，以及奥古斯都赠送的黄金三角架。奥古斯都在他的功德录中说明了这些祭品的来历："在罗马城，我的银制站立像、骑马像和战车像约立有八十座，我自己将它们移除并用所得钱款以我自己的和那些给我塑像荣誉的人的名义向阿波罗神庙奉赠金质祭品。"

进入帕拉蒂尼皇家领地，游客们沿右侧著名

的达那伊得斯姊妹柱廊前行。这座庭院四周环绕着多利克柱式圆柱支撑的双层柱廊，后者用带有红色纹理的黄色努米底亚大理石建成。一层柱廊顶部是带有浮雕的彩绘陶土板，用古老的伊特鲁里亚方式讲述神话故事。这个庭院名字来源于达那俄斯的50个女儿，她们因杀死自己的丈夫而被报复致死，并且死后被罚在冥土不停地往一个漏水的罐子里倒水。考古学家在柱廊的二层发现了这只武装起来的女孩队伍，他们在考古挖掘中发现了多个黑红色大理石女子半身雕像——上端是女子雕像，下端是柱子，这些达那伊得斯姊妹一只手撩起她们的佩普洛斯（péplos）[8]，头上顶着一个罐子。选择这些杀人犯公主来装饰柱廊令人震惊，但其背后的含义也是显而易见的：达那伊得斯姊妹在父亲的强迫下，在新婚之夜割下堂兄-丈夫的头，这个野蛮传说表现了一个古老、没有秩序、没有任何禁忌的原始时代。柱廊所唤起的野蛮又混乱的神话更彰显了阿波罗神殿肉眼可见的和谐。此外，敌对兄弟——达那俄斯和埃古普托斯——之间的斗争才是公主们犯下残暴行径的诱因，也暗示在亚克兴结束的内战也是一场兄弟之间自相残杀（达那伊得斯姊妹中有两人的名字都是克利奥帕特拉）。奥古斯都时代的诗人们记载说，柱廊上也出现了达那伊得斯姊妹们的父亲达那俄斯，他手持宝剑，而50个骑马雕像代表埃古普托斯的50个儿子，那些被年轻公主们杀害的不幸丈夫。[9]

当奥古斯都让人建造阿波罗神殿时，他计划在达那伊得斯姊妹柱廊的尽头建造一个公共图书馆。这是罗马第一次建造这样的文化设施。罗马图书馆的模本显然来自希腊化世界大多数城市建造的大型图书馆，但在它们当中没有一座能像亚历山大图书馆（70万卷藏书）或帕加马图书馆（20万卷藏书）那样享有盛名。在共和国末期的罗马世界，只有私人藏书可供公众阅览，尤其是卢库鲁斯（Lucullus）的藏书，他从希腊带回来了大量的斯多葛派哲学家的作品。恺撒是第一个计划建造公共图书馆的人，学者瓦隆接受了建立图书目录的任务。这位独裁者生前没有看到这一计划的实现。但恺撒却留下了在传统希腊语部添加拉丁语部的原则。此举为拉丁文学提供了贵族血统，此前拉丁文学在私人藏书中没有得到很好的重视。

奥古斯都在罗马正式确立了图书馆的地位，直接受帝国管治并向公众开放。如此一来，他自称是艺术和文学的保护者。这座在达那伊得斯姊妹柱廊之中的文化综合体享有盛名，它具有图书馆和博物馆双重功能，因为在它的前厅和阅览室

"第二风格" 绘画

古罗马绘画被分为四个年代"风格"。"第二风格"对应奥古斯都统治初期。帕拉蒂尼山上的李维娅家的壁画展示了这种"第二风格"的绘画。

不应忘记生活在神圣奥古斯都时期的画家斯图迪乌斯（Studius，即 Spurius Tadius，斯普里乌斯·塔迪乌斯），他是第一个把墙想象为一个十分迷人装饰布景的人。根据个人品味，他可以绘制各类题材的壁画：别墅和港口，精致的花园，圣林，森林，山丘，鱼塘，运河，水流，河岸。他把不同的人物形象放进画中，有散步的、划船的、骑驴或坐车去别墅的，还有钓鱼的、捉鸟的，以及采摘葡萄的。在这些画面里，有富丽堂皇的别墅，想要进入它需要经过一个池塘，男人们跟跟跄跄地走着，而被他们驮在肩上的女人因摇晃而哆哆嗦嗦。还有很多表现得非常有趣的细腻场景。这位画家设想在房子的外立面上绘制海滨城市的场景，引人驻足欣赏。而这一切都花费甚微。

——老普林尼《博物史》（Histoire Naturelle），35卷，第116—117页

陈列着许多艺术作品。帕拉蒂尼图书馆的设计理念与希腊化世界的设计理念相符。它由三个部分组成：外廊，知识分子可以在此散步讨论文学；两个阅览室（希腊语区和拉丁语区），各自尽头的墙上都有一个半圆形的壁龛，用来安放神像或被神化的皇帝的雕像；预留给行政人员和誊写员的附属建筑，这里也用来保存手稿。在阅览室，纸莎草书卷保存在矩形的柜子中。每卷的底部都带有一个标签，注明作者姓名和作品名称。壁龛的大小可以变化，一般是两层，用梯子可拿到最高处的书卷。

奥古斯都在帕拉蒂尼图书馆存放了古今希腊语和拉丁语人文作品，以及世俗和宗教文献。图书馆是元首私人财产的一部分，所以他可以随意管理，选择工作人员，要求或拒绝收录书籍。禁止一部人文作品进入公共图书馆无异于判决它慢性死亡。当奥古斯都指派庞培·马歇尔（Pompeius Macer）组建帕拉蒂尼图书馆时，曾禁止后者陈列恺撒年轻时的作品（主要是诗歌）。因为他认为它们太轻浮，不符合他想给这位养父树立的官方形象。这些作品最终彻底散佚了，没有留给后人。根据热罗姆·卡尔科皮诺（Jérôme Carcopino）的说法，奥古斯都还将西塞罗作品中所有影射恺撒的地方都删除了。奥维德在被判流亡后，其诗歌也从罗马的三个图书馆中下架。后来，朝令夕改的卡里古拉曾想从帕拉蒂尼图书馆中剔除荷马、维吉尔和李维的作品以让它们无法传世，在他看来，这几个人的声誉太高了。

帕拉蒂尼图书馆不是一个只有学者能来的地方，它向所有人开放，学者或闲逛的人都可以漫步在达那伊得斯姐妹柱廊别致的环境中。如同在所有罗马公共设施中一样，这里白天会有很多活动，奥维德在他的《爱的艺术》中向读者指出，

罗马附近第一门李维娅别墅的大厅图，壁画表现了个草木茂盛、群鸟嬉戏的美丽花园。这幅壁画现展存于罗马国家博物馆马西莫宫。

戴耳环的海鳝

鱼塘的主人们喜欢养海鳝，因为它的肉质备受青睐，价比黄金，可以卖出好价钱。恺撒庆祝凯旋的时候大宴民众，仅海鳝就有6000条。

尽管这种类似海鳗的长长的鱼不太好看——没有鱼鳞，前凸的嘴巴里布满长长的牙齿，但鱼塘的主人仍对它充满热情。不少记载中提到有些人因失去一条海鳝痛哭得就像失去了一个女儿。奥古斯都曾买下演讲家霍腾西乌斯在鲍勒的别墅，那里有一个养殖海鳝的鱼塘。皇帝的一个外甥女，小安东尼娅，想把亮闪闪的耳环戴在她最喜爱的海鳝的鳃孔上。后来，戴着耳环的海鳝成为一个吸引那不勒斯湾夏日度假者观赏的游乐项目。

达那伊得斯姐妹柱廊特别适合猎艳！在生命的最后时刻，疲惫多病的奥古斯都在图书馆召集元老们开会，核阅法官们的判决。

把帕拉蒂尼作为权力中心来使用是奥古斯都定位自己角色的主要特征。他没有像后来的尼禄和图密善那样大肆建造宫殿，他本人就不喜欢奢华寓所。此外，他在权力行使上，还保持着共和国时期的传统的假象，不需要营造官方接待的空间。但是奥古斯都，在他"朴素"的家宅周围，创造了一个真正属于皇帝神圣权力的区域。诗人奥维德是第一个使用"Domus Palatinae"这种表达方式的人，并将其等同于皇宫。

奥古斯都去世后，他的继任者们没有住到他的房子中。奥古斯都的故居被改成一块圣地，用来永远纪念这位帝国创始人。它也是历史上首个被改造成博物馆的名人故居。

第一门别墅（La Villa de Prima Porta）

距罗马15千米，靠近北方大道弗拉米尼亚，在第一门那里，有一座属于李维娅的别墅。在与奥古斯都结婚后，李维娅很快返回维爱（Véies）并在那里小住。路上，飞来了一只抓着白母鸡的鹰，随后那只鹰将自己的猎物扔到了李维娅的腿上。李维娅发现这只母鸡的嘴里衔着一枝缀满果实的月桂。依照脏卜师的建议，李维娅留下了这只母鸡，把月桂枝种在第一门下。这只白母鸡及其繁衍的后代被视为"神鸡"养在别墅里，别墅也因此得到一个别称：白鸡馆（Ad Gallinas Albas）。那枝月桂后来也长得枝繁叶茂，在别墅旁连成一片树林。在皇帝举行凯旋盛典时，会从这片树林采摘枝叶做成桂冠。脏卜师预言说，在奥古斯都和李维娅的后代统领罗马时，这片月桂树林就会繁盛。在朱利亚-克劳狄家族最后的独苗——尼禄——生命的最后一年，整片月桂树林都枯萎了，所有的白鸡也都死光了。据说是一场大火导致了树林和鸡群的灭亡。

李维娅别墅面积为14000平方米，是拉齐奥地区最大的别墅之一。在这座大宅院里，有一间长11.7米、宽5.9米的地下餐厅，绘制着令人惊叹的透视立体壁画——美丽蓝天下的花园满满占据了屋子的四面。

画面的前景是一排柳条编成的轻盈栅栏，将餐厅与花园隔开，栅栏后面是一条绿草茵茵的散步道，其间点缀着小灌木丛。再往后画着一道石头（或大理石）矮墙，这道连绵的矮墙在房间每面墙壁的中间处都有一个凸出效果，在视觉效果上让房间似乎多出了几个小型半圆形谈话室，在那里还长着一棵大树。这两道秀美的围栏后面是花园，这里没有任何建筑元素，如立柱、亭子、雕像、花瓶，来破坏茂密的植被，鸟儿可以飞来飞去。整个花园可谓一个花草禽鸟大全。月桂树、香桃树、柏树、松树、栎树、石榴树、楹梓树、棕榈树交相辉映，树下绽放各种花草，罂粟、鸢尾、紫罗兰、玫瑰。这个花园没有四季之分，花果全年生长，树枝上还能看到夜莺、燕子、鸫鸟、斑鸠和其他鸟类。这里唯一能看到的人类痕迹就是一只放在矮墙上的鸟笼，里面关着一只金丝雀。

完成这幅壁画作品的画家（工作室）展现了完美的画功。为了凸显空间上的深度，他非常具象地画出近景的树木，然后又以从粗犷到模糊的手法表现远景里的树林，直至几乎无法辨认。多种差异微妙的绿色被水果的一抹红色和黄色提亮，微风吹过，纤细的树梢在摇曳。这座富有魅力的花园会迷住进入它的人。一些罗马人的宅邸中也有花园壁画，但它们无法与李维娅别墅的壁画媲美。第一门别墅的壁画使人走进了罗马人想要在宅邸中重现的"天堂"[10]。其实，李维娅别墅里的壁画并不一定是奥古斯都夫人在世时完成的。

第一门的奥古斯都雕像

关于奥古斯都的最美雕像之一，就位于第一门的李维娅别墅。这座大理石作品高2.06米，上面残留着彩色的痕迹。它的灵感来源于古希腊著名雕塑家波吕克雷图斯（Polyclète）的作品《持矛者》（Doryphore，约公元前440年），以此赞颂作为英白拉多的皇帝。"英雄式裸体"是希腊雕塑的通常做法，但这一次只限于裸露奥古斯都的腿和脚，其余部分都是纯粹的罗马风格——着有甲胄、斗篷围在腰间。

甲胄上的浮雕部分是一首奥古斯都思想的赞歌。正中间的图案表现的是一个真实历史事件：帕提亚国王弗拉特斯四世（Phraatès Ⅳ），穿着带袖束腰外衣（tunique）和波斯长裤，向奥古斯都的女婿提比略交还卡莱战役中缴获的罗马军团鹰旗。图案左右两侧（肋骨位置）分别坐着一位女神，象征日耳曼尼亚和达尔马提亚，昔日它们是与罗马敌对的两个地区，如今都归属于帝国。这个画面既表现了罗马的强大，又向奥古斯都带来的和平表示敬意。

众神围绕着甲胄中央的图案，阿波罗和狄安

帕拉蒂尼山上的阿波罗神殿

普洛佩提乌斯（Properce）属于麦凯纳斯护佑的诗人圈子，他很有可能参加了帕拉蒂尼山阿波罗神殿的揭幕仪式。出于简洁的需要，他进行了选择性描述。他的诗中对通往柱廊的凯旋门不着一字，删掉了礼拜堂中献给阿波罗神眼花缭乱的贡品，也没有提图书馆。

你询问我为何来得这么晚？
伟大的奥古斯都今天为阿波罗的金色柱廊揭幕。
布匿大理石圆柱排列得多么美丽，
老达那俄斯王的女儿们点缀其间，
我凝视一座大理石的福波斯（Phebus），
觉得它比真神还要英俊，
他张开嘴巴唱着歌，手中的里拉琴悄然。
环绕着祭坛的是米隆技艺高超的野兽群雕，
出自艺术家之手的四头牛，惟妙惟肖。
柱廊中央矗立着闪闪发光的大理石神殿，
令福波斯觉得比在他的故乡奥尔提吉亚更珍贵。
神殿顶部是太阳神的战车。
门扇是利比亚象牙的杰作。
一扇门上展示高卢人从帕尔纳索斯崖顶被抛下，
另一扇门是塔坦罗斯的女儿哭泣的画面。
最后，站在母亲和妹妹中间的皮提亚的阿波罗，
穿着长袍在放声高歌。
——普洛佩提乌斯《哀歌集》（Élégies），2，31

娜分列腰部两侧，图案上方是天神，下方是地神。天穹下，太阳神索尔立在驷马战车上，旁边是手举火炬的月神卢娜和手持露水瓶的曙光女神奥罗拉（又译欧若拉），这一切彰显奥古斯都施政带来的宇宙和谐。骑着海豚的小爱神靠在奥古斯都右腿处。厄洛斯直接暗示这位皇帝是神的化身，虽然他只是恺撒的养子，但依旧是维纳斯的传人。甲胄上的所有图案都来自历史和神话，凸显奥古斯都这位元首作为罗马和平奠基人的神授魅力。

甲胄上的人像图案所表现的一切最终体现在奥古斯都脸上的宁静和威严之中。线条和谐坚定的美丽面容符合这位元首想要树立的形象，也反映了它向希腊雕像理想化的回归。在关于年轻奥古斯都的肖像上，他被表现得有些紧张，凹陷的脸颊、凸出的颧骨、严锁的眉头，以及紧闭的嘴唇刻画出他的雄心。这一切在第一门的奥古斯都雕像上不复存在了。他的面容更加饱满，线条结实不失从容，五官放松释放着平静的力量。在这里不朽的不是作为主权者的英白拉多，而是一个合法的领袖，他高举手臂，庄严神圣地保护着他统治的世界。我们还要注意雕像的发型细节，两撮头发在额前形成一个夹子形状，这是奥古斯都身份的典型特征。

波西利波别墅

在那不勒斯和波佐利之间有一处深入海中的峻峭海角，富翁维迪乌斯·波利奥（Vedius Pollion）在这里建造了一座神奇别墅，取名"波西利波"（Pausilippe，意为"无忧"）。这个释放奴的儿子与奥古斯都关系很好，成为皇帝的私人顾问之一，还进入了骑士序列。他富可敌国，在罗马的埃斯奎林山上为自己修建了一座宫殿。同样，他成功地实现了在波西利波极度险峭的岩石上修建自己住宅的诺言。虽然建造者们遇到重重阻碍，维迪乌斯·波利奥别墅最终成功坐落于海角之上，可以观赏围绕四周的海洋和维苏威火山脚下的海岸奇特风景。在波西利波名胜中有著名的鱼塘，波利奥在这里饲养巨大的七鳃鳗，这些鱼引发的一个事件使波利奥声名大噪。一天，奥古斯都到他家吃饭，一个奴隶不小心打破了一只昂贵的水晶高脚杯，愤怒的波利奥命人抓住这个笨手笨脚的人，把他扔进池子里喂鱼。这个可怜人乞求奥古斯都的怜悯，皇帝让人把波利奥所有值钱的餐具都拿来并全部砸碎。尽管不情愿，别墅的主人被迫给他的奴隶留下了一条命。这段逸事影响了历史上对波利奥的评价，人们相信他有用人肉喂七鳃鳗的习惯。

公元前15年，维迪乌斯·波利奥去世，留下遗嘱，将大部分财产赠给奥古斯都。皇帝命令将波利奥的罗马家宅夷为平地，于原址修建了李维娅柱廊。至于波西利波别墅，它被划入那不勒斯湾皇家度假别墅群之中。在塞内卡时期，尼禄的统治下，原属波利奥的一些鱼仍被养在波西利波的鱼塘里。

奥古斯都统治下，考虑到坎帕尼亚地区别墅在罗马贵族生活中的重要性，连接那不勒斯湾各个不同地点的陆地交通是必不可少的，尤其是与米塞努姆的连接，后者是奥古斯都的朋友兼女婿阿格里帕修建的军用港口。坎帕尼亚地区的火山凝灰岩相对比较松软，适于挖掘交通隧道，其中两条从波西利波海岬下穿过。一条是那不勒斯隧道（Crypta Neapolitana）[11]，由奥古斯都的建筑师科齐乌斯（Cocceius）主持修建，这条地下通道长700多米，宽4米，最高处9米。另一条波西利波地下通道被称为"塞扬努斯隧洞"（Grotte de Séjan），长宽与前者相仿。在卢克里努斯湖和

▶ **波西利波别墅（那不勒斯）**
波利奥的波西利波别墅上方是露天剧场和封闭的音乐厅，岬角的尽头是通往别墅的一个港口，远处是那不勒斯湾和维苏威火山。

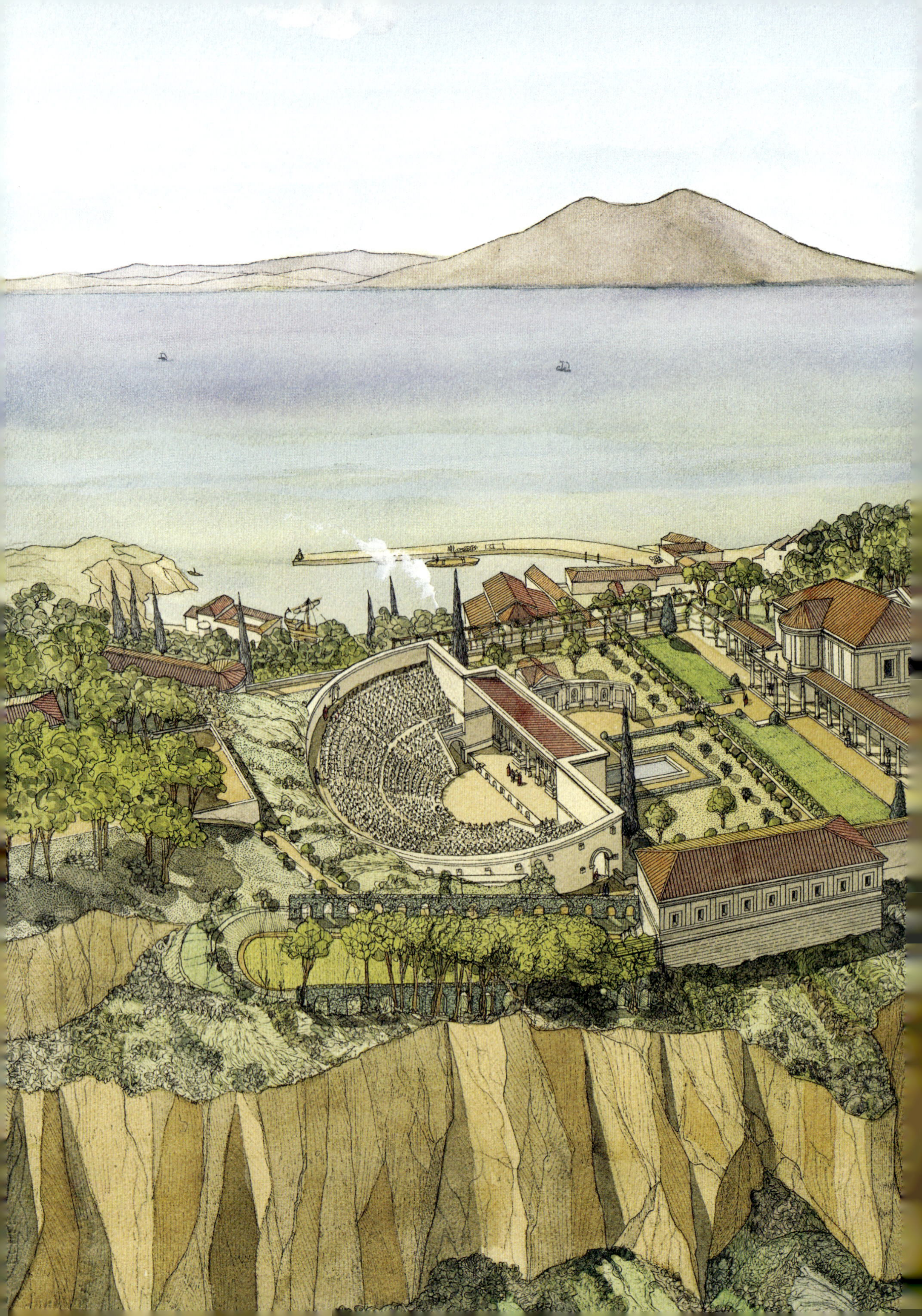

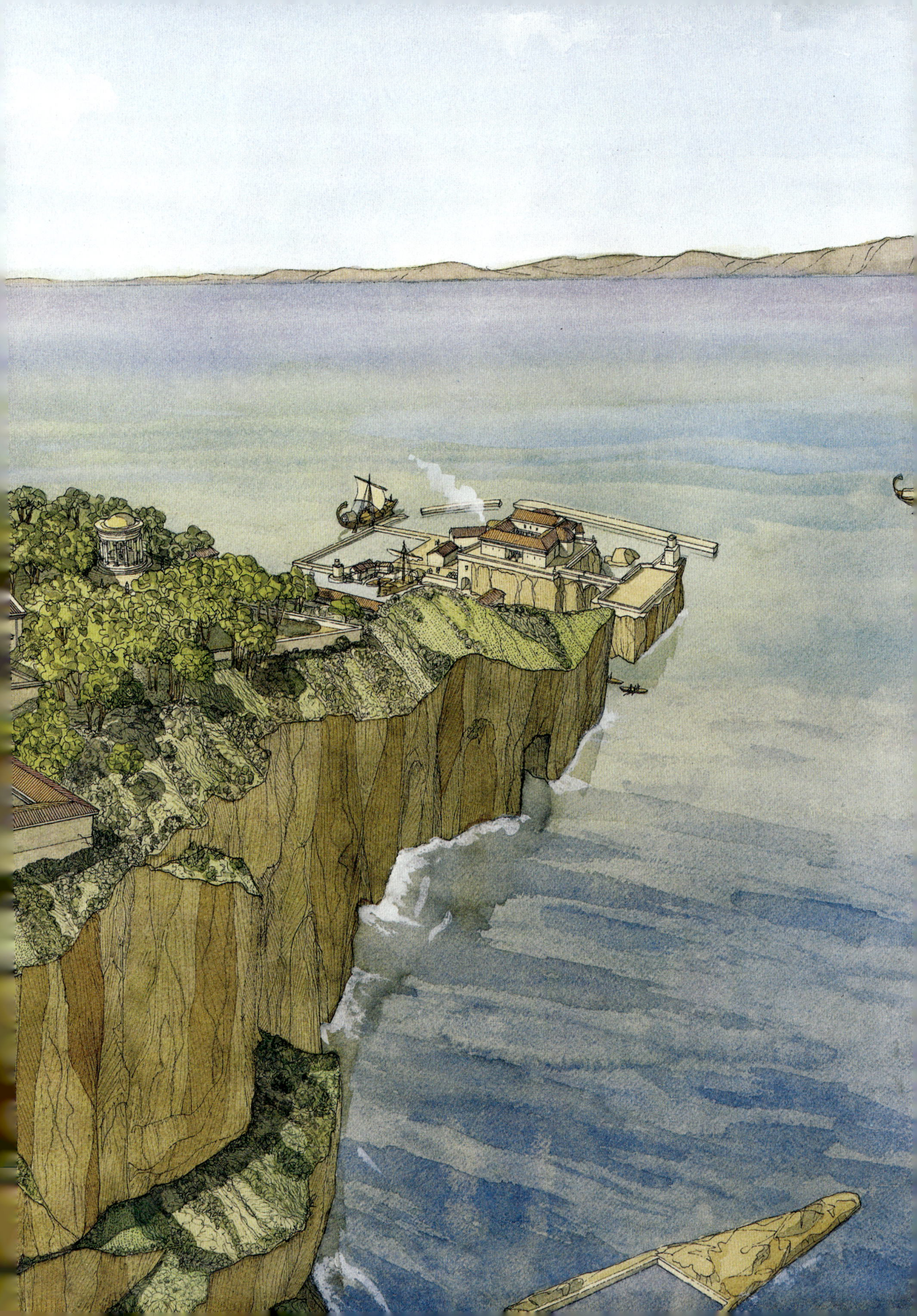

38

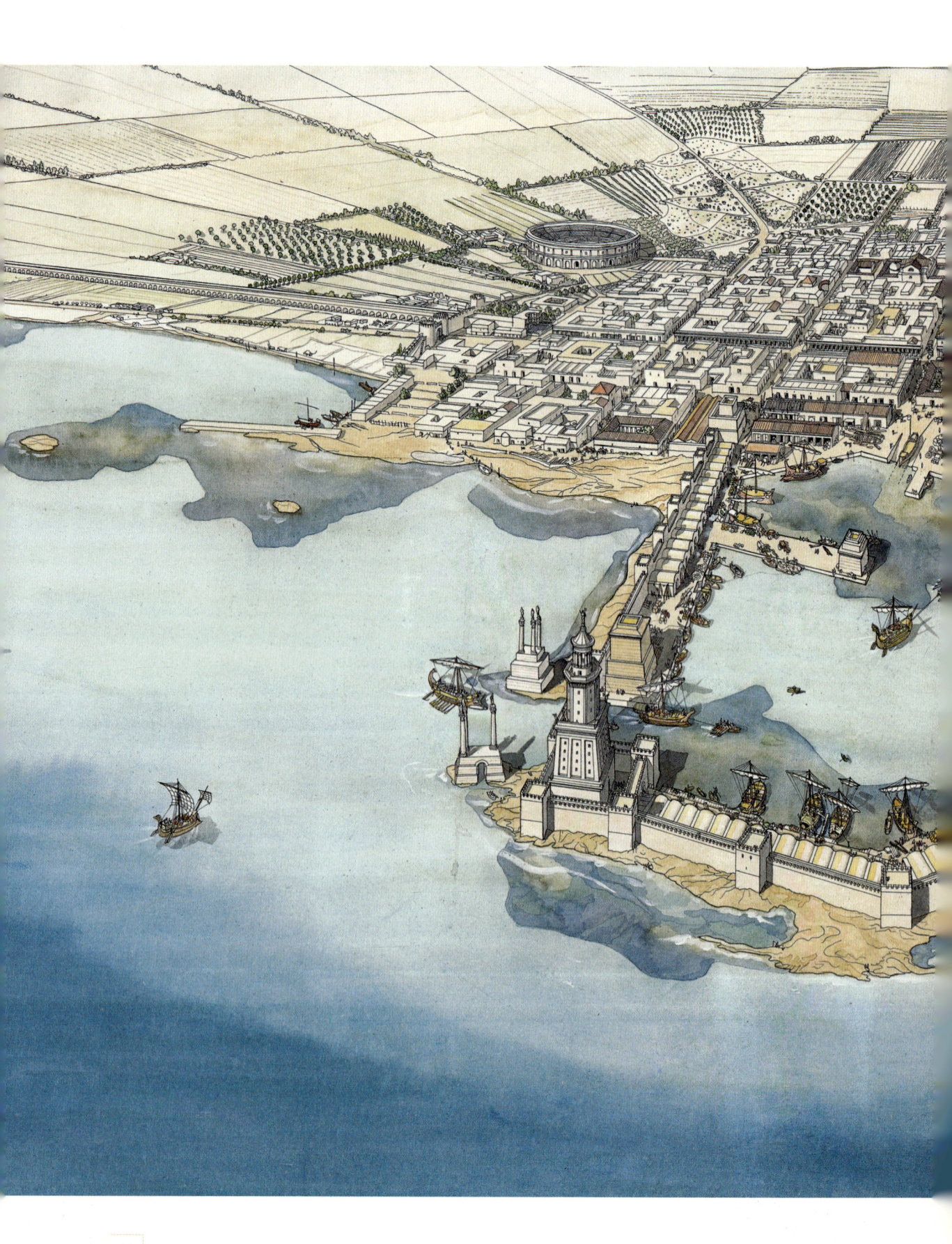

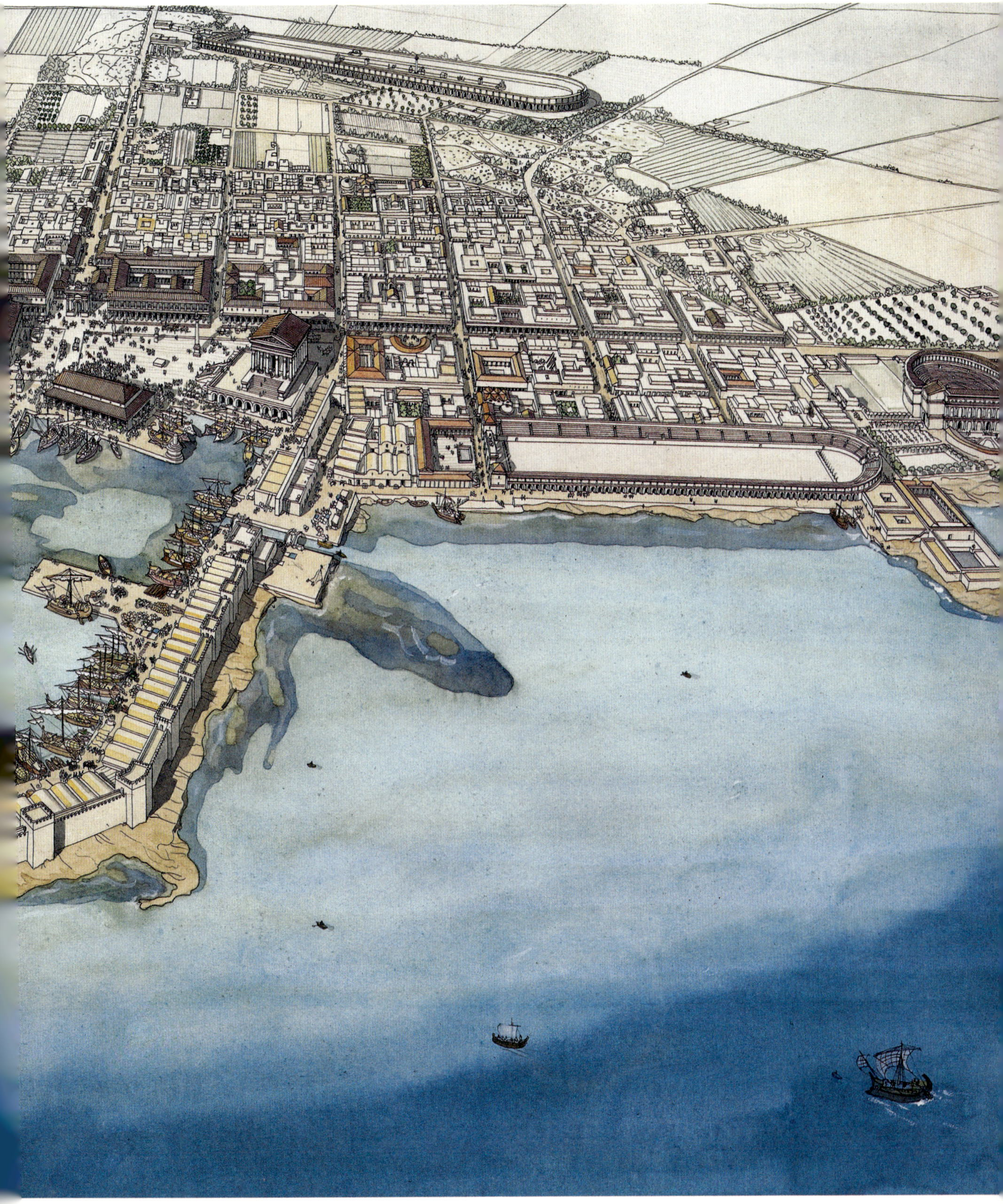

◀ **凯撒利亚。大希律王宫殿（巴勒斯坦）**

凯撒利亚是大希律王兴建的港口城市，后成为其王国的中心城市之一。港口的右边是体育场和海角宫殿。新城规划严谨，呈棋盘方格状。兴建此城，是为当地建造新的大型港口服务，虽然此处自然海岸环境并不十分适合。在复原图前景中，可以看到这个由两道伸入海中的大型人工防波堤构成的港口。

阿韦尔诺湖之间，开凿有"西贝拉隧洞"（Grotte de la Sibylle）；在库迈和尤里乌斯港之间，开凿有长达1000米的"科齐乌斯隧洞"（Grotte de Cocceius）。这些地下设施面积宽敞，足够大型车辆甚至战车双向通行。气窗和天井保证了隧道的通风和光线，墙龛里的火为隧道提供照明。尽管有这些完善设施，很多旅行者还是害怕进入地下通道之后会迷路。为此，当塞内卡从巴亚返回那不勒斯不得不穿过"那不勒斯地窖"后，把这次经历描述成一场真正的幽禁："没有什么地方比这个监狱更难熬，没有什么比这些火把更阴森，火把无法让我们在黑暗中视物，它照亮的是黑暗本身！还有，就算这个地方能被照亮，尘土也会遮住光亮，这些飞扬的尘土让人不快和窒息。对这样的隧道，能说什么好呢？封闭、没有新鲜空气，挖掘它的人们得到什么好处了？"小说家佩特罗尼乌斯甚至说，进入"那不勒斯地窖"，需要充分的理由和勇气。

凯撒利亚和耶路撒冷，大希律王王宫

公元前40年，大希律在罗马人的支持下成为犹地亚之王，统治了犹太人近40年之久。罗马人利用大希律王的忠诚，将他们的影响力扩展到中东地区。大希律王则以自己是奥古斯都和阿格里帕的密友为傲。他曾数次前往罗马，有机会参观到庞培、恺撒、奥古斯都在罗马各广场、马尔斯原野和帕拉蒂尼山上主持兴建的宏伟建筑。大希律王从这些建筑中得到启发，为他的王国营造了许多显赫建筑。

兴建于公元前22年至公元前10或前9年的凯撒利亚，算得上大希律王最伟大的工程成就之一。该城选址的地方本是一个叫"斯特拉同之塔"的小码头，不具备大港口的建设条件。大希律王决定战胜自然，建一个能与比雷埃夫斯港抗衡的港口。他使用最先进的技术，用巨石块填入深达35米的海中。借此，他可以在海上修一座宽60米，带防浪堤的大码头。为了向恺撒-奥古斯都致敬，这座新城取名为凯撒利亚。

大希律王的建筑师们从希腊及罗马城市中汲取灵感，设计出凯撒利亚。该城通往港口的大街之间距离几乎相等，供水则由一座输水道保障。罗马式广场的最高处是巨大的罗马及奥古斯都神殿，离大希律王宫不远处建有剧场和多功能战车竞技场，这些都是按希腊建筑规则建造的。在奥古斯都将帕拉蒂尼山的私人住宅变成皇帝行使权力的中心时，大希律王也把自己的住所变成一个同时满足私人生活和公共生活要求的场所。他在凯撒利亚的"岬角宫殿"比图密善在帕拉蒂尼山上建造的弗拉维宫早了近1个世纪。主要承担公共生活责任的，是位于深入大海之中的岬角较高部分的王宫建筑（上宫）：这里有一个柱廊围出的大庭院，审判室就位于北侧。王宫较低的部分（下宫）是附卧室的柱廊围出的一个大庭院，中央是水池。庭院短边两侧各有一个大厅。这里曾是大希律王的居所，后在罗马统治时期，成为罗马总督的官邸。

大希律王还热衷于重现耶路撒冷昔日的辉煌。他以希腊化时期城市为模板把耶路撒冷部分城区改建成棋盘方格状，以使它更"现代"。又通过多条输水道为这座有着30000居民的城市提供水源。按照一定间距修筑塔楼的坚固城墙包围着城市，只有东西南北四个城门可进出。从公元前19年起，国王开始修缮圣殿，把周围的广场扩大了一

维埃纳的奥古斯都和李维娅神殿。维埃纳是罗马在高卢最早的殖民地之一。这座神殿是献给奥古斯都和李维娅的,他们死后都变成了神。

倍。圣殿所用黄金装饰,俯瞰一组组柱廊。每组柱廊都对应一个特殊群体的活动范围:非犹太人、女人、犹太男人。只有神职人员才能进入圣殿内围墙。安东尼亚堡近在咫尺,守护这片圣地。

大希律王不顾犹太人的反对,在耶路撒冷大肆修建希腊化城市才有的战车竞技场及剧场。耶路撒冷的上城区域有自己的围墙,是当地达官贵人的住宅区。大希律王也在此建造了自己的宫殿,由两座华丽庞大的建筑组成,他用自己最著名的两个朋友的名字——恺撒(奥古斯都)、阿格里帕——来命名这两座建筑。王宫由堡垒式城墙护卫,城墙尽头矗立着三座大型塔楼。

提比略
（前42—公元37）

提比略肖像，依照提比略的雕像绘制。可以看出提比略已上岁数，应是隐居卡普里岛朱庇特别墅老年时期。

斯佩隆加

公元26年，发生在斯佩隆加别墅里的事件是提比略统治的一个关键转折点。这位奥古斯都的继承人天性固执多疑，他当时要面对的是他既恨又怕的元老院成员们日益增长的反对声浪，同时他也失去了罗马平民对自己的支持，后者指责他忽视了民众对节目和民间表演的关切。公元19年，极具魅力的储君日耳曼尼库斯猝死，有谣言说是提比略下令毒死的，这打破了提比略与人民之间原本就不牢靠的关系。这位老皇帝越来越不受民众的欢迎，在罗马住不下去的他，迁居意大利的其他住处。

公元26年，提比略正在斯佩隆加山洞改造的餐厅里与密友们一起用餐，这时拱顶的岩石意外落下，砸倒了几位仆人。宾客惊恐万状纷纷逃走。只有近卫队长官塞扬努斯非常冷静，他勇敢地支着一只膝盖、用手臂保护提比略，以免皇帝被顶部不断掉落的石头砸到。当士兵们赶来营救皇帝时，发现他毫发未损，被塞扬努斯强壮的身躯保护着。提比略从此坚信塞扬努斯是他唯一的真正朋友并毫不犹豫地将自己在罗马的权力委托给他，然后决绝地自我流放到卡普里岛。

斯佩隆加（拉丁语Spelunca的意思是"岩洞"）别墅，位于拉丁姆南部的泰拉齐纳和加埃塔附近。提比略母亲李维娅的家族（克劳狄）在此拥有一处地产，现在人们还可以看到这座公元前1世纪庄园的遗址。长长的柱廊临海而建，可以一边散步一边欣赏风景。与当时其他的海滨别墅不同，这座别墅看上去没有鱼塘，取而代之的是一个农业种植园，遗迹中发现的一些大陶罐（dolia）就是证明。

这座相对简朴的海滨别墅不应混同于提比略于公元4年在原地修建的别墅。公元14年，他在掌权后，重新装修了这处豪宅。它不再是一处简朴的别墅，而是一处皇家宅邸，当皇帝和他的朋友们在此逗留居住时，这里就是权力的中心。苏维托尼乌斯称它为"praetorium"（既指罗马军队的帅帐，又指总督府），这不是一个简单的比喻。因为这里有实实在在的军营和马厩，供皇室近卫队使用。也正是这些军人在山洞塌方时营救了提比略。这座位于别墅上方的军营被长长的双殿柱廊（portique à double nef）遮挡，皇帝和宾客是看不到的，它的边上是通向泉水池的散步道。这个建在山洞里的泉水池,周围有两座对称的亭楼。住宿用的房间都集中在一个很大的柱廊庭院里。一层层的平台一直延伸到海边。大理石雕像、喷水池、泉水池、石柱错落有致,交相辉映,使这座别墅极具舞台效果。

然而,让斯佩隆加出名的关键是供皇帝及宾客消遣而改造的两处洞穴。意大利这个地段的海岸岩洞密布,其中有些非常宽敞,足以改成豪华寓所。斯佩隆加洞穴并非普通海滨别墅的简单附属建筑,而是海水与岩石完美结合的复杂舞台设计。洞口前是一座巨大的四方形水池,与洞内的另一个圆形水池相连。这些水池让我们联想到那些共和国时期豪宅的鱼塘。其实,在长方形水池左边与之相连的另一个更小一点的水池才是鱼塘,小水池周围岩壁上开凿的凹槽可能是用作鸭子的巢穴。主洞口前的人看不到这个蓄满海水的鱼塘,它被藏在一块凿成船首样子的岩石后面,上面还镶嵌着马赛克,写着"阿尔戈号"(Navire Argo)的字样。如果我们把这个名字同大岩洞的尤利西斯(希腊英雄奥德修斯的罗马名)传说的背景结合起来,我们可以想象这种造型来自阿尔戈号远航传说的某一孤立版本,表现的是"阿尔戈号"的英雄们在大女巫喀耳刻的家中停留。岩洞对面的长方形大水池中央有一个平台,四周是小岩坑,里面置有给鱼产卵用的双耳细颈罐。人们坐船来到平台,上面建有一个餐厅(cenatio),四周围有圆柱。三张躺床摆成"冂"字形,宾客们背朝大海,这是这里的第一个独特之处。餐厅中央有个小水池,池中有四个或站或坐的孩童雕像,注视着用餐者。

宾客面向一个圆形水池,可以俯瞰其左右两侧的洞穴。岩洞的自然形态被保留,岩石的凹凸更加强化洞穴整体的庄重与神秘感。餐厅和岩洞之间的距离经过严格计算,使宾客可以对内景一目了然。提比略谙熟希腊文学,将这个别致景观献给了他最崇拜的英雄尤利西斯,两组雕塑

斯佩隆加提比略别墅远景。
庭院周围是兵营和马厩,然后是正面长柱廊和朝向大海的浴场。山脚下有鱼塘–水池和经过改造的山洞(可直通宅邸)。

群体现了荷马史诗中的著名篇章。这些雕像是希腊化时代的杰作，也许是罗得岛艺术家青铜雕像的大理石复制品。据老普林尼所述，这里面就有著名的拉奥孔雕像。这些作品具有公元前 2 世纪罗得岛派［希腊化］巴洛克（baroque de l'école rhodienne）的典型风格，体积巨大（高达 3 米—4 米）。它们在洞穴的摆放位置经过精心安排，可以让用餐宾客的眼睛逐一发现惊喜。在雕像原址处发现的作品碎块可以部分复原这两组雕像。

晚餐宾客的视线首先投向圆形水池正中央的斯库拉。这个迷人的海洋宁芙被女巫喀耳刻变为可怕的妖怪，她与卡律布狄斯一起占据了墨西拿海峡。这是原始时代的怪物力量，仍留存于奥林匹亚众神的有序世界中。艺术家的灵感来自《奥德赛》中描写这位疯狂的吞噬女神的诗句："她有十二只脚，全都空悬垂下，伸着六条可怕的长颈，每条颈上都长着一个可怕的脑袋，有牙齿三层，密集而坚固，里面包藏着黑色的死亡。她把身体缩在空阔的洞穴中央，把头伸出洞外，悬在可怖的深渊……那个可恶的怪物，会从黑首船为她的每个头抓走一人。"为了更好地表现这只亦人亦章鱼亦鲨鱼及其他海上怪物的混合体，雕塑家聪明地运用了狗的形象，它们在撕咬海员时，可以遮盖难以表现的十二只脚的部分。反过来，雕塑家又赋予斯库拉一条长长的鱼尾，缠绕着其中的一个海员。将尤利西斯的船只正面面向观众，置于同斯库拉平行的位置，并对其进行大胆表现，这让艺术家可以展现怪物攻击时的所有细节："当我们把目光投向卡律布狄斯时，斯库拉却从空心船一下抓走了六个伙伴，他们个个都身强体壮。当我回首查看快船和同伴的时候，只见几个同伴的手脚在头顶上方，高悬半空中。他们不停地大声喊叫，呼喊着我的名字……斯库拉吞噬了他们，他们呼喊着，把双手向我伸展。"站在艉楼上的人物无疑是尤利西斯，他挥舞着一根木桩，一个弱小的人类要面对巨怪斯库拉。

客人们的目光继续向右前方看时，会在主洞口前看到一个长长的平台，上面放着第二组雕塑

斯佩隆加山洞的诗歌

在斯佩隆加山洞里发现了一块刻着诗文的大理石碑。上面提到诗人的名字是浮士提努斯（Faustinus），他也许是诗人马尔提亚（Martial）的一个朋友。在图密善统治时期，他在斯佩隆加附近有一座别墅。这位诗人的应影诗句将维吉尔的诗歌与岩洞的雕塑群对比，毫无疑问，这是图密善在斯佩隆加逗留期间写下的：

如果曼图亚（Mantua）的天才诗人（即维吉尔）能重回此处，
他的作品举世崇拜，
肯定会完全被这个岩洞折服，
他会崇拜那个伊塔克（Ithaque）男人的狡猾，
会为沉睡且沉醉于酒中的怪物光辉，
岩洞，活水池，巨大岩石，
斯库拉的残忍及在岩洞里撞碎的船只而欣喜若狂。
维吉尔本人也会承认，没有一首诗歌能复活人类的生命。
只有艺术家能做到，只有自然能超越。
浮士提努斯为这个山洞的幸运主人（题诗）。

群，表现的是被尤利西斯和他的同伙戳瞎眼睛的独眼巨人波吕斐摩斯。这组雕塑也严格遵守荷马史诗的描述："独眼巨人在熟睡中呕吐，喉咙里喷出了残酒和人肉碎块……橄榄木虽还青绿，但熊熊火焰使它很快受热变红，眼看就要燃着。我把它从火里抽出，同伴们围站在我身旁，神明赐予了他们无比的勇气和力量。他们抱起橄榄木，将削尖的一头插入巨人的眼睛。我从上面使劲往下压，旋转木桩……我们当时一起抱住这根被火烧红的橄榄木不停地旋转，巨人的鲜血在炙热的木桩边沸腾。"这组雕塑的构图令人印象深刻：独眼巨人的庞大身躯通过对角线，形成一个金字塔形状，挡住了部分洞口。

当客人们的目光重新回到前景，它们又在环形水池的两边发现两组体积稍小的雕塑群。左边是墨涅拉俄斯（Ménélas）（或阿喀琉斯？）抱着帕特洛克罗斯（Patrocle）的尸体，右边是狄俄墨得斯（Diomède）和尤利西斯把他们从特洛伊抢来的雅典娜神像带回希腊营地。

对斯佩隆加岩洞雕塑的研究有很多，至今对雕像的功能和意义依然众说纷纭。提比略选择奥德赛中的这两个情节，似乎是想表现人类的智慧最终战胜了原始时代的粗暴妖怪。相对于斯库拉，波吕斐摩斯介乎于人兽之间的状态：他是个牧羊人，照料羊群，制作奶酪。但他同时又是一个只有一只眼，而且吃活人的巨人。在这两组雕塑中，六个同伴消失了，被斯库拉和独眼巨人吞噬了：面对斯库拉，尤利西斯唯有逃命一途；第二个故事里，尤利西斯用计谋战胜了巨人并把同伴们绑在公羊肚子下逃出了山洞。人们一直对斯佩隆加岩洞的隐秘意义有很多推测，因为这里的自然环境和雕像布置让人觉得荷马神话下还隐藏着一段启蒙之旅。提比略在斯佩隆加寓所里将自己置身于尤利西斯在意大利的探险中心位置：海岸上能看到喀耳刻居住的奇尔切奥山，食人的莱斯特律戈涅斯人（Lestrigons）在不远处肆虐横行；再远一点，是波吕斐摩斯居住的弗莱格瑞（Phlégréens），塞壬盘踞四周的索伦特（Sorrente），卡律布狄斯和斯库拉藏身的墨西拿海峡，埃俄罗斯统治的埃俄利亚岛；最远处是西西里，太阳神的牛群在那里吃草。所有这些，都代表着尤利西斯归家旅途中遭遇的考验，它们被尤利西斯依靠狡猾与智慧克服。它们也体现着命运（Fatum）的支配地位，提比略深信命运是统治世界的唯一力量。正如皮埃尔·格罗（Pierre Gros）所指出的："（斯佩隆加的）自然景观被设计融入一个野心勃勃的作品，它将那些荷马神话中的人物推至台前，展现了智慧及时代的和谐。这种成功，要归功于斯佩隆加别墅以这个神奇洞穴为中心，展示（至少是诉求）在被控制的世界下的一种合法的、宇宙的权力，创始神话在这个被掌控的自然中通过插入星辰情结（complexe astral），投射出时间之外。"还有，通过选择两个生活在山洞里的《奥德赛》人物[12]，斯佩隆加的洞穴建筑也成为洞穴概念的经典。

波吕斐摩斯这一组雕塑挡住了主洞的入口。它后面还有两个在岩石中凿出的厅室。左边的较小洞穴被整饬成了圆形，四周岩壁都砌了砖，还镶嵌着贝壳。这里藏着一个铺着大理石地板的餐厅。那里很可能就是岩石坍塌时塞扬努斯搭救提比略的地方，后面的小房间无疑是供提比略休息之用。

斯佩隆加岩洞构成一个戏剧舞台：自然元素为布景，圆形大水池是乐池（古希腊剧场的

▶ **斯佩隆加的别墅主洞一览（拉丁姆）**

近景，躺床和孩童装饰的小水池，它们朝向天然岩洞的环形水池，那里的雕像讲述着奥德赛的故事（中间是斯库拉，后面是尤里西斯的伙伴们正在扎独眼巨人波吕斐摩斯的眼睛）。左边是船首造型的岩石，暗示阿尔戈号。

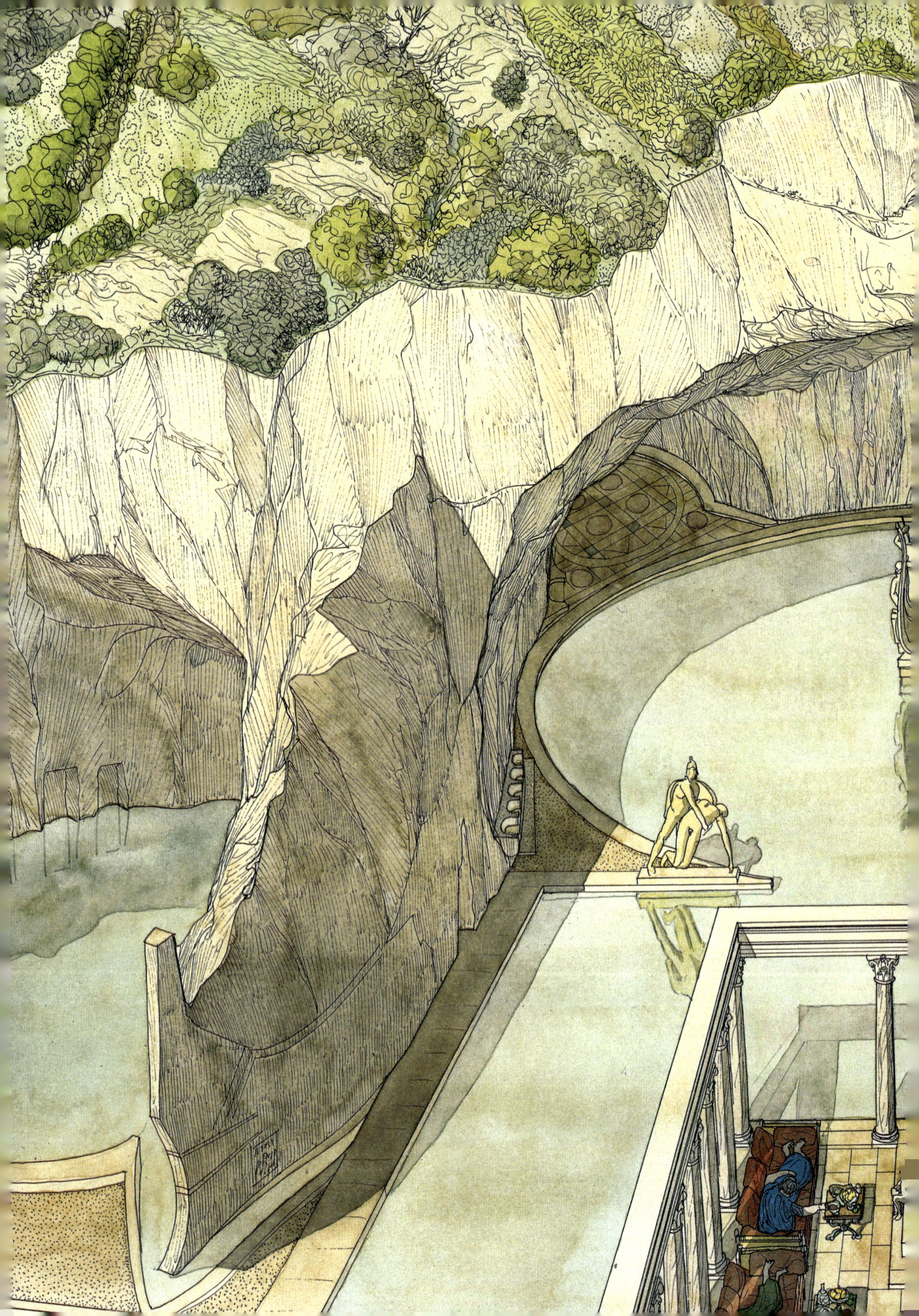

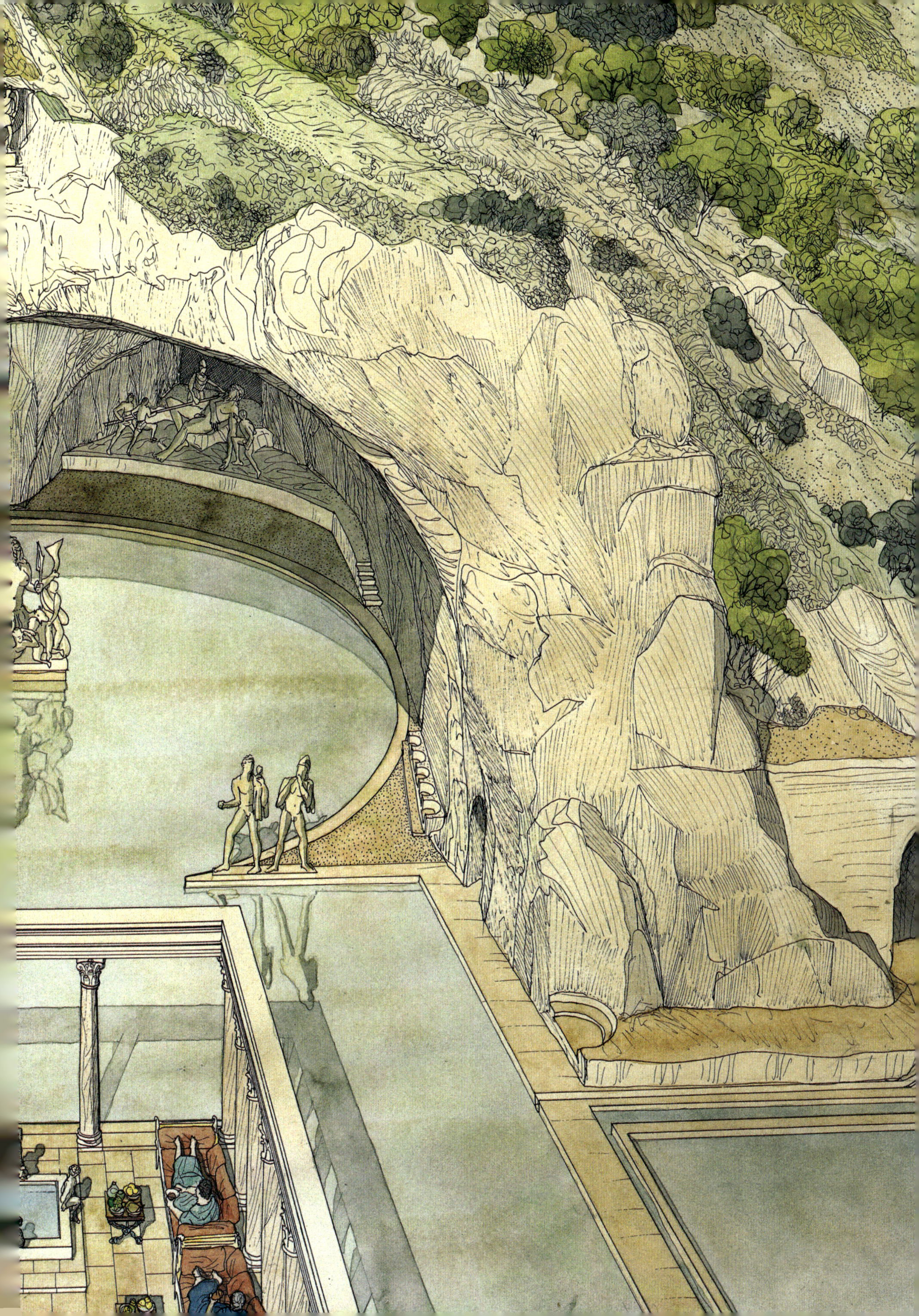

舞台），雕像是剧中人物。水池两侧岩石上凿出的扶手椅和岩洞上方的雕像更加强了这种剧场效果。

斯佩隆加别墅这座餐厅的特别之处在于它的朝向——宾客背朝大海，面向眼前的戏剧舞台。食物菜肴可能并不是宴会的主要吸引点。事实上，提比略一向节俭，多年的军旅生活使他学会享受极为简单的饮食。对于食物，他只有一个癖好——每天都要吃黄瓜。为了满足皇帝在任何地方都能吃上新鲜黄瓜的愿望，他的园丁把黄瓜种在装有轮子的木箱里，跟着太阳移动。冬天，这些木箱会用削得薄薄的透明云母盖住，保暖的同时阳光还可射入。这样，新鲜黄瓜全年都能出现在皇帝的餐桌上。出征日耳曼尼亚时，提比略又喜欢上北方蔬菜（欧洲防风或甜菜？），每年要从加尔杜巴（Galduba）的莱茵河军事堡垒运来，这种蔬菜的苦味可以通过在烹饪过程中加蜂蜜酒来缓解。皇帝也很喜欢西兰花和野生芦笋。这些乡村蔬菜通常被罗马美食家鄙视。罗马最著名的美食家阿皮奇乌斯（Apicius）在他的烹饪著作中甚至都没有提及它们。提比略还酷爱水果，最爱吃的一种梨以他的名字命名：提比略梨。他把经非洲炉（les forges d'Afrique）制成的烟熏葡萄干引进罗马。在斯佩隆加，鱼塘里的鱼类和贝类乃至鱼精（laitance）都是盘中餐。其实，提比略与他的三位继任者卡里古拉、克劳狄和尼禄完全不同，后三位都热爱美食甚至贪食，而提比略并不在意贵族盛宴的礼数。为了节约，他常常让人把隔夜的剩菜端上桌（对美食家来说，这简直令人发指）。当半头猪被摆上桌时，他向宾客宣扬：半头猪的味道与整头猪一样！

实际上对提比略而言，晚宴的主要意义在于与宾客进行交流。在斯佩隆加，皇帝的圈子只限于几个他相信完全没有恶意的亲信。这里只有一位元老，曾经的执政官科齐乌斯·涅尔瓦（Cocceius Nerva），一位地位颇高的法学家，还有近卫队长官塞扬努斯，提比略的御用占星师忒拉绪洛斯（Thrasylle），骑士库尔提乌斯·阿提库斯（Curtius Atticus），以及提比略请来的诸位希腊文人雅士。虽然皇帝要求元老和军人们使用拉丁语，但在斯佩隆加大部分私人谈话使用的是希腊语，提比略要求他身边的人使用最纯正的阿提卡方言。

皇帝具有扎实的学养。亚历山大的斐隆（Philon）写道："他的智力与血脉一样高贵。"提比略受过严谨的教育，在自我流放罗得岛的九年里，即公元前6年至公元2年，他认真学习了岛上哲学家的课程。毫无疑问他是斯多葛学派的信

一个卖力的奴隶

提比略皇帝在去那不勒斯的路上时，于他在米塞努姆的别墅停留。卢库鲁斯曾亲自负责这座别墅的修建工作，他把别墅建在一个高坡上，能看到远处的西西里海，脚下就是托斯卡纳。正当皇帝在喜人的绿化林中散步时，他的一个奴隶用带流苏的亚麻围巾将束腰外衣拉到肩膀处，提着一个小木桶给滚烫的土地洒水。由于他在皇帝走过之后才洒水，人们都取笑他。于是他抄了自己熟悉的近路，提前赶到皇帝要经过的林荫道洒水除尘。提比略认出了这个男人，马上明白了他想从中得到一些好处。"嘿，你！"皇帝叫道。奴隶一个箭步上前，他乐坏了，好像奖励就要到手了。这个时候，这位伟大的皇帝开始取笑他："你没干什么对的事，而且还毁了你的工作。打你耳光的话，我就亏大了。（打耳光代表给奴隶自由）"

——费德尔，《寓言》（Pables）38

徒，追求简朴的原则符合他的性格。他崇拜荷马及另外3位亚历山大派希腊诗人——欧福里翁（Euphorion）、赫里亚努斯（Rhianus）和帕特尼乌斯（Parthenius），欣赏他们的隐晦和惜字如金的风格。提比略创作的希腊语诗歌以他们为老师，其中有很多荷马式的表达和生僻词句。提比略也是一个清醒的艺术爱好者，谙熟所有希腊绘画和雕塑流派并在全帝国收集有价值的绘画和雕塑装饰他的住所。在罗得岛居住期间，提比略结识了忒拉绪洛斯，并迷上了后者向他展示的占星术。忒拉绪洛斯成了皇帝最亲密的伙伴，至死都陪伴在皇帝身边。皇帝感兴趣的不是简单的预测未来、星座运势，而是命运在宇宙和权力行使中的作用。

提比略的品位引领着斯佩隆加岩洞餐厅里的交谈，这里的环境提供了有关神话和《奥德赛》段落隐喻的无尽话题。提比略喜欢通过向客人提出高深问题来检验他们的知识水平："赫卡柏的母亲是谁？""阿喀琉斯被藏在斯库罗斯的年轻女孩中间时，他叫什么？""塞壬引诱水手时，唱的是什么歌？"有些客人惧怕这些知识"测验"。一个叫塞琉古（Seleucus）的皇帝亲信，想出了一个办法，他让负责记录皇帝日常读写的奴隶做卧底，他因此可以随之"复习"第二天的提问内容！不幸的是，提比略听说了塞琉古的这条"妙计"，便取消了他参加宴会的资格，然后强迫他自杀。

卡普里朱庇特别墅

奥古斯都是第一个对卡普里岛感兴趣的罗马人。皇帝在岛上逗留时，这个岛还属于那不勒斯。岛上有一棵百年老橡树，它的枝条毫无活力地垂在地上，一次奥古斯都恰巧路过此处，开始枯萎的枝条重新恢复活力，长得茂盛起来。这个偶然遇上的老树复活的画面给皇帝留下了深刻印象，他用伊斯基亚岛（Ischia）与那不勒斯交换了卡普里岛。

卡普里有许多吸引奥古斯都和提比略的地方，这里无论冬夏都气候宜人，高地吹来微风与温柔的海洋空气融为一体。岛上植被丰富，是地中海炎夏中的一片清凉绿洲。最后不容忽视的是那不勒斯湾的绚丽风景，居住在卡普里北岸的人们可以将其尽收眼底。正是在这里，奥古斯都让人建造了一座大型别墅，由一系列分散在海角上的建筑组成。这处住所比起那不勒斯湾沿岸雄伟壮观的度假别墅来说相对朴素，但四周都是花园和树林。皇室家族习惯来这个"海上宫殿"住上一段时间，远离意大利本土尘世喧嚣，享受这里的宁静。

提比略公元27年来到卡普里定居，让这里比奥古斯都时期更加出名。皇帝的这种"自愿流放"是数年来他在罗马因越来越焦虑而无法生活的结果。提比略以去坎帕尼亚进行官方巡视为借口，离开了罗马并深信再不会回来。近卫队长官塞扬努斯曾在斯佩隆加岩石塌方中救了皇帝的命，但这次意外事件更坚定了提比略内心的决定。对他来说，坎帕尼亚已经不再是一个安全的"退休"地，因为太多的人可以接近皇帝住所。他认定岛屿才是唯一能为他提供绝对安全的地方。年轻时，提比略不得不在罗得岛上过了6年隐退的生活。卡普里岛与罗得岛相比，优势在于它只能从一侧上岛，即现在的玛丽娜·格朗德（Marina Grande）码头的方向，而可供登陆的区域也很小，其他地方都是陡峭的岩崖和深海，船只无法驶入。一登上卡普里岛，提比略就坚信可以在这块易于监视四周、防御坚固的地方过上平静生活。从27年到37年，罗马是被一个留守在岛上的皇帝远程统治着。无论是家庭事件（死亡或嫁娶），还是政治问题或外部危险，什么都不能迫使提比略踏上返回罗马的路。有几次，他试图返回，但没有一次走出坎帕尼亚地区，就又匆匆返回岛上。他派特使向元老院和罗马人传达

> **提比略的恐惧**
>
> 尽管提比略隐居到他认为安全的卡普里岛，但他对暗杀的恐惧依然存在。到达岛上的几天后，一个渔民在他独自散步的时候从他认为不可能登岛的岩壁爬了上来，这个男人给皇帝送来了一条大鲻鱼。提比略吓坏了，叫来他的卫兵，让人用这条鱼在渔夫的脸上摩擦。这个不幸的人大声说幸亏没有把他捕到的那只大龙虾[13]送给皇帝。于是，提比略又让人把那只大龙虾拿来，用它给渔夫破了相。

他的决定。很少有亲信有机会登上卡普里岛觐见皇帝。

公元31年，他把19岁的养孙，年轻的卡里古拉叫到自己身边。这个男孩具有极强的欺骗性，表面上看起来完全忘记了自己全家人都是被提比略杀害的，言行举止非常乖顺。皇帝对卡里古拉的顺从和暧昧性格没抱多少幻想，但他只有这么一个继承人，所以勉强将他当继任的君主进行培养。

塔西佗认为，提比略在卡普里岛建造了十二座大型别墅，以奥林匹亚十二神命名或带有十二星座的符号。但只有两座留下遗迹，建在陡峭悬崖之上的显赫的朱庇特别墅和建在岛最西北端达梅库达（Damecuta）岬角的别墅。其他别墅没有留下任何遗迹。也许它们只是简单的皇家驿站，供皇帝偶尔从不同的角度欣赏那不勒斯海湾风景。

提比略焦虑不安的性格也反映在这座如鹰巢一般的朱庇特别墅上面。它建在300米高的陡峭山崖上，高耸入云。站在别墅东面面向维苏威火山和索伦特半岛的半圆形谈话室里，人们就像被悬在天空和大海之间。整座别墅占地面积7000平方米，因地势高低不一，分为数层。在中间部位，一个面积达900平方米巨大的蓄水池由4个水箱组成。蓄水池的下部用于存储别墅和浴场用水，因为附近没有水源。蓄水池的上部则是住宅建筑结构的一部分。这个由巨大蓄水池构成的宏大区域被一道城墙环绕着，城墙西侧有数层小房间，供近卫队和用人使用。这座建筑高高的正立面十分朴素，毫无建筑上的奇思妙想，只有一条狭窄的柱廊位于其顶端。来到朱庇特别墅的旅客首先看到的就是别墅的这一面，让人觉得很像一座军事堡垒。

"全面安保"是朱庇特别墅内部结构的主导宗旨：通往走廊和楼梯的窄门很容易设岗守卫，这里没有开放性的大型空间。从香桃大道（Avenue des Myrtes）进来的人要爬一个坡才能到达别墅的大门，而这个门并不能直达别墅的中心建筑。门后是一个像中庭的门厅，四周有四根脉纹大理石柱，长方形壁龛里立着皇帝的雕像。

人们从门厅左侧可以进入走廊、楼梯和前堂的交汇处，由此可以前往浴场，浴场用水来自储水池中的一个水箱。浴场对一个私宅至关重要，它由五个大房间组成，依次是前庭、更衣室、冷水浴室、温水浴室和热水浴室。热水浴室有两个半圆形后殿，空心砖砌成的墙壁可以保持温度。最南边是锅炉房。

宫殿的中心与储水池的面积差不多，是一个由柱廊环绕的方形庭院，其周围是用人居住的房间。东部建有一个巨大的半圆形谈话室，有七扇门但没有一扇直接通往中心的柱廊庭院。建筑东侧的一条走廊可以通往提比略的私人房间，它们位于建筑的北面，与别墅的其他部分完全分离。一部分房间朝向那不勒斯湾；另一部分朝南，可以俯瞰中央庭院的柱廊。外面的坡道和阶梯供侍者使用，可以直接去厨房和公共区域，不用穿过别墅内部区域。一条长 92 米的凉廊-散步道在海岸峭壁上蜿蜒。一间铺着彩色大理石地砖的餐厅和一间小客厅（diaeta）设在这条凉廊尽头。提比略习惯躲在这些安静的房间，面向大海，回顾自己一生中的种种不堪往事，没有人可以走近这位年老的皇帝。小客厅旁边有一个单独的储水池，专门用来给这些房子供水。在西边不远处，有一幢坚固的石头建筑，这里是天文台，提比略和他的占星师忒拉绪洛斯于此观察星宿，占卜罗马的命运。

西侧，别墅的厨房是一栋独立建筑，里面有数个炉灶和用来清洗厨具的水池。人们从内部过道可以进入别墅主体建筑底层半地下的储藏室，这里可以保持食物新鲜，因为宫殿地处偏僻，需要有大量的食物贮备。

灯塔是这座与世隔绝堡垒的重要建筑。这座巨大方塔边长 12 米，高 20 米，与别墅保持一段距离。实际上，除了在夜里为船只导航外，卡普里灯塔还可以发出光、火、烟信号，与那不勒斯海岸，尤其是墨西拿的观察哨保持联络。苏维托尼乌斯曾提到，提比略在得知塞扬努斯叛变后，给元老院发出处决命令时的焦虑。这位皇帝连续数小时站在高高的悬崖上，守候那不勒斯湾对岸的回音，等待确认他昔日友人已被处决的信号。即使在看到了他期待已久证实塞扬努斯阴谋破产的信号后，提比略还是忧心忡忡。他派人将那些曾经是这位近卫队首领的共犯们押解到卡普里，经过漫长和刁钻的拷问后，这些不幸的人都被从朱庇特别墅所在的高崖上推下大海。崖下等候的一群水手再用船桨和带钩的篙把尸体打碎。提比略在别墅的高处，不动声色地观看这场血淋淋的

处决。此后的 9 个月里，提比略都不敢走出朱庇特别墅。在提比略去世的前几天，一场地震震塌了灯塔。

第二次隐退的提比略大部分时间都居住在朱庇特别墅这个堡垒里，但他也喜欢达梅库达别墅，后者建在卡普里岛西边伸入海洋的岬角上。这座夏宫可以坐船抵达，与朱庇特别墅的阴森古板不同，它是一个令人心旷神怡的居所，它的特别之处是一条长长的观景步行道，将两个居住区串联起来。这条凉廊建在岩石之上，其间散布着半圆形长石凳，供散步者歇脚。凉廊的西端，是一个面向大海的半圆形观景台（belvédère），两侧分别是餐厅和会客厅。另一端则连着阶梯，通向一个个小露台，上面分别建有卧室和圆形观景台。

达梅库达崖岩脚下，有卡普里的一个自然奇观——蓝洞。洞内闪烁迷人的蓝光，给岩石蒙上一层奇幻色彩。洞穴深处有一条狭长的通道，通向第二个更加隐蔽的洞。提比略把这个洞池改造成泉水池，它的自然美景远胜于罗马人在度假别墅花费大笔金钱建成的人工洞穴。一条地下通道将泉水池与地面上的别墅连接起来，让这个玄秘之地成为传统记载中提比略最不可告人的荒淫放荡举止的发生地。

事实上，因在生命中最后十年离群索居，提比略的名声受到了很大影响。罗马人找不到合理的理由来解释皇帝的自我流放，所以他们宁愿相信他离开罗马是为了放纵自己那堕落又下流的欲望。人们尤其指责提比略在卡普里淫乱狂欢：提比略派奴隶们到意大利本土寻找童男童女，命令这些孩子扮成森林之神和仙女宁芙，以各种闻所

▶ **朱庇特别墅（卡普里）**

这座宫殿外观紧凑，围绕内部巨大蓄水池而建，周围的部分分建在几个不同高度的地块上，主体建筑的基台由拱门和扶壁支撑。正面凸出来的小型半圆形谈话室与浴场相连。别墅顶部是最奢华的房间，环绕着以蓄水池为中心的花园庭院。这座坐落于 100 多米高岩崖顶端的高大别墅，在很远的地方就可看见。

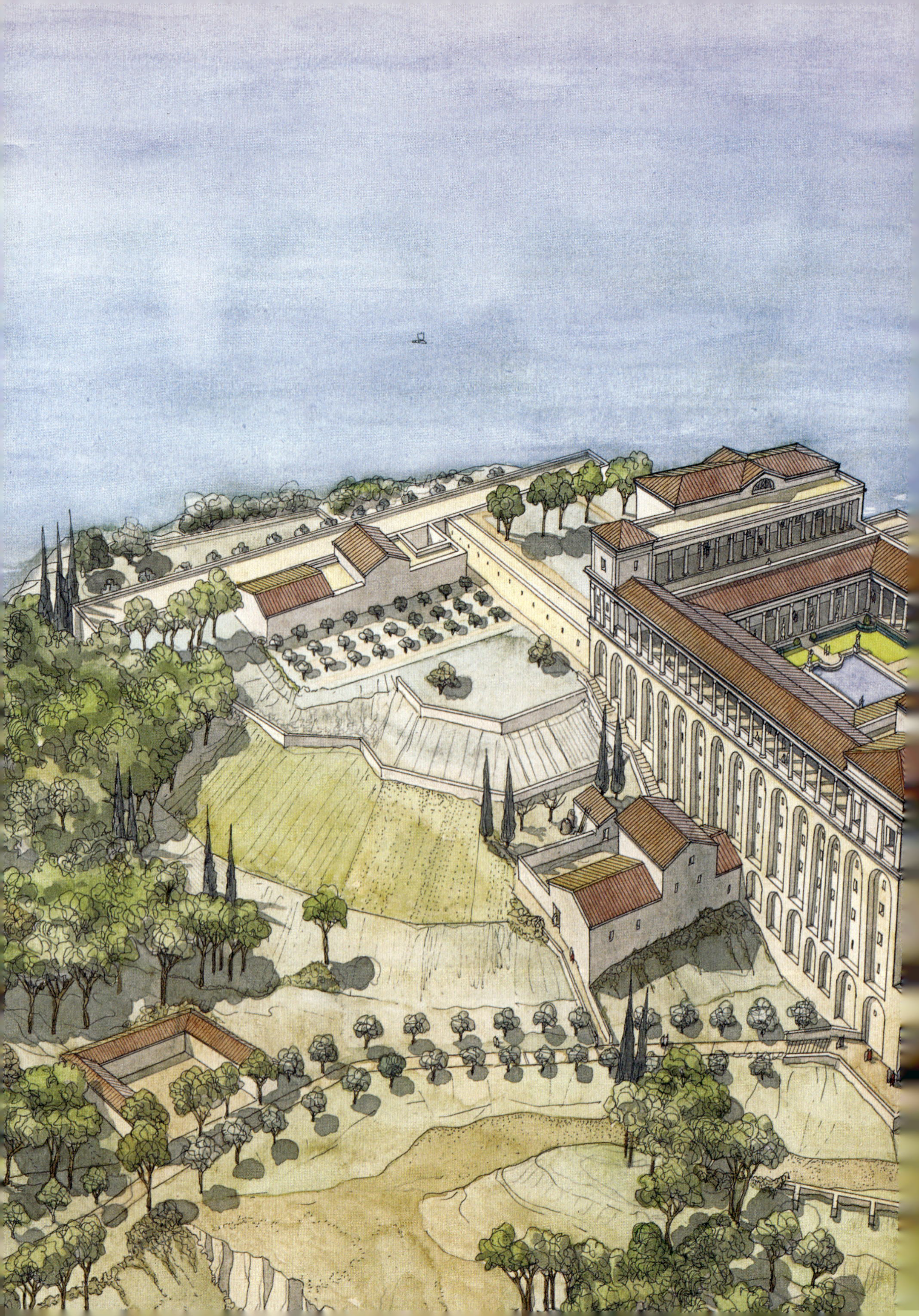

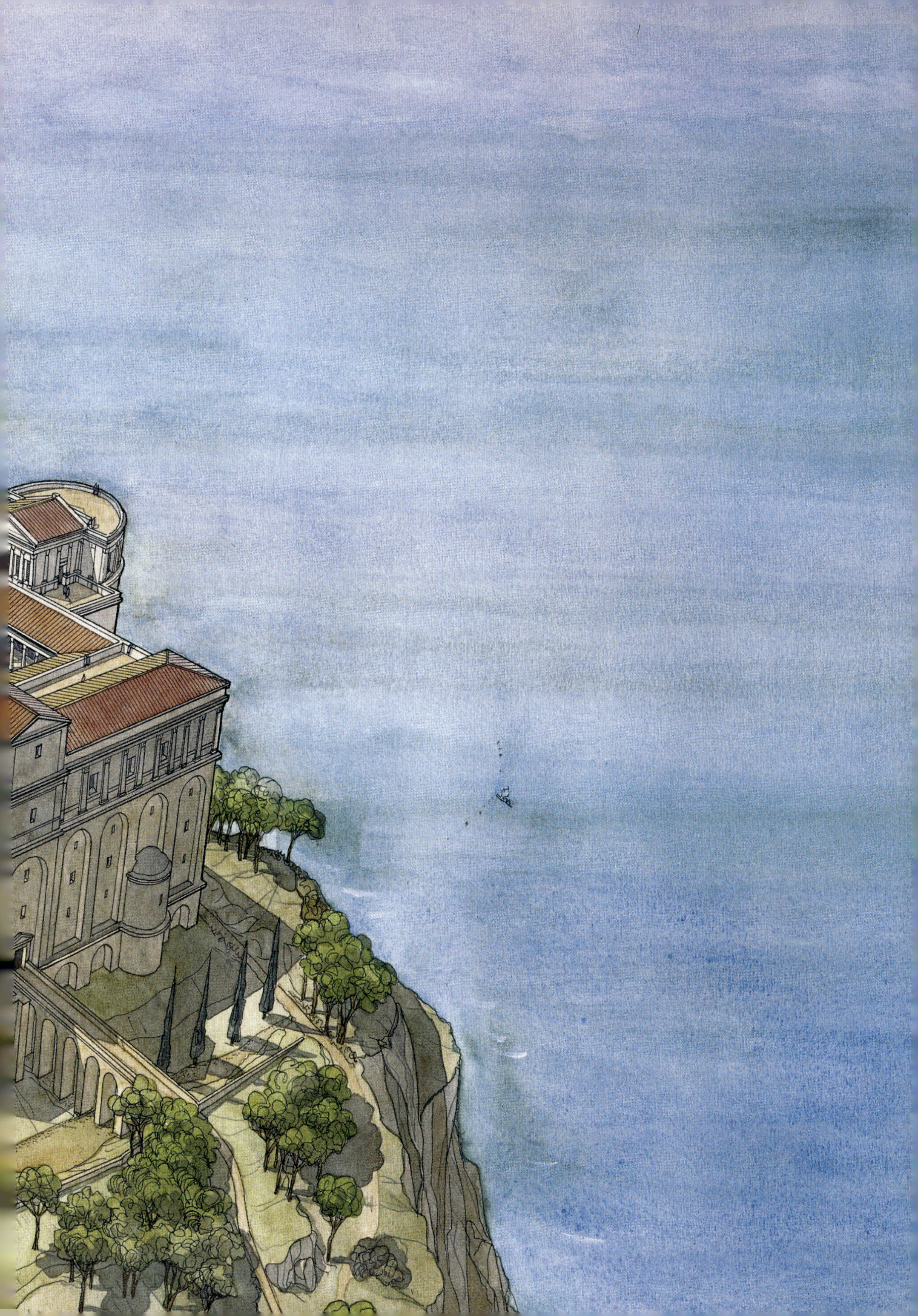

未闻的姿势进行性交；这个老男人还喜爱与自己养育的、很小的孩子们一起洗澡。我们几乎可以肯定这些大众传言放大了皇帝的怪癖。确实，这个在生命中大部分时间中对情色毫无兴趣的男人在卡普里表现出了一些老年淫乱迹象——他让人在房间摆放色情绘画和雕像，书房里充斥着下流猥亵作品，其中就有来自希腊的小册子厄勒芳迪斯（Éléphantis），里面详述了性关系中的各种技巧。但这些风流品味与荒淫还是相差甚远，关于后者，罗马人称这种人为"Caprineus"，这是一个双关语，一是指"卡普里的男人"，一是指"老山羊"。在古代作者中，只有苏维托尼乌斯和塔西佗曾经使用类似的词形容过提比略放荡，我们可这样假设：他们都把这位皇帝的死对头大阿格里皮娜（Agrippine l'Aînée）的《回忆录》作为共同资料来源。何况，当时连皇帝是否健在都不清楚的罗马人，又是如何知道提比略在卡普里如此丰富的性生活细节的呢？

提比略在卡普里的日常生活很可能比人们想象的要平静得多。白天，他在阳光下长时间地冥想，散步或阅读，饲养动物——尤其喜爱一条可以爬到他手上吃食的蟒蛇和在果园里放养的孔雀，和园丁们一起视察菜园里的蔬菜。入夜，提比略会站在天文台上观察星宿的运行。所有这

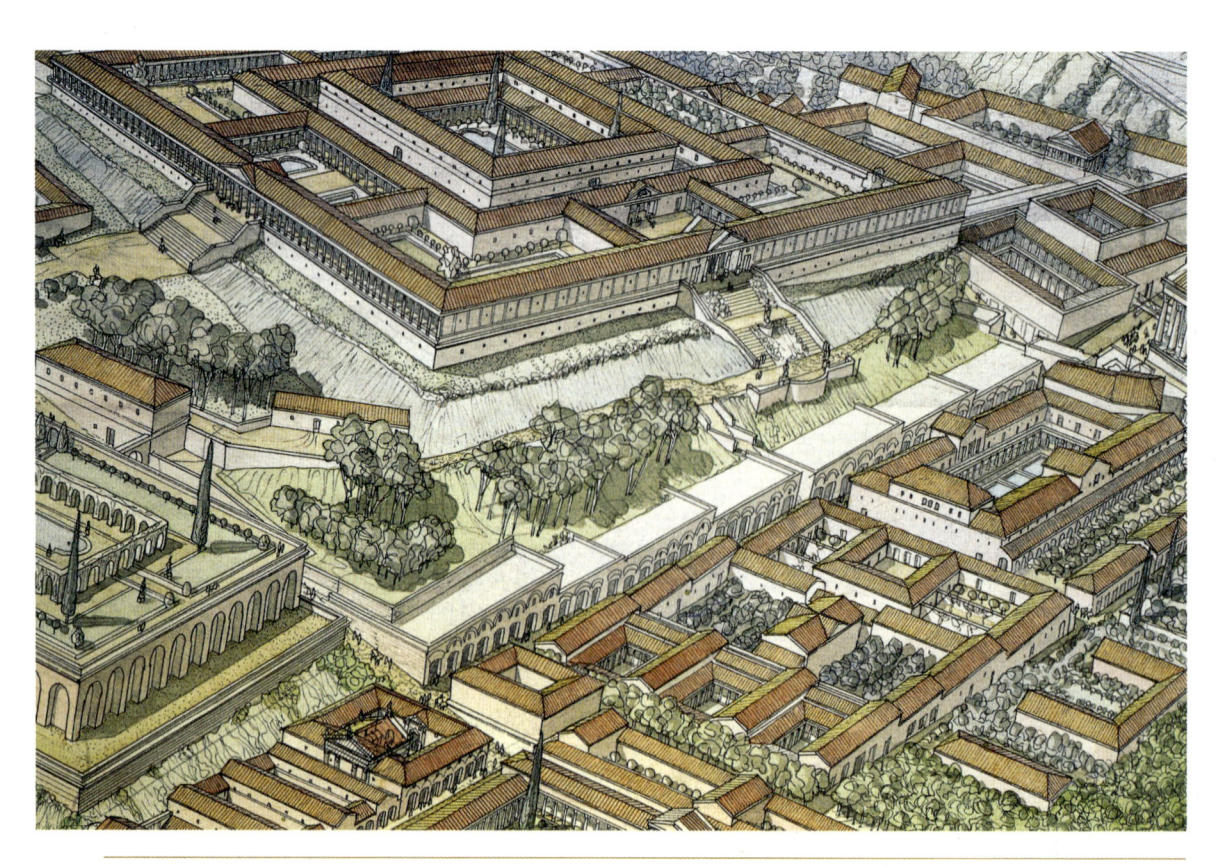

▲ **提比略宅邸（罗马）**

宫殿的这一部分选用的是提比略的名字，但实际上是尼禄造的。提比略出生在这个地方，当时它只是相连别墅中的一座。尼禄在此建起了一座宫殿，本来是非常规矩的设计，之后被他的继承者一点一点地改变了。宫殿建在帕拉蒂尼山顶，图斜下方一角，有一组紧凑的建筑物（中庭），这是卡里古拉建成的，与卡斯托尔和波吕丢刻斯的神殿相连。插图下方是灶神殿所在的街道，两边都是店铺。

些爱好极其平凡，却是在罗马和意大利无法实现的，因为他不信任他的同胞。与其让他在罗马行使权力，他更愿意当一个卡普里岛"岛主"。

提比略宅邸

不要被古代作家笔下提到的"提比略宅邸"（Domus Tiberiana）所蒙蔽。他们用这个名词称呼帕拉蒂尼山上、李维娅宅北边与古罗马广场之间的一片地方，而不是提比略在热尔玛（Germal）这个区域建造的宫殿。事实上，这个称谓出现在公元68—69年四帝内战之后。

有这样误解是可能的，因为提比略曾经住在帕拉蒂尼山上他父系这边克劳狄家族的家宅。公元14年，提比略当上皇帝后并没有新建一座宫殿，而且帕拉蒂尼山上也找不到一处他统治时期修建的宫殿的痕迹。他只是在奥古斯都那兼顾私人和公共生活的综合宅邸基础上，添加了自己的寓所。很有可能是提比略把克劳狄宅邸周围所剩无几的私人住宅回收了，使奥古斯都宅邸更加完整。在大部分时间里，"帕拉蒂尼山上"（拉丁语"in Palatio"）这个模糊的字眼都是用来特指朱利亚-克劳狄家族统治下的皇权所在地。现在被人们称为"提比略宅邸"的建筑则是更后来的事，它完成于弗拉维时代和安敦尼时代。

卡里古拉的统治时期很短，但他是第一个计划建造一座真正宫殿的皇帝。为此，他让人延伸帕拉蒂尼山建筑群，增添了一翼，直接通到古罗马广场。增筑的主要建筑是一座中庭、一座围绕水池修建的柱廊庭院和一个朝向古罗马广场的餐厅。这座宫殿的特别之处在于用一条通道连接至狄奥斯库里[14]神殿。卡里古拉让人把这座受人尊敬的神殿后墙打穿，把它变成自家宅院的前庭。迪奥·卡西乌斯[15]曾记载：卡里古拉经常说他有"卡斯托尔和波吕丢刻斯作门房"，而他本人则是坐在众神的位置上接受罗马人的朝拜。卡里古拉还让人建造了另一条空中通道，越过已被封神的奥古斯都神殿，连接自己的宅邸与卡皮托林山上的朱庇特神殿。这样，皇帝可以直线前往，因为"他想要成为朱庇特的合住者"。在自己家旁边，卡里古拉让人修建了一座献给他自己的神殿。他计划在这里放置坐落在奥林匹亚、高达12米的宙斯巨像，然后把宙斯的头换成自己的头。

不过斐迪亚斯（Phidias）的这件杰作运气很好，那艘预定把它运回罗马的船在到达希腊之前就被烧毁了。卡里古拉一死，他所有的这些怪异建筑物也都随他而去。

公元41年1月，卡里古拉早上参加完为纪念阿波罗举办的帕拉丁竞技会以后，决定回家吃午餐。在从帕拉蒂尼山上的竞技会场到他的宫殿的地下隧道里，刺杀他的谋反者已经混在一群准备上场表演的孩子们中间。当时陪伴着卡里古拉的克劳狄，在自己侄儿遇刺后，被吓得跑到"提比略宅邸"的客厅里，躲在窗帘后面。近卫队就是在那儿找到了他，并向他敬礼，祝贺他成为皇帝。

很难准确判断克劳狄对整座"提比略宅邸"有多少贡献。人们认为帕拉蒂尼山西北角的巨大讲坛是他建的，后来它成为尼禄的"过道"宫（Domus Transitoria）的地基。从2世纪开始，坐落在弗拉维宫殿一侧的"提比略宅邸"便成为皇储的居所。

卡里古拉

（12—41）

卡里古拉像，根据其雕像所绘。

内米湖上的船宫

卡里古拉的精神错乱主要体现在他故意违逆一切自然与人类法则。这种矛盾心理深植于他的性格中：挥霍无度又喜无耻敛财；他喜欢人多的浴场，却又经常将自己封锁在孤独中；他不去惩罚真正的罪犯，而是对无辜的人处以极刑。他喜怒无常，恣意妄为，想一出是一出，还爱挑战大自然：他计划凿穿科林斯地峡，还想在阿尔卑斯顶峰建造一座城市。为了建造他在意大利的住宅，他实施了巨大工程，彻底改变自然风貌——夷平山峰，建造平原。

他最大的抱负之一是填海造陆。一天，他决定在那不勒斯湾的巴亚和波左利之间用装满泥土的船搭建一座浮桥（具体内容，可见第 63 页图注）。两天中，他带领一大群人，骑马走在这条伸入大海的船桥之上。他建造庞大战船，在内米湖畔盘桓或沿坎帕尼亚海岸航行，这是他实现梦想的方式：住在一座真正的水上宫殿里，其豪华和舒适程度可以与他在意大利的所有宫殿媲美。这些船宫不是为了长途航行设计的，仅仅是为了娱乐。它们配备了风帆和十排桨，却很少使用，大多数时候都停靠在岸边。

在罗马附近的阿尔巴诺山内米湖，卡里古拉安置了几艘宏伟舰船。内米湖坐落于一个古老的火山口，山坡一直伸入水中。古人称这个可爱的小湖为"狄安娜之镜"，因为这位女神的神殿就建在湖边，倒映在宁静的湖水中。1929 年，在内米湖底部发现了两艘船和印有卡里古拉名字的砖块。从实际情况看，它们是被克劳狄故意沉湖的。从克劳狄统治之初开始，他就致力于摧毁其前任的工程。这两艘桨帆船的规模令人印象深刻：一艘长 75 米，宽 34 米；另一艘长 71.3 米，宽 20 米。它们是古代世界最大的船体之一（战舰平均长度为 50 米，商船为 25 米）。超常的尺寸，让它们可以改造成漂浮的皇宫，其中一艘船上直通甲板两端的宽阔平台可以证实这一点。这些船只的制造材料极其昂贵，船体使用了多种木材，而且还用羊毛包着的铅板保护船壳。船尾镶嵌着宝石，带有狮头、豹头和狼头造型的奢华系泊环，轻盈的船帆五颜六色；双层甲板采用度假别墅设计，盛开鲜花装饰的柱廊围绕着居住舱

> **皇帝餐桌上的珠宝**
>
> 御用宴席上使用的豪华饰品、各色餐具让人难免心生邪念。卡里古拉曾当场捉住一个偷偷摸摸把装饰躺床的银贴边拆下来的奴隶。皇帝命人砍下这个不幸的人的双手,挂在他的脖子上,从一个桌子走到另一个桌子,身上还带着一个通告处罚原因的牌子。奴隶们不是唯一想窃取皇家奢侈品的人。贵族提图斯·维尼乌斯(Titus Vinius)在克劳狄的餐桌上偷走了一个金酒杯,皇帝当时假装什么都没看见,然而次日,他下令在所有客人中,只给维尼乌斯用陶制餐具上菜。

室,巨大的餐厅有遮阳蓬,可以在露天用餐,还有供住客人娱乐的浴池。一切极尽奢华,马赛克路面、大理石墙壁、青铜雕像。居住舱室旁植满果树和葡萄。在如此这般的水世界上,皇帝可想象自己身处乡间。他在自己的船宫里庆祝盛大节日,举办宴会、音乐和舞蹈表演。

卡里古拉待客时,不着代表罗马尊严的官服。他醉心于东方宫廷文化,会穿一袭金线绣的透明丝质长袍,着厚底长靴或女式凉鞋,手腕和脖子上佩戴珍贵珠宝。有时候,他也会扮装成奥林匹亚的某个神出现在宾客前:假如他要扮朱庇特,就弄一阵雷声;要是扮尼普顿就会拿起三叉戟;要是扮巴克斯,就拿根杖;扮赫拉克勒斯,就会拿狼牙棒、穿狮皮衣。他还会扮装成女神,狄安娜或维纳斯。厚厚的妆容可以使他扮谁像谁。

在餐厅,卡里古拉会让他三个妹妹德鲁西拉(Drusilla)、阿格里皮娜(Agrippine)、利维拉(Livilla)中的一个坐在主席位置上,他与她们之间的乱伦关系已经不是什么秘密。他的情人,著名的哑剧演员麦尼斯特(Mnester),坐在离他不远的地方。卡里古拉会在众目睽睽之下毫无节制的拥吻这位情人,除非他的另一个情人也在场。"另一个情人"是指他的妹夫雷必达(Lepidus),德鲁西拉的丈夫,在将他处死之前,卡里古拉曾指定他做过自己的继承人。

卡里古拉的饮食以其奢侈而闻名,宴会时间也与众不同,往往始于下午中段。食物在湖岸上准备好,然后用小船运到船宫。皇帝的贪吃是出了名的,他会把面前的食物吞进肚子里,尤其对甜食没有抵抗力,酒量也是巨大。当他吃不动时,就把它们再吐出来,然后立即吞食新上的食物。他喜欢用奇特菜肴让宾客惊喜。一天,他让人用黄金包裹面包和食物。还有一次,他学克利奥帕特拉的做法,把珍珠放在醋里,溶解后喝下。他喜欢重复这句话:"要么保持节俭,要么成为恺撒。"

被邀请上船宫肯定是一项荣誉,但也是一件可怕的事。事实上,没有人能预料卡里古拉那疯狂的脑子里会产生什么怪念头。他会邀请贵族妇女和她们的丈夫一同前来用餐,然后在她们丈夫眼皮底下动手动脚。最纯洁的词汇也可能隐藏陷阱,因为皇帝的恶意可以为它们随意添加危险的含义。在一次盛宴上,他毫无理由地突然大笑,坐在他旁边的两位执政官谄媚地问他为何而笑,他答道:"因为只要我点下头,就能马上让你们人头落地。"

宴会会一直持续到深夜。卡里古拉患有慢性失眠症,总是尽可能推迟回房独处的时间,以免独自面对各种奇怪的恐惧。对卡里古拉而言,任何可以留下宾客的理由都是好理由。比如,他会

▶ 离罗马城不远的内米湖中的卡里古拉船宫,此遗址保存良好,这艘长75米、宽25米的巨舰被找到了。这是一座名副其实的浮动岛屿,被改造成用于消遣的极其奢华的宫殿,船上有柱廊和花园。

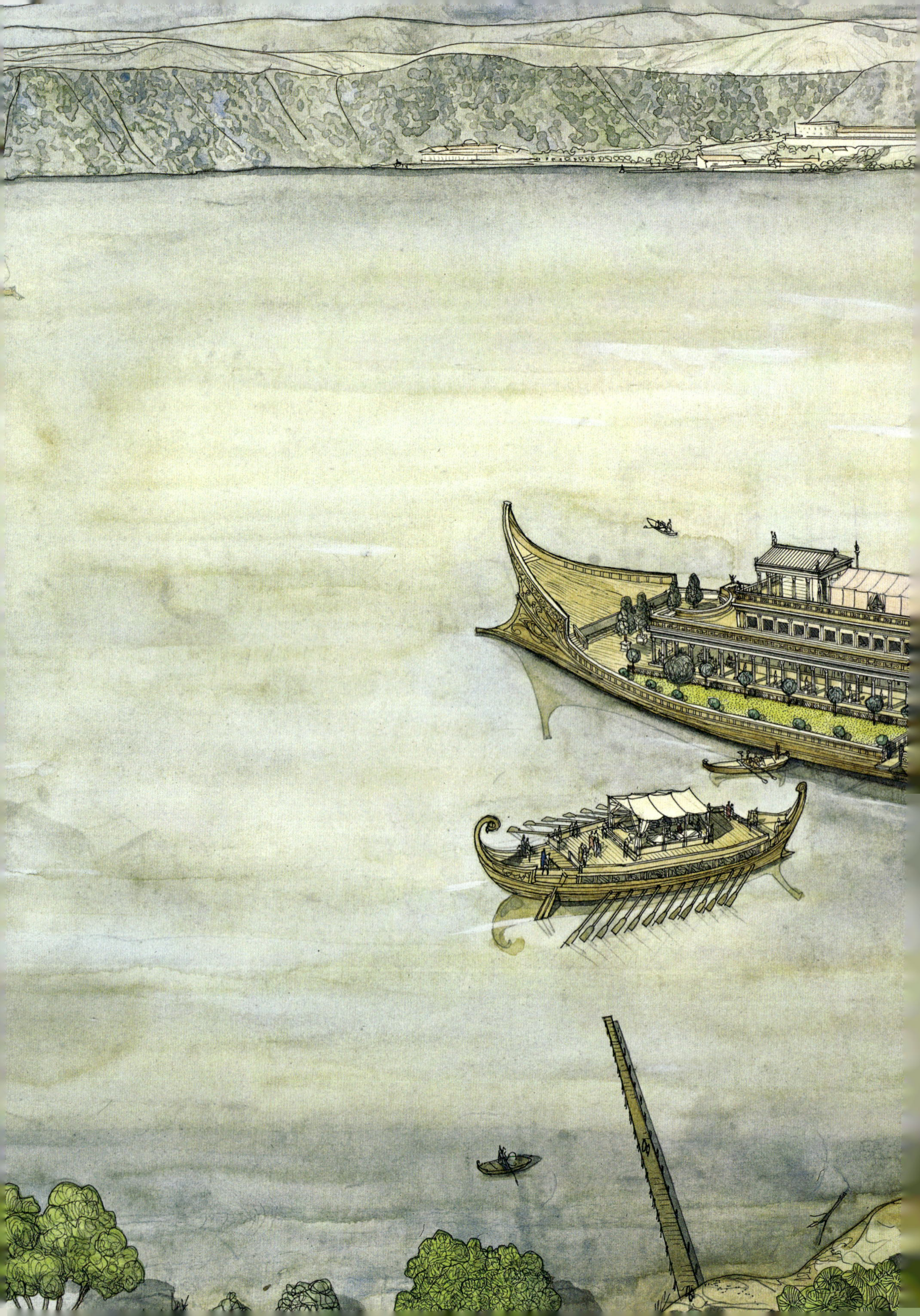

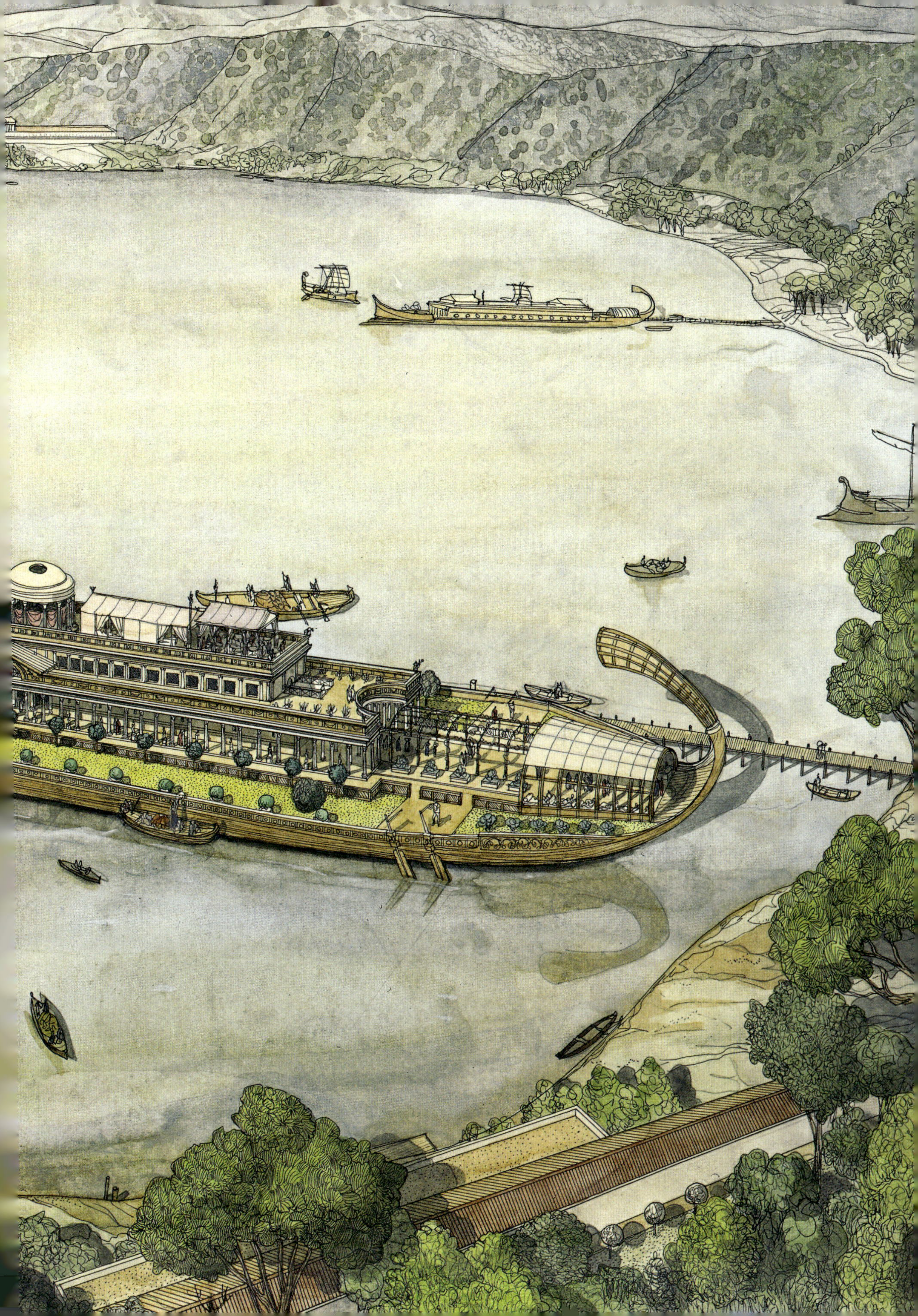

给他们表演一种新舞步，为他们朗诵某戏剧主人公的道白。有时，卡里古拉用更血腥的娱乐方式：派人把囚犯带到他面前，严刑拷问。他有一名近卫队士兵，号称"砍头大师"，卡里古拉会让他在宾客面前展示他的砍头才华，囚犯则是从监狱里随机提取的。卡里古拉就这样沉溺于残忍的游戏之中，往返于巴亚和波左利的船桥之上是他最开心的时候：宴席进入尾声时，他把几个宾客投入海中。那些酩酊大醉的人直接溺水而亡，另一些则抓住了船帮，皇帝让人用桨把他们戳入水底。

船宫整夜灯火通明，岸边回响着乐器的声音和宾客醉酒的吵闹声。在自己辉煌的船宫上，卡里古拉可以实现他最疯狂的欲望，正如迪奥·卡西乌斯所说的："他要把沧海变成桑田，把黑夜变成白昼。"

梵蒂冈战车竞技场

梵蒂冈平原在台伯河右岸伸展开来，正对着战神广场。准确地讲，这里说的不是罗马的一

个街区，而是罗马城外的一个区域。它的北面是墓地，南面是皇家领地，有许多别墅。阿格里帕在战神广场拥有一大片美丽花园。在这些花园下面，人们发现了一个由卡里古拉始建，尼禄完成的战车竞技场。这座战车竞技场是一座私人建筑，是阿格里帕别墅的一个组成部分。其他贵族庄园也有类似建筑。在战车竞技场中轴的分隔岛（Spina）上，矗立着一座25米高的方尖碑。为了把它从埃及运回来，卡里古拉让人专门建造了一艘特殊的船，后来这艘船被克劳狄沉入奥斯提

▼ 梵蒂冈战车竞技场（罗马）

从阿格里帕别墅看到的梵蒂冈卡里古拉战车竞技场全貌。分隔岛中央矗立着从埃及用船运回的方尖碑（现矗立在圣彼得广场）。这艘运输船后来被沉到水下成为奥斯提亚港灯塔底座的一部分。这座战车竞技场最终由尼禄建成。

▼ 巴亚的克劳狄泉水池（那不勒斯湾）

克劳狄泉水池在巴亚的皮索别墅里，可乘船抵达。在这里，招待客人的躺床环拱厅摆放，周围装饰着神祇和许多人物雕像。尽头是波吕斐斯故事群雕（奥德赛），告诉人们这曾是斯佩隆加岩洞中的装饰。

亚港。公元 64 年罗马大火后，尼禄在这座梵蒂冈别墅里紧急修建了一批棚屋，用来安置城里的灾民。在这座战车竞技场里，尼禄命人拷打基督教徒，控诉他们是这场火灾的罪人。分隔岛上的方尖碑现在矗立在圣彼得广场上。

巴亚的克劳狄泉水池

在巴亚，人们在蓬塔·埃皮塔菲奥（Punta dell'Epitaffio）海水下 7 米深的地方发现了一个非常美丽的泉水池，经确认，它属于克劳狄皇帝的一座别墅。

泉水池所在的长方形洞厅，背靠海角，可以通往别墅的地面一层，最深处是半圆形后殿。它被设计成一个人工洞穴，拱形大厅铺满大理石，其实是一座 U 形餐厅。一条水道从别墅直抵餐厅内部，宾客们可乘舟通过一条拱形门廊来到此处，躺在木制靠背的躺床上。大厅两侧各有四张躺床，门口两边还各有两张躺床。晚餐者可以直接享用漂浮在水上的菜肴。

在大厅的两个长边，各有 4 个摆放人物雕像长方形壁龛，其中 6 座雕像已被找到。它们分别是皇帝克劳狄的父母，穿将军装的老德鲁苏（Drusus l'Aîné）和头戴皇冠、打扮成母亲维纳斯的小安东尼娅（Antonia Minor），克劳狄和梅萨

> **帕拉蒂尼山的妓院**
>
> 欲壑难填，促使卡里古拉以各种手段搜刮钱财。他想出了一个在他帕拉蒂尼山上的宅邸内开一个多厅妓院的主意。作为帝国皇宫里的特殊场所，卡里古拉选择让头等公民的妻子和最显赫家庭的子女来接客。同时，卡里古拉派奴隶去广场和巴西利卡转悠，强制年轻人和老人来到皇家妓院。那些说自己没有经济能力来光顾的人们，被强迫当场借高利贷，在放贷人的旁边，还有官差负责记下"顾客"的名字，确保这些人肯定会去帕拉蒂尼山。

琳娜（Messaline）的两个孩子——布列塔尼库斯（Britannicus）和屋大维娅（Octavie），最后是两个酒神狄俄尼索斯。人们可以假设没有找到的那两座雕像应该是克劳狄家族的其他成员，极有可能是他的祖母，皇后李维娅和他的祖父克劳狄乌斯·尼禄。因此这座卧躺餐厅是献给克劳狄家族的，包括提比略和克劳狄皇帝。

在尽头的半圆形后殿，有一组大型雕像群，表现尤利西斯戳瞎独眼巨人的场面。传说，尤利西斯是克劳狄家族的祖先。这位雕塑家的灵感显然来自克劳狄的叔叔提比略设计的斯佩隆加山洞里的大型雕塑群。

▶ 巴亚与波左利之间的海上桥梁（那不勒斯湾）

卡里古拉最昂贵的疯狂之举是他建造的横跨那不勒斯湾的船桥。天文学家忒拉绪洛斯曾向提比略担保："盖乌斯（卡里古拉）成为皇帝的可能还不如他骑马跨越巴亚海峡的可能性大。"卡里古拉在公元39年的夏天迎接挑战，准备在巴亚和波左利之间建造一座长约5千米的海上大桥。他下令征召尽可能多的船只。这甚至造成了一场大饥荒，因为就连那些从埃及向罗马和意大利运送小麦的船只也被他征召了。这些征收来的船只被锚定排成两排，然后填满泥土，使它们看起来像阿皮亚大道。连续两天，卡里古拉不停地在这条路上游逛。头一天，他穿着亚历山大大帝的胸甲，披着紫绵绣金披风，骑着一匹披挂精良的高头大马，后面跟着骑兵和步兵。次日，他身着金线织成的长袍，驾着一辆由两匹名马牵引的战车，身后是近卫队，他们押着帕提亚人送来罗马的人质之一——大流士（Darius），以及一些载着身穿盛装的皇帝朋友的车辆。当天晚上，他在船桥上举行盛大宴会，晚餐的结局很糟糕，因为酒足饭饱的卡里古拉把许多宾客推下大海，并用船桨阻止他们求生，淹死了他们。

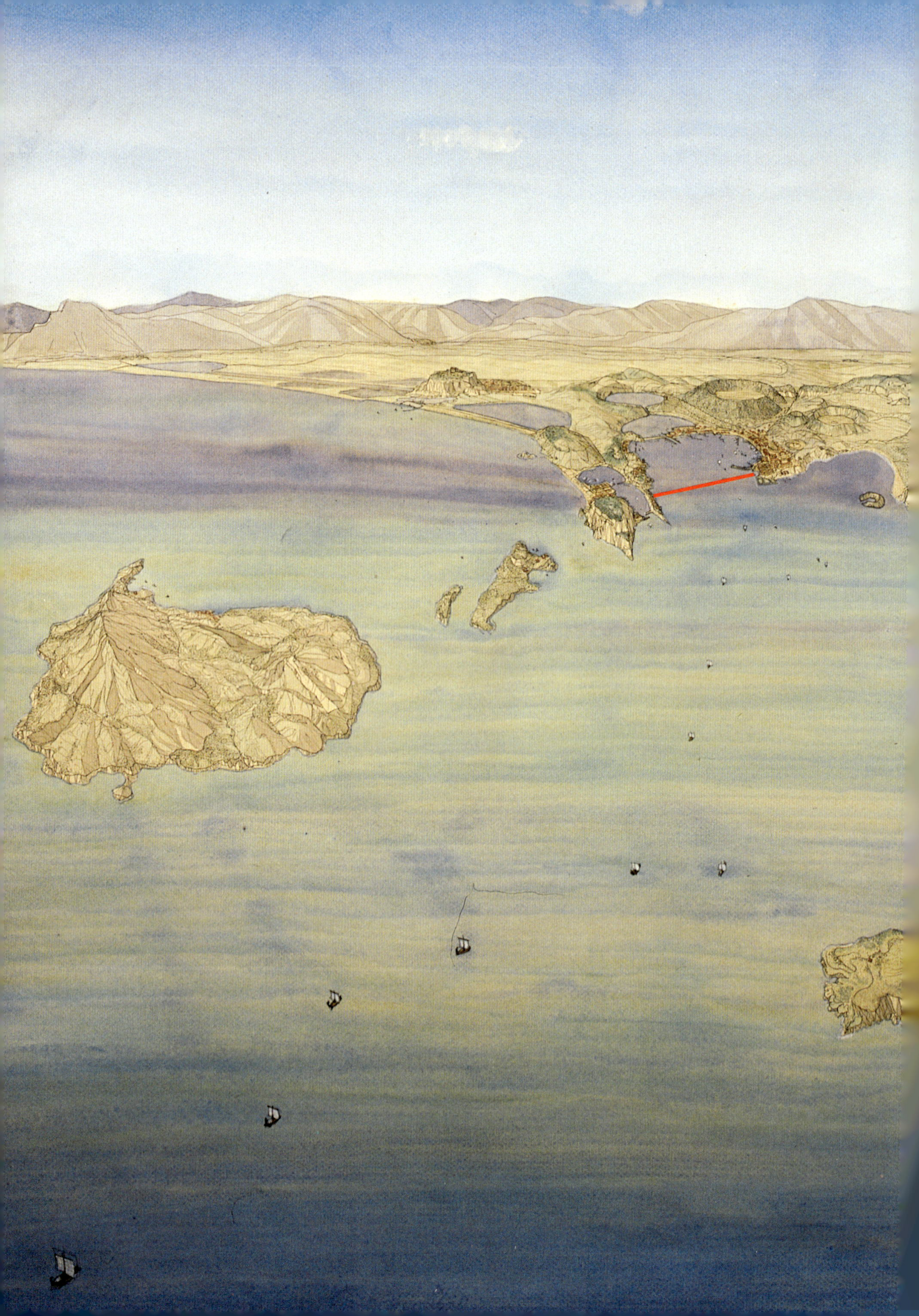

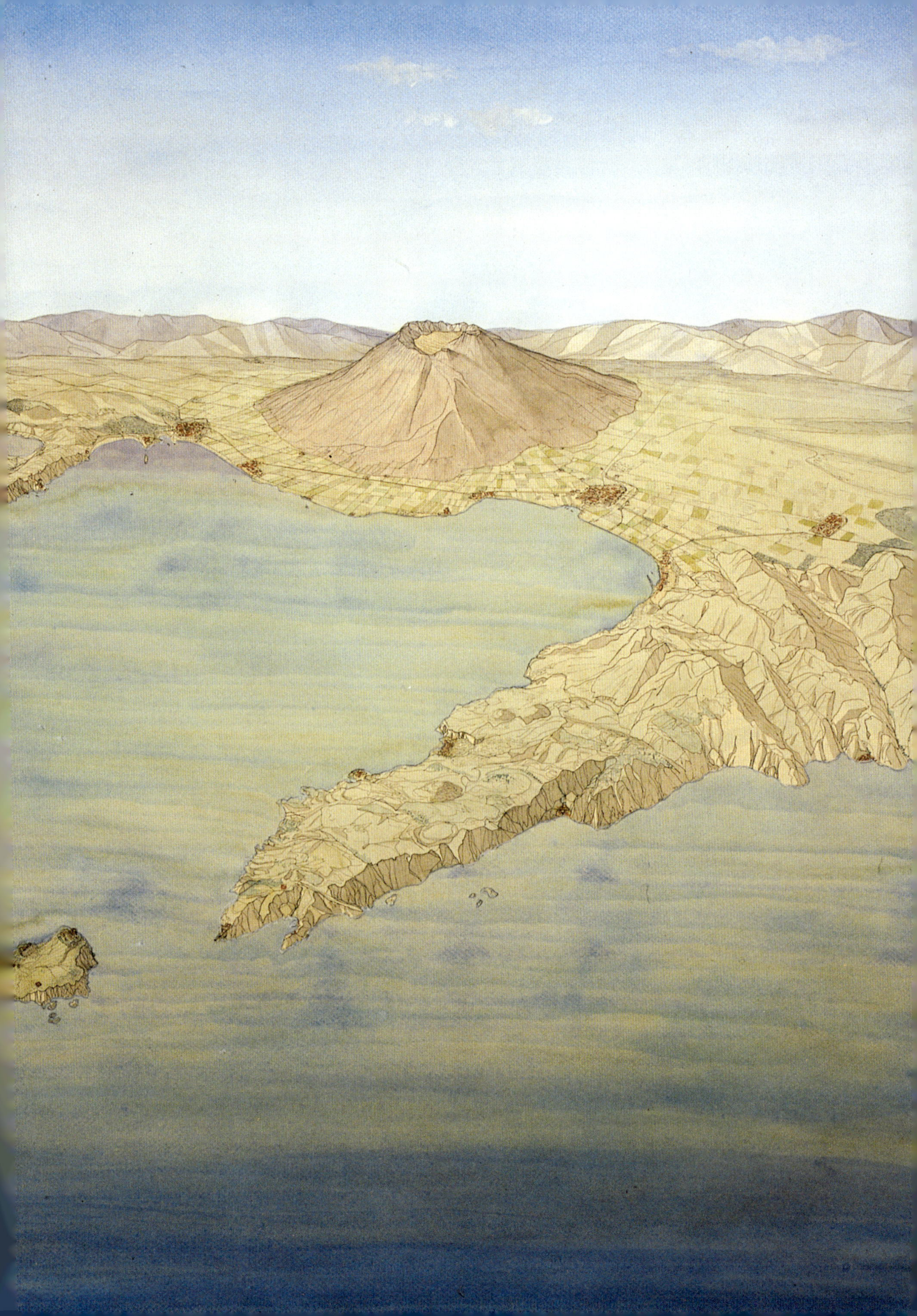

尼禄
（37—68）

帕拉蒂诺博物馆尼禄雕塑画像。

金宫

> 罗马变成了他的家：
> 公民们都去维爱住吧，
> 趁这坏蛋的宫殿，
> 还没有吞并了维爱。

苏维托尼乌斯记述了当时罗马人看到尼禄金宫拔地而起时唱的歌谣。这些传达平民惊恐的讽刺诗句又被贵族们转换为愤怒，谴责"这座可恶的房子建立在公民的尸骨堆上"。公元65年，皮索（Pison，拉丁文全名Caius Calpurnius Piso）曾把罗马最重要人物聚集在一起，阴谋在金宫暗杀尼禄，因为对他们而言，这座宫殿象征着皇帝的暴政。

尼禄拥有建筑师之魂。在他执政的最初几年，他让人在离罗马约190千米，拉丁姆南部海岸，自己的家乡安提乌姆（Antium）建造了一栋别墅。3座小型人工湖将其围在中央，成为意大利最美一道风景。安提乌姆别墅是尼禄最喜欢的一处住所，他的母亲阿格里皮娜后来就住在这里，直到尼禄为了暗杀她，邀请她前往鲍勒。正是在安提乌姆，波佩娅·萨宾娜于公元63年生下了尼禄的女儿，尼禄欣喜若狂，为此举办战车竞技会以示庆祝。罗马发生大火灾时，尼禄也正在安提乌姆。在这处皇家别墅的遗迹中，人们发现了3座希腊化时期的雕像杰作——莱奥哈雷斯的阿波罗（Apollon de Leocharès），安齐奥的少女（Fanciulla d'Anzio）和博尔盖斯的角斗士（Gladiateur Borghèse）。

尼禄还构想了一个庞大的建设计划，这个工程可能改变意大利的环境。他决定从库迈附近的阿韦尔诺湖挖一条通航运河，沿海岸到达奥斯提亚的台伯河河口。这条运河的长度为160罗里（超过200千米），其宽度可容两艘有着五排桨手的大型桨帆船对航。这个计划并不是异想天开，实际上，从海上航行到奥斯提亚的船只在往返米赛努姆岬时是非常困难的。尼禄设计的运河绕过了这处险境，可以让船只毫无危险地到达罗马。尼禄的另一个计划是在米赛努姆和阿韦尔诺湖之间挖一个巨大水池，四周柱廊环绕，将巴亚地区的所有温泉水汇集于此。我们还知道尼禄希望将罗马扩建到奥斯提亚，并幻想过一个以他的名字命名的新首都，尼禄波利斯（Néropolis）。因此，可以合理假设尼禄梦想在罗马与巴亚之间兴建规模巨大的建筑群。皇帝死的时候，阿韦尔诺湖附近穿山的工程已经开始。尼禄下令将帝国境内的所有囚犯带到意大利来完成修建运河的任务。实际上，罗马与那不勒斯巴亚之间的快速通道最终由图密善建成。图密善大道与希努埃萨（Sinuessa）的阿皮亚大道贯通，可以直线到达库迈。后来，斯塔提乌斯曾说，人们只需要两个小时即可到达坎帕尼亚的海滨浴场。然而，我们也注意到这位被激情冲昏头脑的诗人少算了从希努埃萨到卢克里努斯湖之间200千米路程所需时间！尼禄另一个伟大计划是打通科林斯运河（Corinthe Canal），在他垂死时，这项工程才开工，劳工是韦伯芗在犹地亚平叛战争中抓获的战俘。

在这些宏伟的计划之外，再加上金宫的建造，产生了罗马国库无法承担的巨额费用。实际上，因为一个荒诞的故事，尼禄坚信自己会很快得到一大笔财富。公元65年，有一个布匿籍的罗马骑士叫凯塞利乌斯·巴苏斯（Caesellius Bassus），他或多或少头脑不大正常，精神错乱，他让皇帝相信能发现狄多女王藏在迦太基附近巨大山洞中的大宝藏。尼禄根本没证实这一说法的真实性，便向非洲派遣了多艘满载士兵的三层桨帆船，在招募的阿非利加本地农民的陪同下，开始于巴苏斯指定区域进行挖掘工作。在罗马，人们谈论的全是狄多女王财富的神话。显然，藏宝的山洞没有被发现。但是，由于对巴苏斯的胡言乱语坚信不疑，尼禄自信能够找到宝藏来支撑他营建庞大工程的政策。

短暂统治使尼禄无法实现他的法老式意图。事实上，他只是在罗马实现了他的庞大工程伟业。在统治初期，他建造了供他居住的"过道"宫，这个名字来自它把帕拉蒂尼山东部和成为皇室财产的奥皮乌斯山（Oppius）的梅塞纳花园连接起来。这座"过道"宫，在公元64年的火灾中被部分毁掉，之后在原地建造了弗拉维宫。然而，幸存下来的建筑遗址仍能让人想象这座大宅的魅力。两个由大理石阶梯连接的高台依山而建。下层的平台中央有一个泉水池，墙壁很像罗马剧院的舞台背景，由48根绿色和红色大理石柱支撑。泉水池前有一个中庭，12根斑岩柱支撑起的穹顶之下是一座喷泉。正对着泉水池的最深处，是一座摆着神像的半圆形后殿。中庭的两侧是展开的双翼，每个房间里都有活水流动，保证了空气的清新凉爽。同样，为避免高温，它的一部分位于地下，如人们在非洲布拉雷吉亚（Bulla Regia）看到的那些为夏季准备的房屋。"过道"宫的独特布局反映了罗马房屋设计的新理念。实际上，我们从中看到了罗马宅邸的传统（如中庭）与创新（如房间向外开放）的结合，而这也是金宫的独特之处。"过道"宫并不是一座真正的宫殿，而是由门廊连接起来的一系列建筑的综合体，装饰昂贵而斑斓，有各种颜色的大理石与用黄金和宝石镶嵌的壁画，这些都启发了金宫的设计师的灵感。

公元64年7月的一个深夜，马克西穆斯竞技场附近的码头仓库起火，强劲的风和仓库中储存的易燃物使大火迅速蔓延至城市的东部。熊熊烈火烧了足足9天。尼禄匆匆从他的安提乌姆别

▶ 金宫（罗马）

金宫由尼禄建造，在罗马中心占据了一个重要位置。画面远处，是帕拉蒂尼山的建筑群，它们被花园所围绕。下方是重要的附属建筑——矗立着太阳神雕像的"前庭"，湖（池塘），以及重新装修的克劳狄神殿（左侧）。位于画面底部的是建在奥皮乌斯山上的宫殿局部。绿地包含宽阔的花园、家畜饲养草坪，以及为野生动物提供的草地。整座宫殿建筑群按照几个不同的轴心建设，是名副其实的城中城。宫殿的装饰材料（大理石、鎏金大理石、宝石）极度奢华，因此古代作家们称这座宫殿为"金宫"。

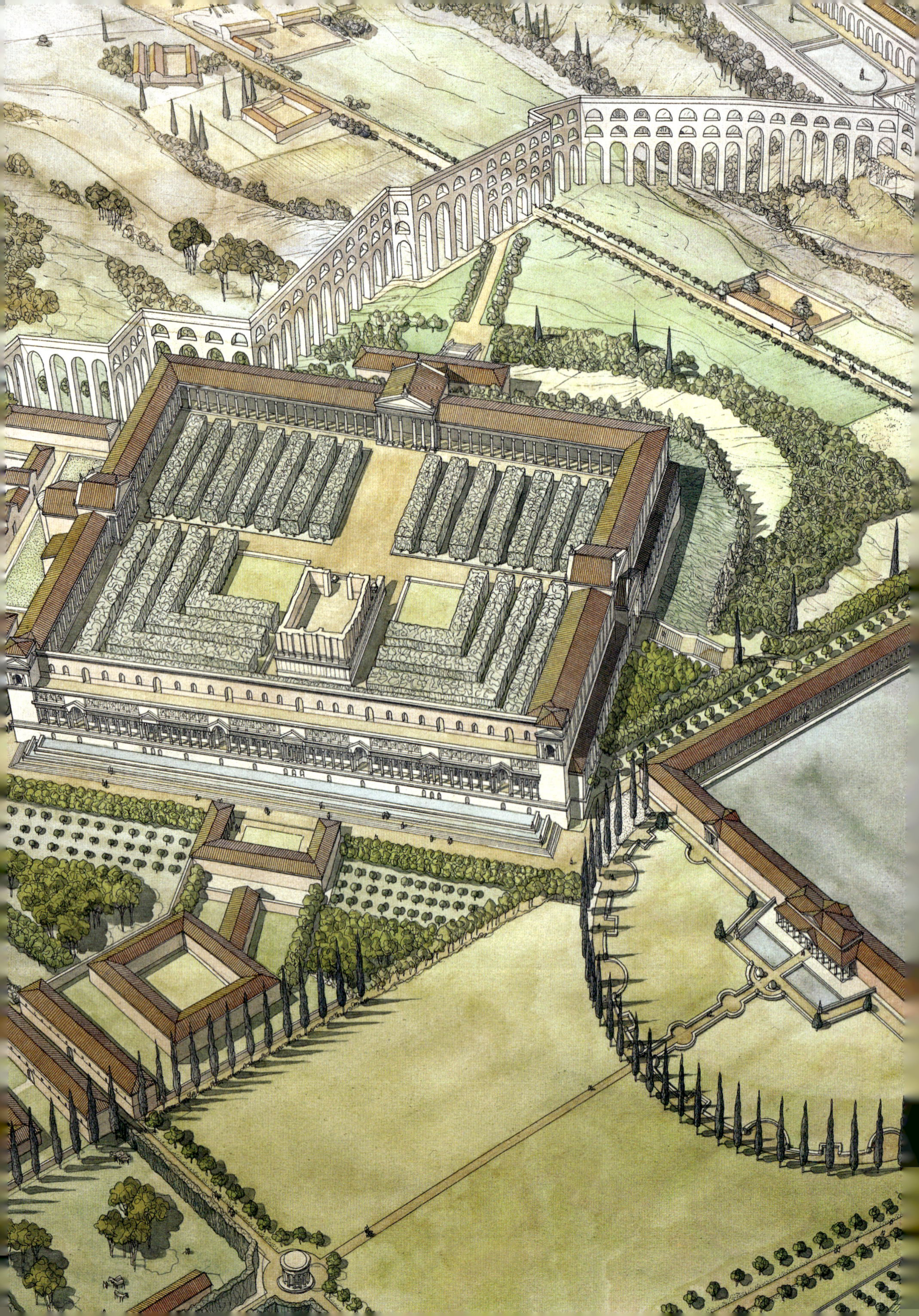

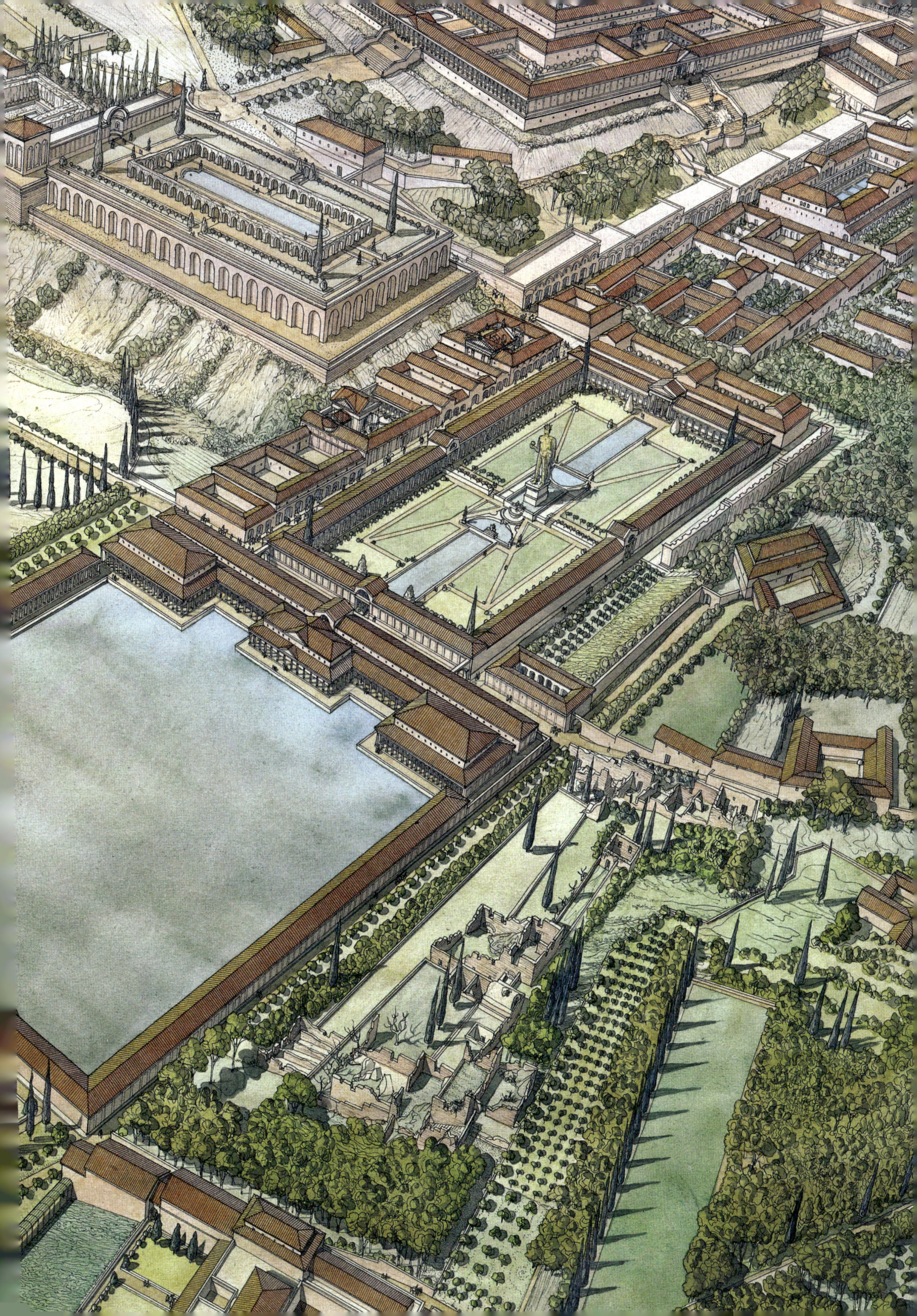

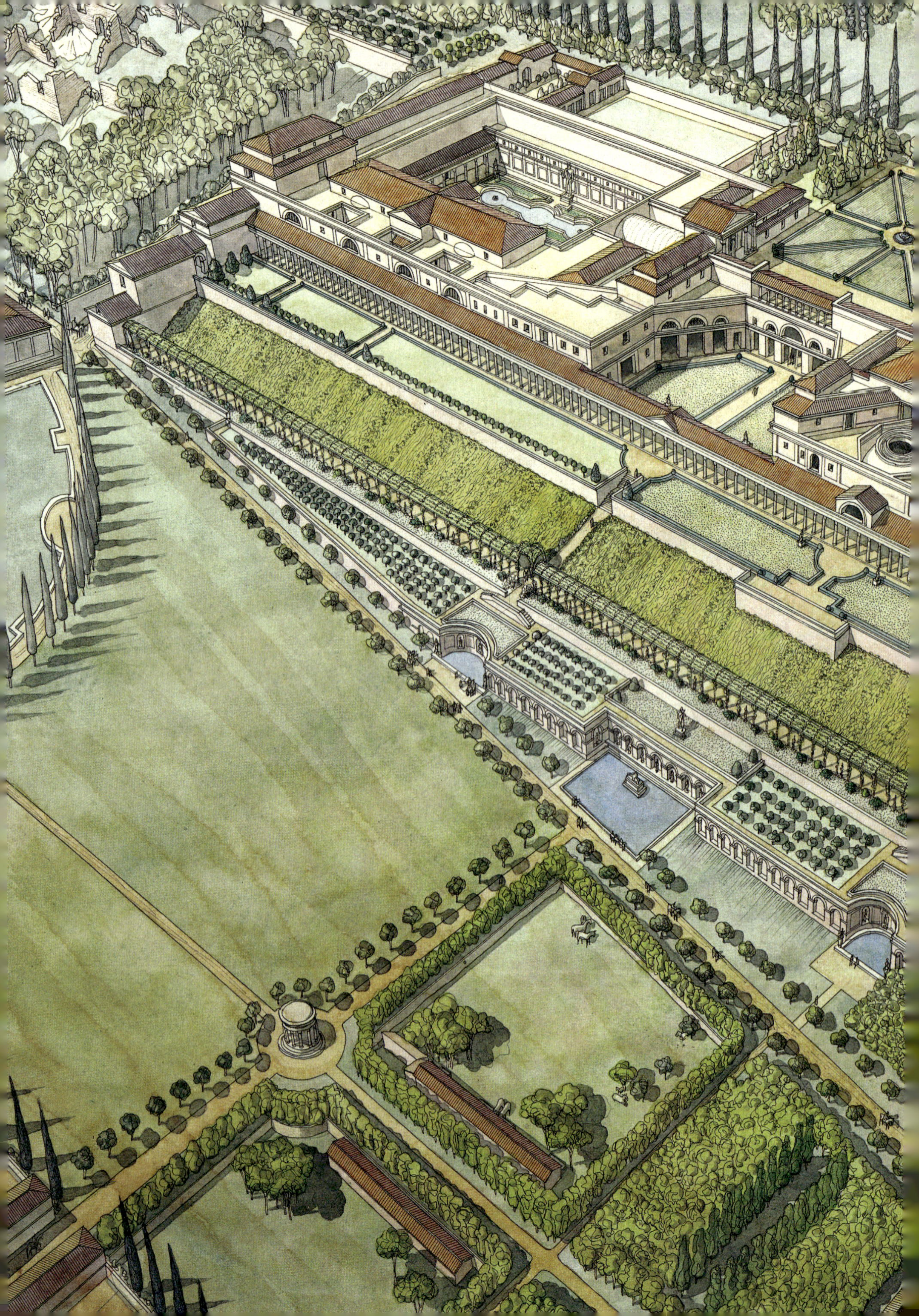

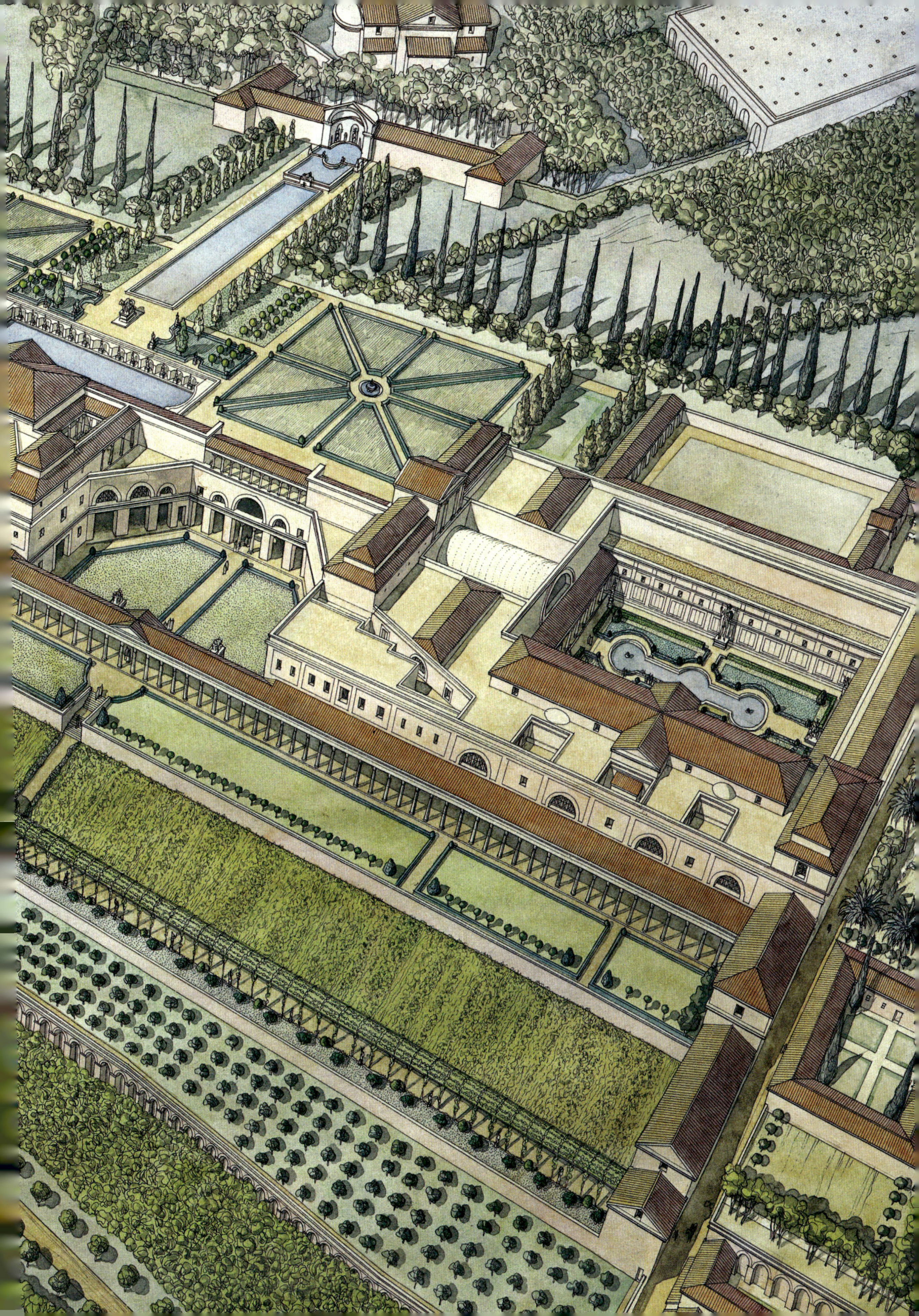

◀ 金宫：奥皮乌斯宫（罗马）

皇帝居住的地方是一座建在山坡上的两层宫殿，对称结构。宫殿屋顶露台是花园，边上建有拱顶大厅和两个长形花园庭院。在图中央，是一座穹顶建筑（Couple），但无法证明这里曾经安装有古代文献中提到的可以观测星宿运转的机器装置。高台下的地面是倾斜的，向人工湖（stagnum neronis，尼禄池塘）延伸。这座宫殿的中心和左半部分保留在了提图斯浴场下面，今天部分遗址保存完整，可供游客观光。

墅返回，他从梅塞纳花园高处到"过道"宫的东面，察看火情的进展并组织警卫队[16]去最危急的地方救火。（他并不像古老传说中所言的那样，在吟诵以"特洛伊陷落"为主题的诗歌！）当警卫队最终控制了火情时，这座城市已遭到前所未有的损失，比以往任何灾难都严重得多：在罗马的14个区中，有3个区被完全烧毁，7个区遭到严重破坏，只有4个环城区幸免于难。至于人员伤亡，没有详细数据。大片街区成为废墟，许多伟大建筑被付之一炬，大部分艺术品，尤其是尼禄收藏的艺术品，都化为灰烬。帕拉蒂尼山是受灾最严重的地区之一，而"过道"宫大部分被毁。尼禄决定立即重建一座新宫（即金宫）并于公元64年开工，可直到皇帝去世时的公元68年，新宫还没有竣工。尼禄急促兴建新宫强化了早已传播开来的谣言：是皇帝下令纵火烧毁城市，以便收回他建设新宫所需的土地。今天看来，这一指控没有任何根据。实际上，金宫主体建在埃斯奎林山上，那里许多被烧毁的别墅和花园都本就属皇家领地的一部分，而只有很少的土地被

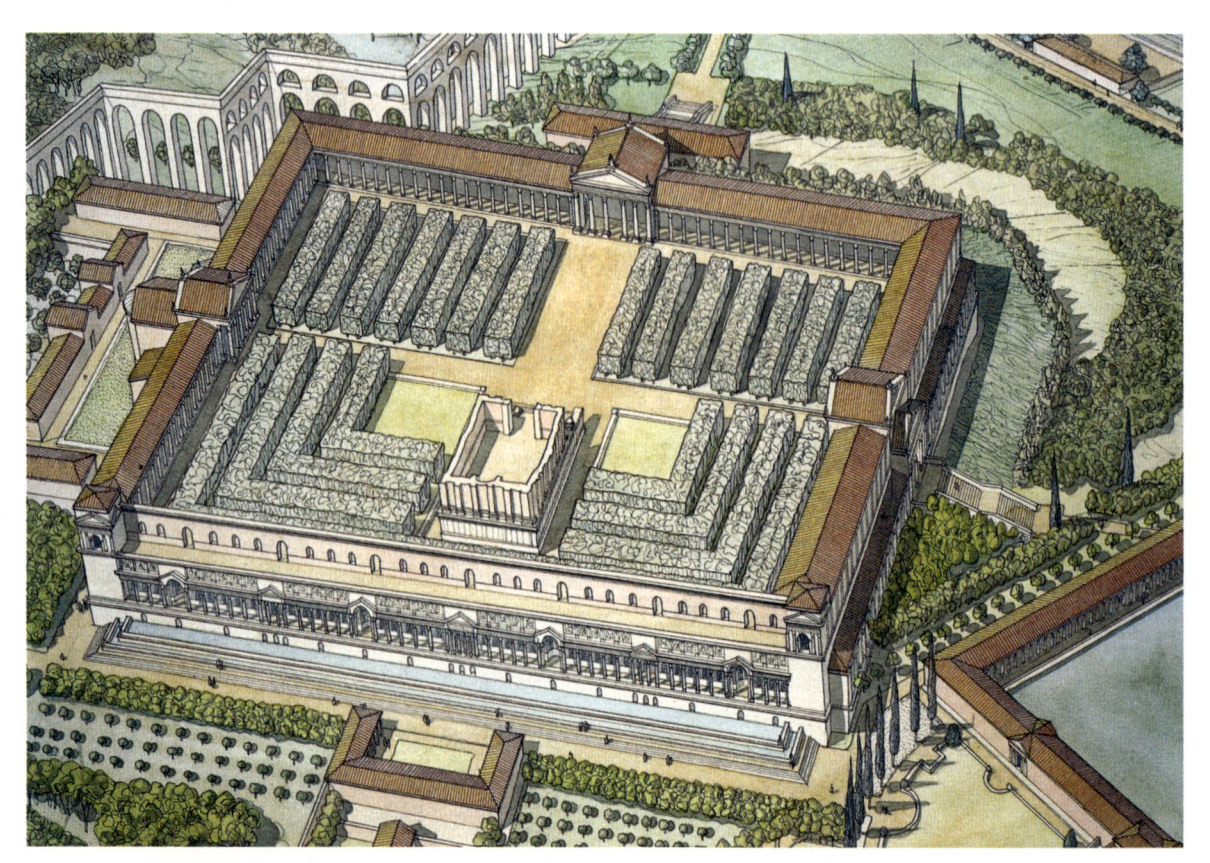

在克劳狄神殿底部边缘，尼禄配置了一系列壮观的泉水池和池塘，克劳狄神殿的一部分因此被拆毁，这个空间后来成了金宫附属建筑的一部分。

▲ 金宫：尼禄池塘（湖）（罗马）

这个被柱廊围绕的巨大水池在尼禄死时并没有完成。图中的池塘是基于皇帝计划想象的成果。在它原址地基上，韦伯芗建造了罗马圆形竞技场（大竞技场）。原本为池塘准备的强大的供水设施，被提图斯用来在大竞技场进行海战（水上表演），特别是公元80年为大竞技场落成而举办的那次。

征用。

尼禄开始实施他的庞大营建计划，从帕拉蒂尼山向北到奥皮乌斯山（埃斯奎林山最高处所在），再沿着塞尔维乌斯·图里乌斯（Servius Tullius）城墙东侧直到南边的凯里乌斯山（Caelius）。在埃斯奎林山与凯里乌斯山之间，有一片沼泽低地。因此，尼禄的工程中有大量的土方与扶壁建设工作。他把工程指挥权交给两个建筑工程师——塞维鲁（Severus）和凯勒尔（Celer），二人运用了当时先进的工程技术。这两位建筑大师与负责房屋内部装饰的画家法布鲁斯［Fabullus，又名法姆鲁斯（Famullus）］都是罗马人。尼禄没有遵照传统，把金宫的建设交给希腊人和东方人，而是选择了意大利艺术家，相对来自希腊、埃及的古老传统，他们思想更加自由。在这一点上，尼禄表现出他非凡的开放精神。塔西佗强调金宫建筑上的创新，承认尼禄的工程师们做了"大胆的想象"。塞维鲁和凯勒尔在不到5年的时间中，凭借雇用的大量技师和工人，成功地在罗马城中心建起了一座有史以来最大的皇宫。长2000米、宽1000米的土地完全被平整，宫殿的建筑面积达到80公顷（现在的圣彼得大教堂加上梵蒂冈花园的面积也只有它的一半）。

要建造如此宏伟的宫殿自然需要大量资金，尼禄为此耗尽了国库，抢夺神殿中的金银雕像再加以熔化。别忘了，他还幻想着最终能找到狄多女王神奇宝藏！在施工进行中，他派遣使节前往希腊和小亚细亚搜集绘画和雕塑，以便未来装饰宫殿、取悦自己。在执政的最后几年中，一些奇奇怪怪、乱七八糟的人受到尼禄的宠爱，陪伴在他的身边。这其中有伪斯多葛派哲学家，塞昆都斯·卡里纳斯（Secundus Carrinas）；道德可疑的释放奴，阿克拉图斯（Acratus）；身体畸形、做过补鞋匠的瓦提尼乌斯（Vatinius），这个人因为揭发有功积累下可观的财富，他的滑稽才华很讨尼禄欢心；还有出身贵族的冒险家，卡尔维亚·克利斯皮尼拉（Calvia Crispinilla），他能进入这个圈子，是因为当了阉人斯波鲁斯（Sporus）的"侍女"，而后者是尼禄用盛大仪式"娶"回来的。尼禄非常希望塞内卡也加入这个掮客群体，增加该群体的道德光环，但这位皇帝以前的老师不愿将他的名字与这种荒诞经历联系在一起，以健康状况不佳为由退隐。

这些帝国"使节"从雅典、德尔斐、奥林匹亚和帕加马带回来希腊遗产中最杰出的作品。我们通过后世复制品，至少知道其中3件艺术杰作：首先是罗得岛派的大理石群雕拉奥孔，生动地表现了这位特洛伊祭司和他的两个儿子被两条巨蛇缠死的场面；还有两件青铜作品，"垂死的加拉太人"（"Galate mourant"）和"杀害妻子的加拉太人"（"Galate tuant sa femme"），它们是直接从帕加马的雅典娜神殿搬来的。老普林尼还指出尼禄拥有一件来自雅典、名为"俊美的小腿"（"Amazone Euknemos"）的作品，尼禄非常喜爱它，旅行时也随身带着。伟大的希腊雕塑家利西波斯（Lysippe），雕过一个少年亚历山大青铜像，尼禄为它鎏了金。在金宫的考古挖掘过程中，人们发现了一尊缪斯女神雕像，可能是普拉克西特利斯（Praxitèle）的作品，和一尊"美臀维纳斯"（Vénus Callipyge）。弗拉维家族后来重新将它们安放在和平神殿和提图斯浴场。

随着工程的进展，尼禄在宫殿规划上的"重头戏"逐渐显现出来。苏维托尼乌斯和塔西佗的描述清楚表明，这位元首希望他的宫殿位于汇集宇宙的所有组成部分的微缩世界的中心。比如：在人工湖（池塘）畔建造港口，在奥皮乌斯山上有果园和花园，在凯里乌斯山山坡上有森林，在卡莱那（Carènes）[17]有牧场。这些地方遍布家畜和野生动物。这种人造自然环境显然是以波斯"花园"为模本。但也不应忘记，海洋和农业风景并举一直是坎帕尼亚式别墅审美标准中的一条，别墅的主人们都以人为创造一种梦幻的自然风景而自豪。

人们通过古罗马广场东面的维利亚山（Velia）进入金宫，这里曾建有一个直通中庭的巨大前庭。苏维托尼乌斯曾记载环绕前庭的三层柱廊的长度足有约1480米（1罗里）。它是传统罗马房屋入口的极致放大。中庭的中央摆放着金宫最壮观的杰作，高达35米的鎏金青铜太阳神（尼禄）巨像，其灵感来自著名的罗得岛巨像。雕塑家芝诺多罗斯（Zenodoros）把尼禄的头放在了太阳神的脖子上。这座雕像是全裸的，手中握着宝球，头上戴着一顶有着7道光冕的光环之冠，每道光冕长达6米。

穿过前庭和中庭，便抵达了池塘，这片人工湖本是介于帕拉蒂尼山和埃斯奎林山之间的沼泽洼地，由一条输水道供水。四周是一些平台，承载着错落有致的房屋，就像一座城市。要到达池塘的另一侧，需要乘船穿过或沿湖徒步而行。在池塘的东南方，有一座未完工的家族神殿，这是阿格里皮娜为纪念丈夫克劳狄而建的，现在被它改建成有7个壁龛的大型泉水池。毫无疑问，尼禄一定会在池塘的另一侧相对的位置建造浴场，与泉水池形成对称结构。所有这些纪念性建筑的布局就像真正的戏剧舞台布景。

在金宫的花园里，很可能建造了一些居住型楼阁。它们的总体设计应该受到"过道"宫建造规则的启发，因此并不是一座座传统的单独住宅，而是散布在整个风景中、由大型柱廊相连。

遗憾的是苏维托尼乌斯没有完整叙述建造金宫的精美技术工艺："餐厅装有旋转的象牙天花板，并设有孔隙，可以在宾客的头顶上撒花和喷香水。主厅的穹顶自身日夜旋转，如同天空。浴池供有海水和来自阿尔布拉（Albula）的温泉。"尼禄天生喜欢各种新鲜事物，痴迷于机械。当文德克斯（Vindex）叛乱要推翻皇帝的消息传到罗马时，他居然没有重视，而是忙着向朋友们解释一个当时无人所知的新型水利系统。

因为钟情于技术创新，尼禄授予塞维鲁和凯勒尔全权，将金宫建成一个当代尖端工艺运用的榜样住宅。事实上，许多特殊工艺手段在建设中得到实践。工匠们用结实的砂浆制成一种新型混凝土进行砌筑；用拱顶支撑技术建造穹顶；使用机械实现天花板的移动和穹顶的自动旋转。人们发现了一块属于尼禄统治时期的半透明多硅白云母，应是用来制作白天透光大窗户的材料。艺术家们第一次使用马赛克创作穹顶画作。长长的输水道系统可以把奥斯提亚（距罗马约20千米）的海水和蒂布尔附近的阿尔布拉（距罗马约30千米）的温泉水输送到浴场。

金宫现在唯一可见的建筑是建在奥皮乌斯山山坡上朝南的一座房屋，它之所以能保存下来，可能是因为它后来成了图拉真浴场地基的一部分。它不可能是金宫的唯一建筑，事实上，苏维托尼乌斯所说的那个著名的屋顶旋转的圆厅就无法在这个建筑里辨认出来。这里没有任何居住设施的痕迹，既没有厨房，也没有厕所或供暖系统。奥皮乌斯山山坡上的这座楼阁可能是给皇帝和他的宾客休闲用的，一边欣赏皇帝的艺术作品，一边从宽阔的窗户观赏延伸到山下池塘的花园。整个建筑群非常雄伟，面积很大（长240米，宽90米），整体被柱廊和平台围绕。在后面，地下隐廊（cryptoportique）支撑着奥皮乌斯山山坡，也保护房间不受地下水分的影响。这座楼阁的位置很独特，它并不依照建筑传统，坐落在由前庭、中庭和池塘构成的景观主轴线上，而是与其平行。这种大胆的安排可以解释为金宫建设的重点是对理想自然环境的架构，而不是建筑本身。塔西佗的记载对此给予了证实："宝石和黄金（这类奢华早已变得习以为常，人皆有之）所引起的惊奇比不上耕地、人工沙漠、森林、高台和景观引起的惊奇。"正如今天所看到的这座位于奥皮乌斯山的双层楼阁，与展开的两翼围成一个梯形庭院，它们的尽头是一座饰金穹顶大厅。西翼整体成矩形，三面围绕着一个大型柱廊庭院花园，庭院中央有一个水池。这种安排采用了罗马宅邸的经典模式。在通往入口的柱廊两侧，房间对称分布，房间有可以供人休息的床榻和摆放雕像的半圆形后殿。北侧的建筑是一条通道，向东通向一个大型泉水池，泉水池所在房间的穹顶上装饰着八角形马赛克绘画，表现尤利西斯醉倒波吕斐摩斯，周围饰以圆雕。这是第一例用马赛克装饰的穹顶。

东翼的设计完全不同。其中心建筑很特别，是一座穹顶八边形大厅。这是建筑上的一次创新，预示着未来哈德良别墅带来的进一步变化。这座穹顶八边形大厅，三条边朝向南边的柱廊，其他五条边与房间相连。它也许是一座餐厅，阳光可从穹顶中央的天窗倾泻而入，提供照明。四周是扇形展开的房间，房间形状奇怪，呈三角形、梯形，尚不知具体功能。

因此在这座楼阁中，我们看到两种不同的建筑设计：西侧，保持了罗马建筑传统，房间围绕庭院整齐排列；东侧是散点设计，房间以不寻常的角度相互交错。整体布局让人想到多幅庞贝壁画上描绘的海滨别墅：主体建筑分出两翼展开，有柱廊和高台供人散步和观赏风景。塞维鲁和凯勒尔在城市中心神奇地建造了一个坎帕尼亚风格的"海滨别墅"。所有今天参观这座楼阁的人们都难以感受这处居所的真正魅力，因为这里的窗户在建造图拉真浴场时都被封死了。而尼禄当时是在洒满阳光的房间里散步，阳光没有死角，可以照亮室内装饰。他随处都能听到来自泉水池和喷泉的汩汩水声，随处可以透过窗户欣赏外部理想的人造世界。

最新研究发现此处金宫建筑群的东侧比现今保存下来的部分要大得多。实际上，人们可以发现东翼的八边形穹顶大厅还连着另一座梯形院子，与今天已发现的院子相差无几。因此这个八边形穹顶大厅应该是整个建筑群的核心部分，而在第二个梯形庭院之后，还应该有第二座楼阁，也包含一个与建筑群西翼对称的柱廊庭院。按照这个假设，金宫此处的建筑群应该长约370米，而不是现在看到的240米。

苏维托尼乌斯还写道："宫殿的其余部分全部涂金，并用宝石、珍珠贝壳装饰。"现在的遗迹不足以让人们想象金宫内部装饰的豪华程度，因为，装潢最奢侈的房间可能位于底层。苏维托尼乌斯提到的黄金和宝石镶嵌肯定也在这一层。现在保存下来的底层房间可能不是那么光彩照人，但它们也是尼禄式艺术顶峰的写照。墙壁、地面、穹顶、泉水池和喷泉都是由色彩鲜艳的彩色大理石铺就和装饰的。有些地方，天花板还饰有金箔，贝壳镶嵌在壁画和马赛克画的边缘。在绘画装饰上，尼禄请来当时最伟大的画家之一，法布鲁斯。这位伟大的艺术家知道自己的份量，绘画时总穿着托加，哪怕是站在脚手架上。穿成这

▼ 金宫：前庭（罗马）

这是一个巨大的柱廊庭院，院中心竖立着一个巨大的鎏金青铜尼禄巨像，约30米高，尼禄化身为太阳神阿波罗，头顶放光的冠冕，手持宝球。这个叹为观止的庭院是连接金宫各部分的中心枢纽。

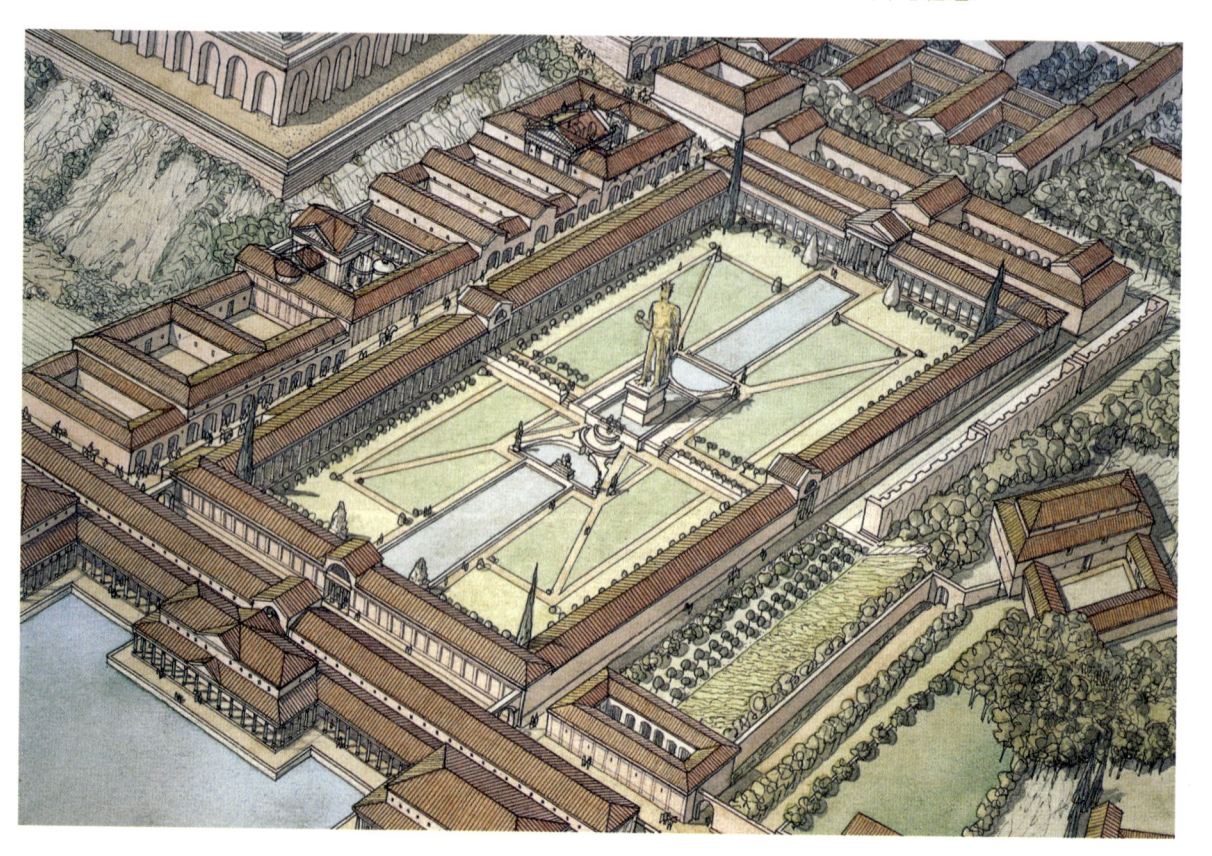

样画画实际非常不方便，而有些穹顶距离地面达到 10 米。老普林尼把法布鲁斯的绘画风格评价为"庄严、肃穆，又不失明快和流畅"。这些词汇属于艺术评论范畴，前两个词无疑是指主题选择，法布鲁斯的绘画大多数是神话场景。后两个则与色彩和技艺有关。对老普林尼来说，"明快"的颜色包括：minium（鲜红）、armenium（蓝绿）、sinopis（红）、cinabre（朱砂红）、indigo（蓝紫）、chrysocolle（绿色），以及最宝贵的 purpurissimum（紫红色）。"流畅"这个术语可能指在已干的颜色上再涂上一层透明颜料。法布鲁斯无疑是金宫最美壁画的创作者。然而，不可否认的是，其他画家工作室也参与了这里工作，并使用了其他的一些有时也非常高效的技术。

随着奥皮乌斯山考古挖掘工作的进展，人们发现围绕梯形庭院的两座侧翼楼阁也只是宫殿的一部分。事实上，在东侧第二个楼阁后面，又发现一个与第一座梯形庭院对称的梯形庭院遗址，它之后又是一系列其他建筑。由此可以推断，整个建筑群实际上绵延约 370 米。应是八边形穹顶大厅占据着此处建筑群的中央位置，两侧分别是对称的两个庭院和两座楼阁。

当金宫的建造到可以满足尼禄入住条件时，他欣慰地写道："我终于拥有了一处可以像人居住的地方。"这句谜一样的话，无疑将皇帝赋予这个作品的深层含义联系起来。通过塔西佗，我们知道，从公元 64 年起，尼禄开始自诩为太阳神的化身，宣告一个崭新的黄金时代的到来。"金宫"这个名字不仅是对它所拥有的财富的反映，更是代表着太阳的光辉，而通过用了尼禄的头的巨像实现了拟人化。正是在这一点上，我们可以说，"金宫"就是"太阳神宫"。早在公元 54 年尼禄即位时，塞内卡在《南瓜化》（Apocoloquintose）中借太阳之神阿波罗之口说："这个元首（尼禄）的脸很像我，他的美貌、声音和歌喉都不逊色于我。他将给疲惫的人类带来

拉奥孔与其子的群像雕塑（出自罗得岛）装饰着金宫。金宫里摆满了从帝国各地带回来的希腊和希腊化时期的雕塑精品，这是一座名副其实的博物馆。图上这件著名的作品今天陈列在卢浮宫博物馆。

幸福……如同灿烂的太阳照耀宇宙，驾驭战车冲出马厩，尼禄正是如此。罗马将凝视他那闪耀平静光芒的脸庞。"作为太阳王与宇宙主宰（世界的主人），这位皇帝希望通过他的宫殿之美传达他想要带给罗马人的这个新世界。

事实上，尼禄几乎没怎么在金宫住过。尽管工程进展速度很快，但直至公元 66 年，金宫都不具备入住条件。而公元 66 年 9 月至 68 年 3 月，尼禄离开罗马前往希腊，进行了一次长时间的艺术巡游。回国时，距离他自杀（公元 68 年 6 月），只剩两个半月的时间。在他短暂的生命中，金宫只是一个空壳。公元 68—69 年，罗马帝国前后

哈德良在建造维纳斯神殿和罗马神殿时移走了尼禄巨像，将其搬到了弗拉维家族建造的圆形竞技场前，"大竞技场"（Colosseum）之名由此诞生。

有三位皇帝登基，只有奥托为了纪念他曾经的朋友，一上台就拨款 5000 万塞斯特斯用来完成宫殿建设。维特利乌斯在金宫的时间非常短，这个愚蠢的暴食者批评尼禄的宫殿狭窄且装备简陋。他的妻子加勒里亚（Galeria）甚至觉得金宫的装饰穷酸！公元 70 年，罗马正式进入弗拉维王朝时代，这也宣布了金宫的死亡——新皇帝将尼禄塑造为一个令人憎恨的皇帝。韦伯芗将公园向公众开放，在尼禄池塘的原址上建起了巨大的圆形竞技场。提图斯在奥皮乌斯山楼阁东边建造了浴场，也许是用来替代原本尼禄宫殿的浴场。104 年，一场大火烧毁了这个楼阁，图拉真在原址上建造了自己的浴场。至于尼禄巨像，韦伯芗把尼禄的头换回了太阳神的头。当哈德良在金宫原来的前庭建造维纳斯神殿和罗马神殿时，动用了 24 头大象将雕像转移到圆形竞技场附近。正因为此，它也成了弗拉维圆形竞技场的名字。哈德良曾计划在它旁边再竖起一座月神雕像，与太阳神巨像相对。

尼禄想通过奢华的庆典活动，对"巴洛克"建筑的喜好，将他的权力建立在一种艺术和神权的新理念上。尼禄的这场"文化革命"与罗马伦理的基本原则严重对立，这也解释了他在传统中被诟病的原因。可以从各个方向吸收阳光的金宫，也是尼禄审美观的完美宣言。而尼禄临终前最后一句话是："Qualis artifex pereo!"（"一个多么伟大的艺术家就要死了！"）

图密善
（51—96）

图密善雕塑画像。

图密善宫（弗拉维宫）

1世纪末，帕拉蒂尼山终于成为罗马帝国的权力中心，一直到帝国末期都未改变。图密善建起的宫殿代替了奥古斯都宅邸、提比略宅邸、"过道"宫和金宫，显示出帝王无所不能的光辉形象。弗拉维王朝的三位帝王都是伟大的建造者。公元70年，罗马呈现出一片悲惨景象，天灾、火灾、建设金宫引发的社会动荡、公元68—70年的内战浩劫接连打击这座城市。因此，弗拉维王朝决心复兴罗马昔日的辉煌，修缮被催毁的建筑物（雷霆朱庇特神殿、克劳狄神殿曾被尼禄改造成泉水池）。他们还建起一些新的建筑物：罗马大竞技场、提图斯凯旋门、和平广场，在战神广场上建起运动竞技场和音乐厅。韦伯芗和他的两个儿子，提图斯和图密善，在统治的30年间，将这座城市变成了一个巨大的建筑工地。从公元71年起动工的各类工程使罗马人怨声载道，他们不得不忍受噪音、灰尘、被运输石块和石柱的车辆堵塞的街道。

也许韦伯芗计划要给罗马配上一座专供皇帝和其他服务人员使用的建筑。他本人和儿子们一直到公元92年都住在提比略宅邸，但它已显然不再适合皇帝行使他的绝对权力。也许"秃头尼禄"图密善曾想要住进金宫，那里的金碧辉煌足以满足他的狂妄自大，但他公元81年登上皇帝宝座的时候，尼禄的这所著名房产已经没剩下什么值得炫耀的东西。提图斯浴场占据了它的一部分建筑，大竞技场在池塘的位置拔地而起。即使更新和扩建提比略宅邸，看上去也像是不大光彩的修修补补。喜欢在臣民面前宣扬自己是主人和神的图密善，便决定在帕拉蒂尼山东麓建造一座与自己的伟大相称的住所。

图密善选择了拉比里乌斯（Rabirius）担任工程建筑师，在此之前他曾把卡皮托林山上朱庇特神殿（公元80年遭遇火灾烧毁）的重建工程交给后者。宫殿工程从公元81年图密善即位时开工。公元92年，整体基本完工，皇帝正式入住。只是，在他死后的公元96年，配套的运动竞技场才完工。这项工程十分庞大：为了建宫殿，需要把现存建筑物夷为平地或埋在地下，比如提比略宅邸和"过道"宫的一部分。在弗拉维宫殿原址上进行的考古挖掘工作中，人们在"家庭神位"（Lararium）下找到了一处共和国时期的住房——格里芬之家；在"巴西利卡"下又挖出了

> **图密善宫**
>
> 恺撒，你嘲笑金字塔的王室奇观，
> 可蛮人孟菲斯并不吹嘘
> 这些东方古迹。
> 埃及杰作若在帕拉蒂尼宫殿旁
> 也会显小。
> 天下便没有比它更宏伟的作品了。
> 七座山丘好像连成一线。
> 比皮里翁山还高的奥萨山也要矮上一头。
> 你的宫殿已高耸云天，
> 屋顶被闪烁的星辰遮掩，
> 可以清晰听到天空中的雷鸣，
> 可以收集太阳的神秘力量。
> 奥古斯都的这座宫殿虽上接星辰，
> 与天同大，但比起它的主人便不值一提！
>
> ——马尔提亚《短诗》(*Épigrammes*), VIII, 36

另一处宅邸——伊希亚卡厅（Aula Isiaca），它也许曾属于前三巨头之一的安东尼，之后又属于奥古斯都的朋友阿格里帕。

在帕拉蒂尼山陡峭山坡上新旧建筑群浑然一体。盖尔马鲁斯峰和帕拉蒂乌姆峰之间的山谷被填平，宫殿就建在这上面。帕拉蒂尼山的建筑群包含3个主要区域：一个是公共区，即弗拉维亚宫（Domus Flavia）；一个是为上下两层的皇帝私人住所——奥古斯塔纳宫（Domus Augustana，又称 Augustiana）；第三个是"运动竞技场"，专供君主个人娱乐所用。这是第一次在罗马出现公共权力区域与私人权力区域并存的建筑群。或许图密善宫的这两部分的传统称呼应该颠倒一下："弗拉维亚宫"更适合称呼一个弗拉维王朝君主所占有的个人部分，而"奥古斯塔纳"更适合作为皇帝以"奥古斯都"的名义接见他的共事者及来访者的官方空间的名字。图密善为了建造他的宫殿投入了巨额资金，使它成为罗马无与伦比的奢华建筑。当时的哲学家普鲁塔克指出，这里随意挑出一所房间、一个浴室、一间情妇的卧室，一个门廊都足以证明其奢华，这让他感到无比气愤。他引用希腊诗人埃庇卡尔摩斯（Epicharmus）的诗句对图密善说："这不是你的慈悲和慷慨，这是一种病！你只为个人享乐大兴

▶ **帕拉蒂尼山及其周边的全景（罗马）**

画面前景右侧，我们可以看到古罗马广场的尽头和朱利亚巴西利卡，左边正对着它的是卡斯托尔和波吕丢刻斯的神殿。我们还可以看到神圣尤里乌斯神殿的屋顶和圆形的灶神殿，旁边是通向帕拉蒂尼山的阶梯坡道。神殿旁边是灶神之家及其长方形庭院。左侧是提图斯凯旋门，离金宫废墟不远。它后面是朱庇特·斯塔托尔（Jupiter Stator）神殿和帕拉蒂努斯坡道。这条用砖铺成的道路途径图密善凯旋门通往图密善宫，直至宫殿中央部分的正面。

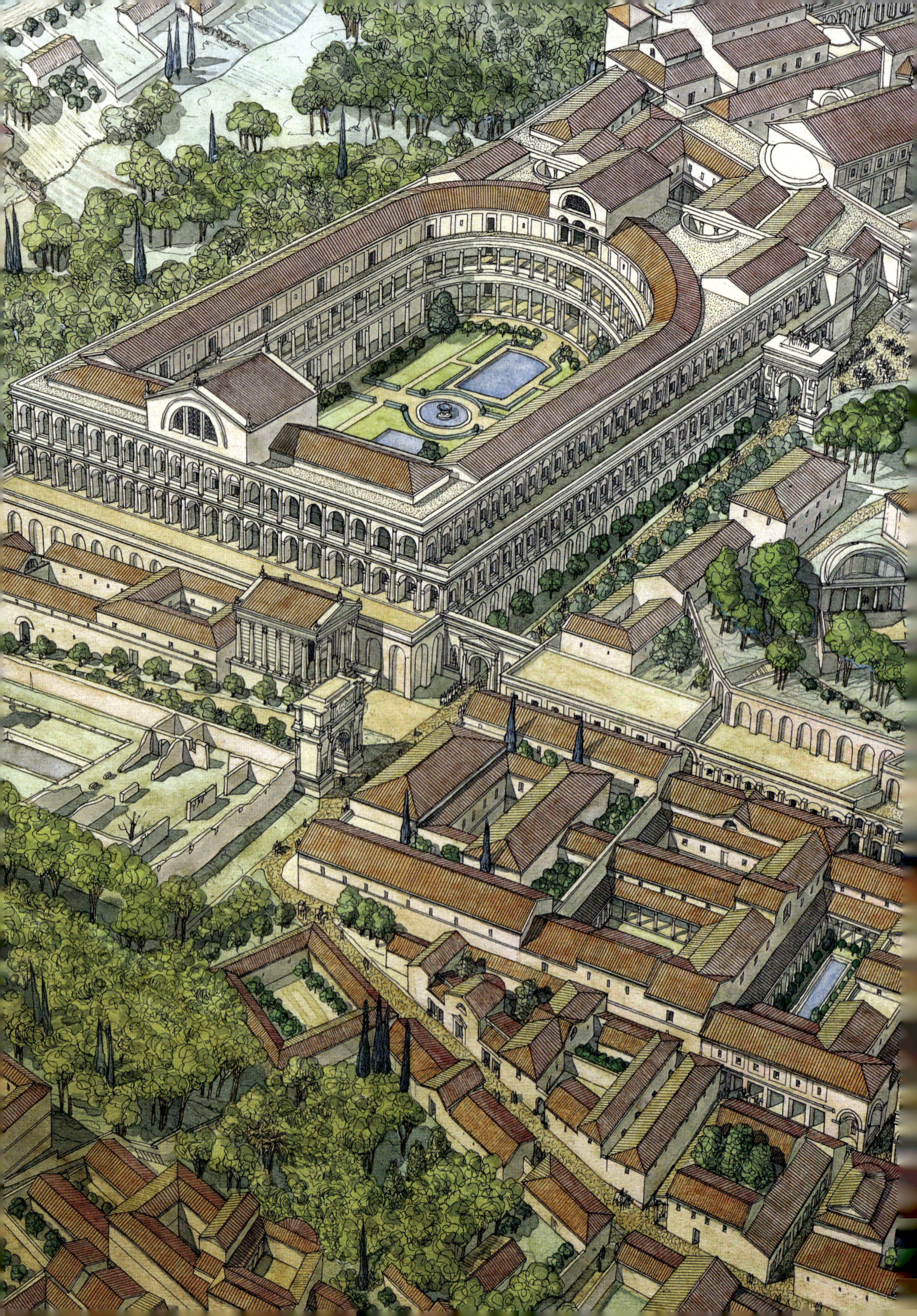

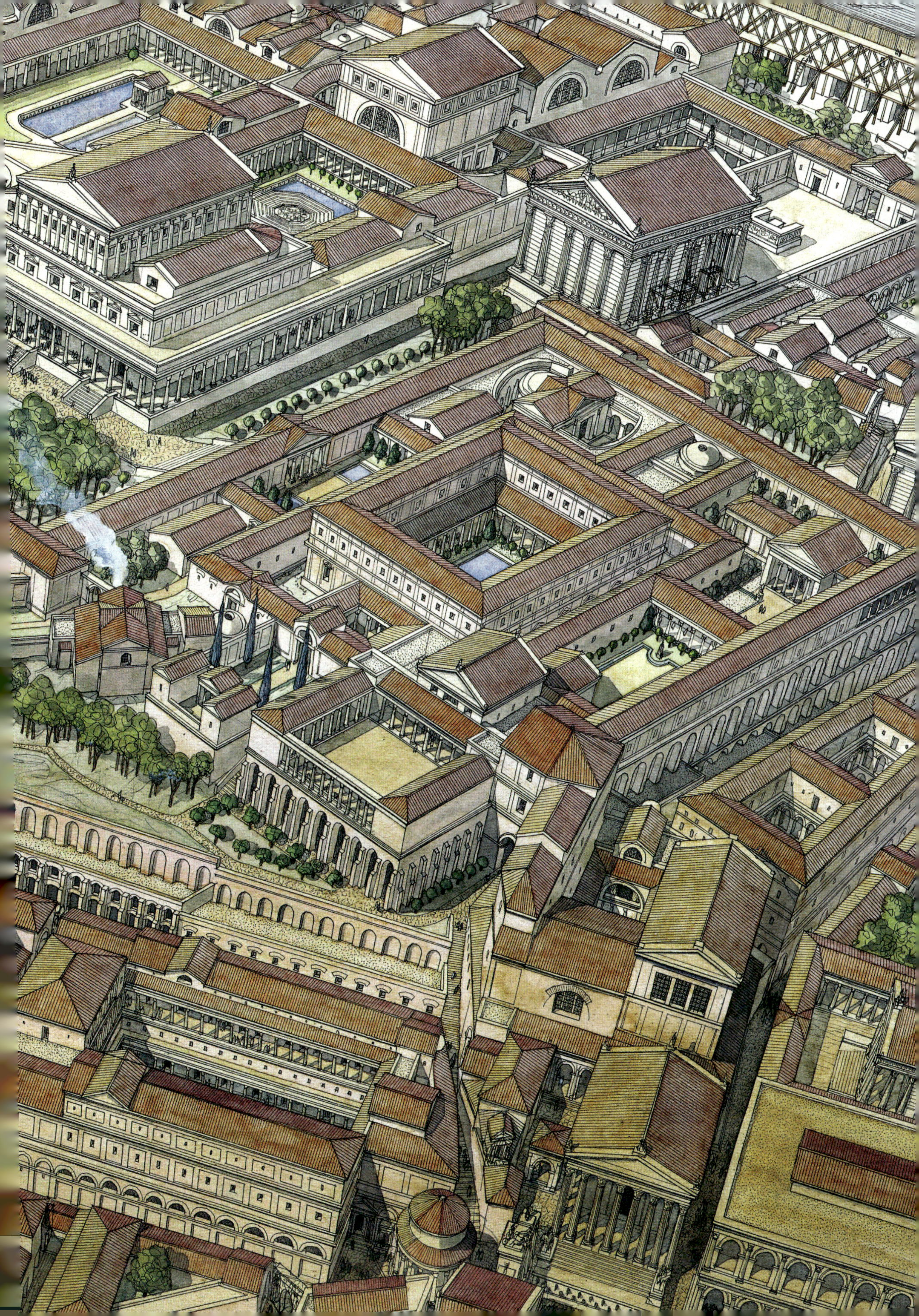

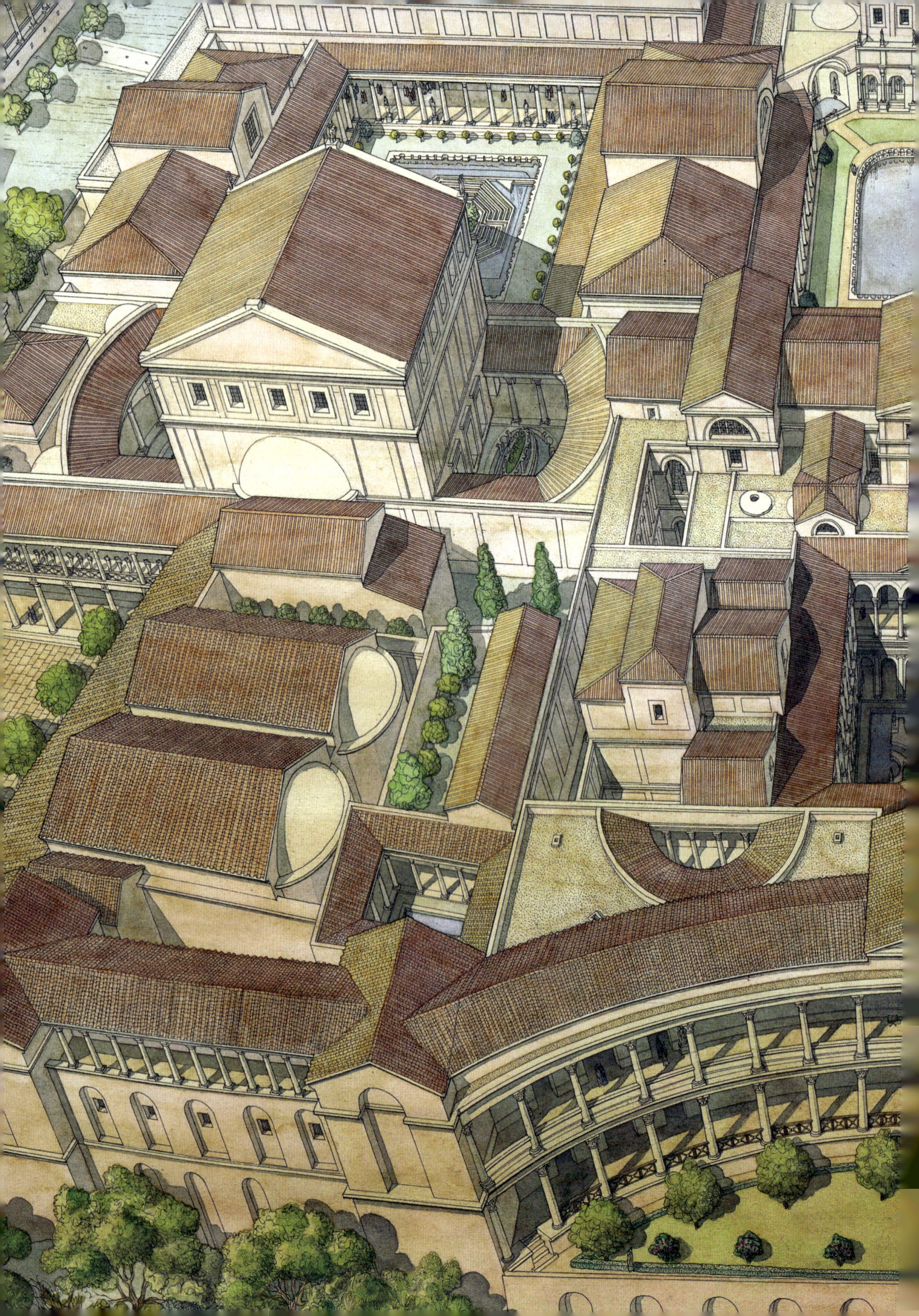

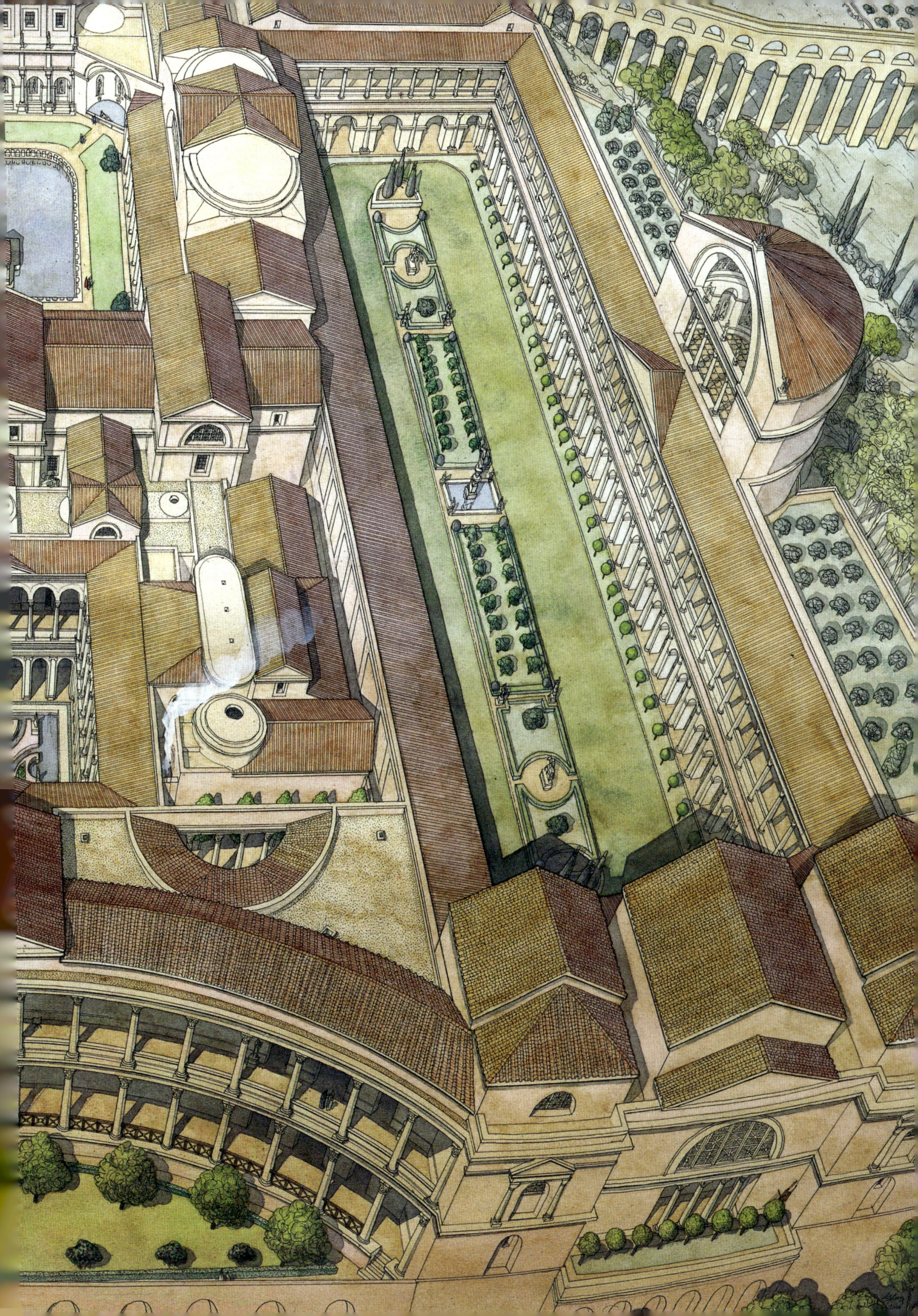

◀ **帕拉蒂尼山图密善宫：中央部分（罗马）**

　　人们把此宫殿分为 3 个建筑群，左边的 1/3 是宫殿的公共区域或者说弗拉维亚宫，最高的建筑便坐落于这里。巨大的餐厅俯瞰着庭院池塘迷宫，水池的另一边是雷吉亚厅（帝位厅），屋顶是双坡式。中间 1/3 是双层的私人住宅（奥古斯塔纳宫）。近景中的弧形立面朝向马克西穆斯竞技场。后面深庭大院有池塘和盾形花坛，周围是住房和浴场。沿着这个建筑群的轴线，人们可见到数个辉煌的大厅，它们的后面是第二个庭院，院内池塘中央建有一个小神殿，通过桥堤与池边相连。这个庭院两旁是接待室和豪华卧房。图片最右边 1/3 部分是被误称为"运动竞技场"的地方，这里实际上是一个形似战车竞技场的花园，里面还装饰着假的界石柱。这些界石柱的位置过于贴近柱廊，任何战车都不可能在这里掉头。柱廊侧面矗立着一座供消遣的楼台，人称"包厢"。背景是克劳狄输水道，为整个帕拉蒂尼山供水。

▲ **从帕拉蒂尼山内部看图密善宫中央部分全景（罗马）**

　　在右边，可以看到阿波罗神殿（背面），它俯瞰着奥古斯都宅邸。山脚下（近景中）是提比略宅邸的一角。图片中心的柱廊建筑，通过它的正立面可以前往弗拉维亚宫和雷吉亚厅。这个大殿的顶层雄伟壮观像是一座神殿，墙面饰有壁柱，柱间是长方形的小窗户。庭院另一侧与之相对的建筑是巨大的餐厅，后景是奥古斯塔纳宫，最后面是"运动竞技场"。

被驯服的狮子

像他的许多同时代人一样，图密善喜欢身边有驯化的动物陪伴。他最喜欢的动物伙伴是帝国动物园中的一头狮子。它被驯化成一只跟随主人的狗，练就可以叼着一只活野兔而又不使其受伤的本领。这头狮子完全没有攻击性，是圆形竞技场中节目的产物。但由于它完全失去了攻击性，不幸被另一只野兽杀死，它的死在罗马引起深深的同情。诗人斯塔提乌斯为了抚慰不幸失去伙伴的图密善，创作了一首哀悼亡狮的诗。

▼ 图密善宫全景（罗马）

宫殿分成几个建筑群，占据了帕拉蒂尼山的整个顶部。在帕拉蒂尼山的右边可看到形状规则的提比略宅邸，这是第一个群落。第二个建筑群就在左边，是一座巨大的双层宫殿，其中一面是弧形（这座建筑后来被毁，3世纪在原址上建起庞大的埃拉加巴路斯神殿）。最后是巨大的四边形建筑群，包括弗拉维亚宫、奥古斯塔纳宫和"运动竞技场"。人们可以在右上角看到大竞技场的局部，当时它的外围还都是脚手架。

土木，希望像著名的米达斯王那样，把一切都变成黄金和大理石！"图密善宫颠覆了罗马宫殿的固有传统，主要体现在无论是公共还是私人区域都没有中庭和家谱室。此种设计使公共建筑［雷吉亚厅（Aula Regia）、巴西利卡和餐厅］组成了一个和谐整体，一切都为了方便公众，让他们可以随意在宽大的柱廊中穿行。在这一点上，拉比里乌斯的灵感更多来自娱乐场所，而不是传统罗马住宅。

来访者们通过帕拉蒂努斯坡道（Clivus Palatinus）抵达宫殿，这条路的起点位于古罗马广场的提图斯凯旋门，这座凯旋门是虽名为"提图斯"，但实际是他的弟弟图密善修建的，用来神化兄长。来访者登上山道的高坡，经过图密善凯旋门，然后达到最高点。事实上，图密善对顶端饰有驷马战车的凯旋门情有独钟，以至他在帝国每个城市都要建一座。曾有匿名者在其中一座凯旋门上涂写了一个希腊词"arci"，该词既指"凯旋门"，也是"够了"的意思，以此来嘲讽这位皇帝的癖好。

顺着帕拉蒂努斯坡道一直走，来访者便能抵达弗拉维亚官的正立面。那里有三段楼梯供人登上基坛。基坛上列柱环绕，其支撑的平台上还另有两层建筑。其中最上层的建筑为伪围柱式，屋顶则采取双坡式（未采用穹顶是因为穹顶的重量太大，难以支撑）。它形似神殿，暗示着皇帝的神性。整栋建筑高近30米，令人印象深刻。那些从帕拉蒂努斯坡道上来的人看到这座雄伟建筑正立面的第一印象，是它像一座无法接近的要塞城堡，这让那些前来向皇帝致敬或与他共进晚餐的人，感到自己能进入宫殿是一种无上荣光的特权。宫廷诗人斯塔提乌斯和马尔提亚正是如此。他们第一次被图密善皇帝接见时，竟没有找到恰当的词汇来形容他们的震惊，马尔提亚感叹"我们看到的是堆在一起的罗马七丘"，斯塔提乌斯又追加上一句"眼睛酸累才看到宫殿的顶部，我们还以为那是天空的穹顶"。

这座高大的正面城堡门通向三座图密善用来进行官方活动的大厅。第一个大厅被命名为雷吉亚厅（"皇廷"或"帝位厅"），长30.50米，宽20.19米，地面到格子天花板的高度近30米。内部装潢与它的规模一样令人惊叹。它的长边被彩色大理石石柱隔断，形成一个个壁龛。18世纪，人们发现了两座高度超过3米、由埃及多彩玄武岩雕刻而成的巨像，它们是大力神赫拉克勒斯和臂下夹着野兽的狄俄尼索斯，应该就是这些壁龛的装饰。而雷吉亚厅的壁龛里一共摆放了8尊这样的神像。健壮的赫拉克勒斯头部很有可能用的是图密善自己的头像，因为他喜欢将自己比作大力神。在这座大厅底部的短边，有一个半圆形后殿，是帝位的所在。

雷吉亚厅用于皇帝理政。宫殿有一个进行官方活动的地方，应该是一个专门的厅，举行觐见（salutio）仪式。在奥古斯都时期，这只是简单的贵族风俗，早上的"觐见"也不过就是见面问候。到图密善和他的继任者统治时期，它已与熟

不许早朝觐见

尼禄统治时期，后来的帝国皇帝韦伯芗失宠。因为在陪同尼禄去希腊进行艺术之旅期间，一次尼禄在公众面前演唱时，韦伯芗不小心睡着了。为了这个似是而非的罪过，韦伯芗被剥夺了早上觐见皇帝的权利。当他颤抖着问宫廷小吏他现在该去哪儿时，那个人一边轰他一边回答："见鬼去吧！"后来在韦伯芗当上皇帝后，这位小吏请求皇帝的宽恕。"见鬼去吧！"皇帝肯定是这样说的。

人之间的问候无缘。"觐见"成了有着严格礼仪规范的庄严仪式,仪式完美的布景设计在罗马人面前突出表现皇帝的尊贵。它已不再是元老院的元老们每天向他们的"老板"请安,而是各个社会阶层的罗马人,从元老到平民,所有人必须身着白色托加接受皇帝的接见。

从克劳狄皇帝统治开始,为了更好地组织觐见,将觐见者分为两批:第一批是城邦的元老和骑士们,他们被称为"第一觐见者"("Première audience"),手指上戴着有皇帝肖像的指环,这是一种特权的标记。余下的罗马人是"第二觐见者"("Deuxième audience")。许多记载表明,每天宫殿正门前都拥挤嘈杂。雷吉亚厅肯定有一个巨大的前庭,这里的办事员或职员身着全白的皇家制服,根据来访者的阶层进行挑选和分类。当然他们也是那些想用叮当作响的钱币买通觐见权的人士的目标。事实上,他们可以借觐见之机向皇帝提交请求书,有的想成为行省总督,有的想申请补贴,还有人想在官司中得到有利的裁判。

朱利亚-克劳狄王朝的皇帝都小心翼翼,对包括妇女和儿童在内的一切来访者进行搜身。这个预防措施并非毫无必要。曾经,一天夜里,人们在奥古斯都的床边,发现了一个带着猎刀的军人——他在觐见时骗过了办事人员的检查。克劳狄皇帝也经历过几乎同样的险境。尽管他已充满

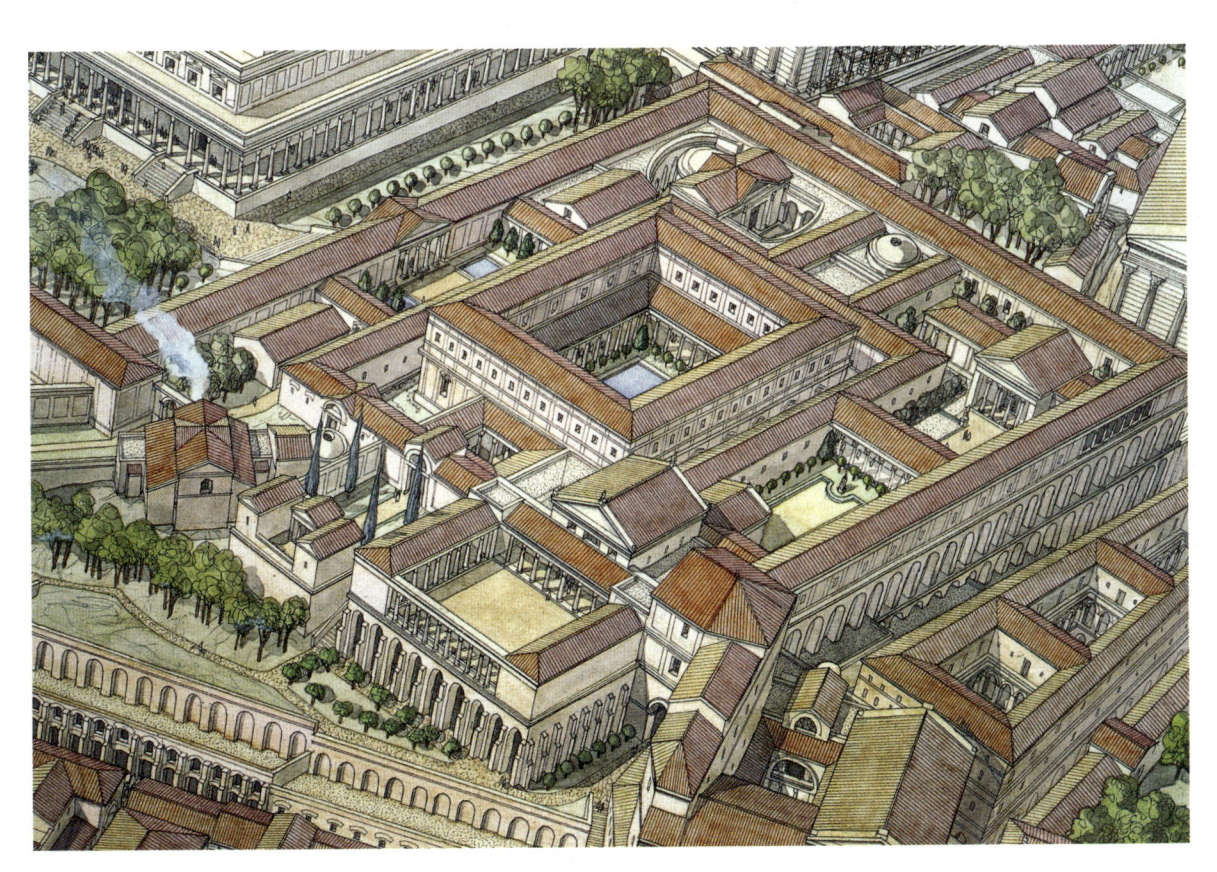

▲ **提比略宅邸的改建(罗马)**

图密善时代,尼禄治下规整的建筑群开始变得混乱。图密善修建了一个内部坡道,可以从古罗马广场通往宫殿大门的前庭(图片底部中央的小楼)。它通向一个柱廊和一个庭院-瞭望台。瞭望台出现在图片中心,有一个结实的支撑基座,左边是新建的连接建筑。

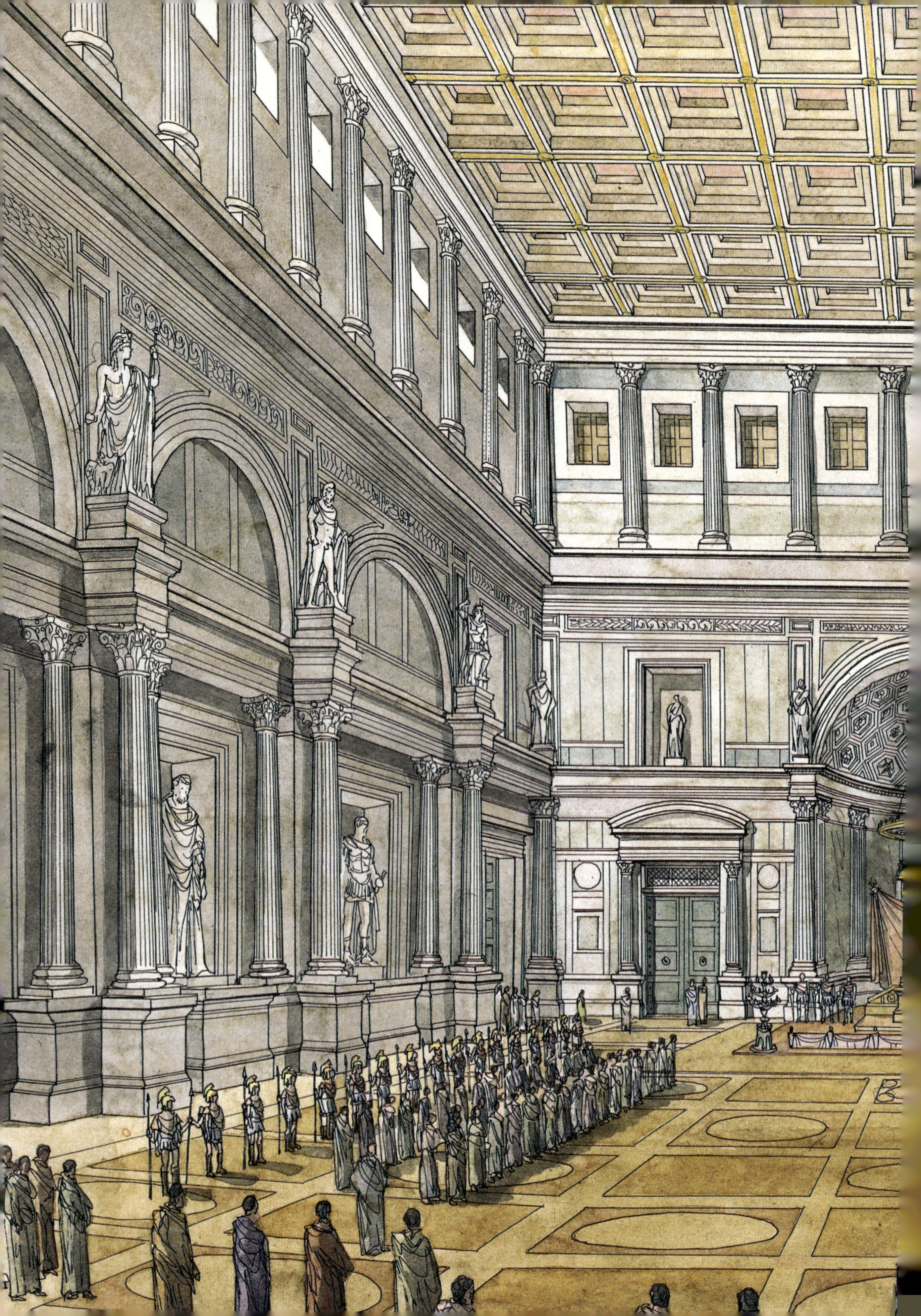

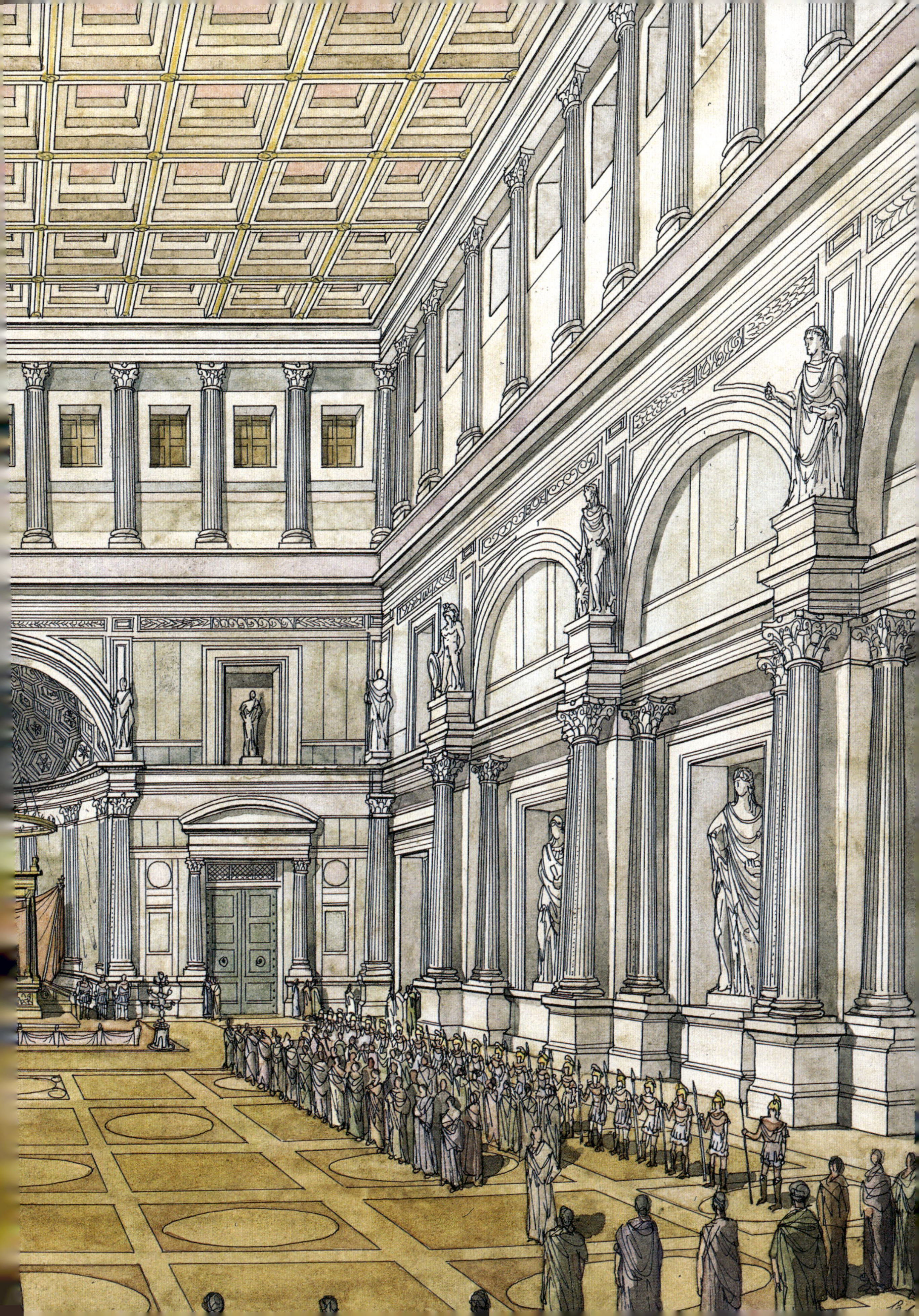

◀ **图密善宫：雷吉亚厅，又称"帝位厅"（罗马）**

这是皇帝举行觐见仪式的大厅。皇帝在这里接受贵族和平民代表的觐见。大厅用彩色大理石和雕像装饰，屋顶天花板是方格状的。高高在上整齐排列的小窗为大厅提供了光照。

戒心，要求陪同主人觐见的奴隶在进殿前，必须把装着铁笔的盒子放在外面，因为铁笔完全可以当作武器。韦伯芗取消了对来访者的搜身制度，图密善有可能又恢复了它，因为他一直认为雷吉亚厅的规模让刺杀变得容易。来访者在等候觐见的时候，有时间交流信息。在帕拉蒂尼山的前庭，奥卢斯·格里乌斯多次描绘了哲学家和作家的"学术"交流。

在漫长的等待之后，被宫廷小吏选中的来访者可以进入雷吉亚厅觐见皇帝。大厅金碧辉煌、卫士手中武器森森，然而都比不上皇帝本人令人印象深刻：他端坐在被周围火把照亮的宝座上，如同神明。真正意义上的觐见是按照等级仪式进行的，小普林尼在他为图拉真所写的颂词里对此有详细的描述。皇帝会亲吻元老的额头，喊骑士们的名字、向他们打招呼，对平民们说一句亲切的话。尼禄有超凡的记忆力，能叫出每个人的名字，不需要身边"唱名者"（负责在主人耳边提醒来人名字的奴隶）的提醒。在皮肤病流行罗马期间，为防止疫情扩散，提比略禁止了觐见时的拥抱礼。这使元老们的自尊心受到伤害，他们拒绝执行这项措施。皇帝也可以打破既定规矩，选择拥抱那些对他来说亲密的人。马克·奥勒留将他的哲学老师，斯多葛派学者朱尼乌斯·鲁斯提库斯（Junius Rusticus）排到了近卫队长官前面。和蔼可亲的塞维鲁·亚历山大（Severus Alaxander）出人意料地试图使早朝进一步"神化"，他让传令官宣布出自厄琉息斯秘仪的规定："自知有罪者，不要来觐见；一经发现，处以极刑。"

觐见对皇帝而言，是乏味又没完没了的任务，只有疾病能免去他每天早晨接受臣民的致敬

富豪宅邸的私人浴池（罗马）

富豪克劳狄乌斯·埃图斯库斯是提比略一个富裕释放奴的儿子，他为自己的罗马住宅配备了奢华浴池。

不论是希腊萨索斯或卡里斯托斯的大理石，还是雪花石膏、纤闪辉绿岩都被弃之不用。在这里闪耀着光辉的是努米底亚石矿开采的浅黄褐色大理石，是来自弗里吉亚辛那达、点缀着紫色斑点的雪白大理石。拉科尼亚大理石只配用来作墙面上窄窄的绿色边饰。门槛非常好看，穹顶金光闪闪。穹顶上，闪亮的玻璃马赛克构成的图画栩栩如生。他本人也惊讶自己这些财富，火缓和了他的力量。浴场全面采光。太阳顺着光线从穹顶进入浴场，被热水浴池地板散发的热气点燃。这里不容任何穷气。浴场内没有铜水龙头，因为只有银水龙头才配得上输送和接收这些有益健康的水。至于那些在外面流淌于雪白大理石井栏中，现在进入了天蓝色管道的水，清澈见底。浴场难道不是在邀请我们脱掉繁重的衣服，投身于它的碧波当中吗？还有健身房宽阔的木地板，它们回响着球类的声音。柔和的热气从这里进入浴场，还有锅炉呼出的轻微水蒸气。

——斯塔提乌斯《诗集》（*Silves*），I, 5

皇家宫殿大厅的内部环境，深受罗马万神殿大理石墙面和装饰的影响，是至今为止保存最好的古罗马建筑，可见此类墙面装饰的辉煌程度。

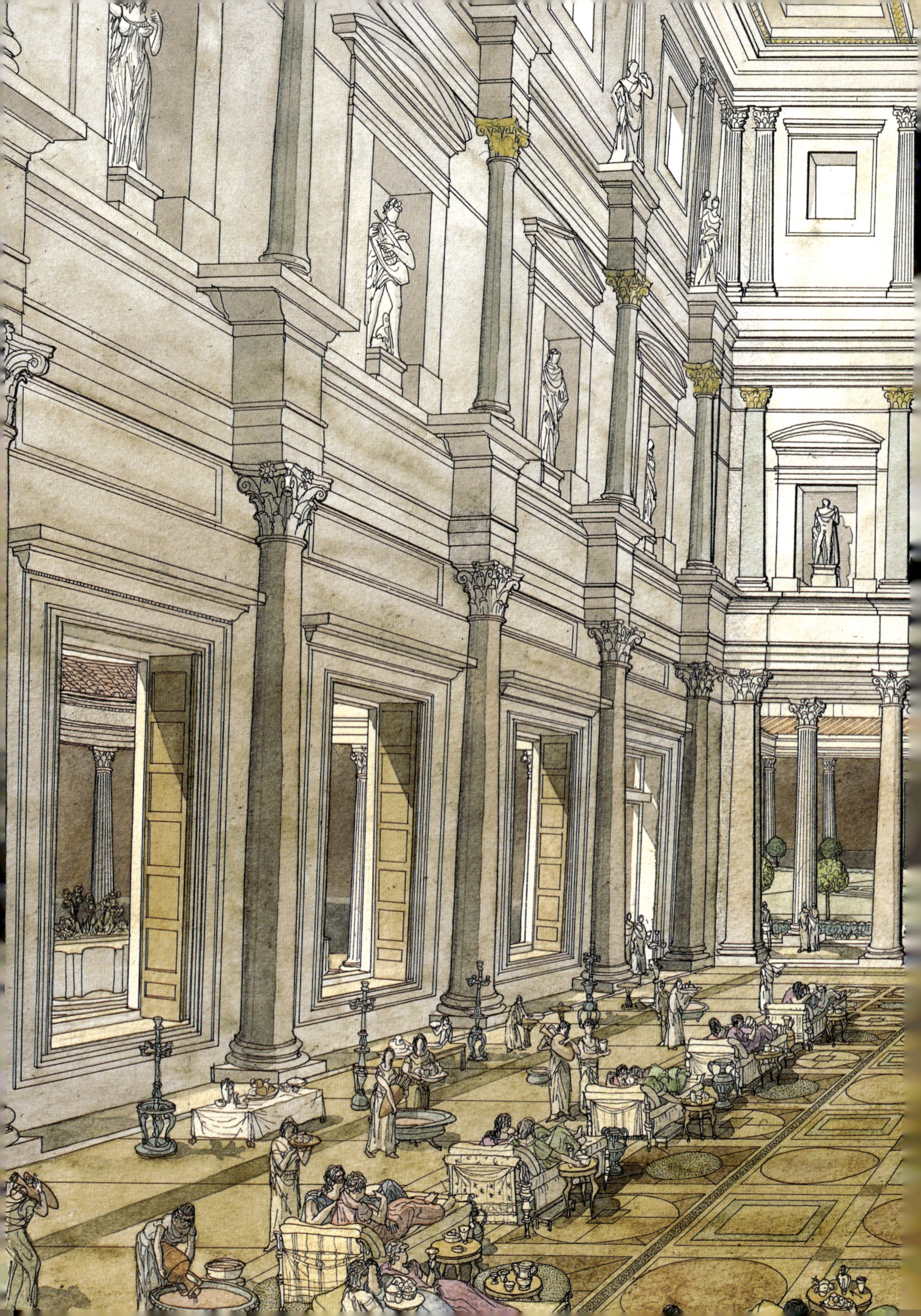

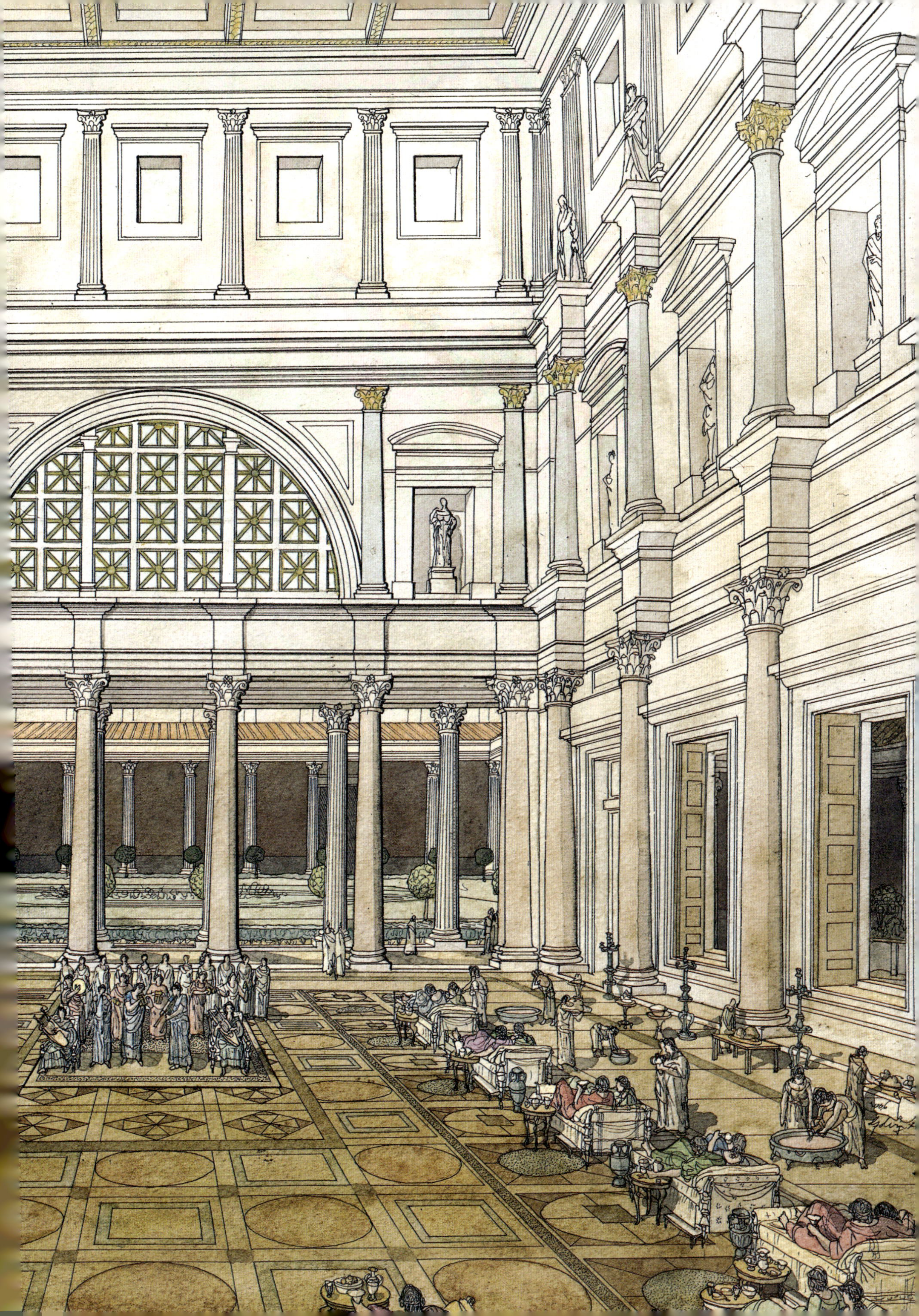

◀ 图密善宫：餐厅（罗马）

大餐厅或宫殿大宴会厅用大量色彩丰富的大理石装饰，地面铺大理石的花砖地面（opus sectile）。餐厅两侧是带池塘的庭院，正面是通往弗拉维亚宫的大庭院。宴会的气氛由乐师和伴唱团负责，他们为宾客们提供娱乐。而宽阔的餐厅本身就彰显着皇宫宴会的庄严与奢侈。

的义务。奥古斯都对平民阶层的请求宽厚有加，并懂得如何让他们对自己充满信心。他笑着对一个颤抖着向他呈送请求书的男人说："你在颤抖，好像在把一枚硬币递给一头大象！"只有卡拉卡拉毫无教养地让来访者在前庭等到中午，有时甚至等到晚上。在他统治的最后几年，还自作主张，拒绝在觐见礼上浪费生命。

维特里乌斯皇帝的父亲是卡里古拉统治下第一个实行东方式跪拜礼（Proskynesis，即在皇帝面前跪下并亲吻他的双脚）的人。卡里古拉非常欣赏这一做法，经常戏弄老维特里乌斯，比如把缀满珍珠的镀金凉鞋塞到他的嘴里。在公元初两个世纪中，大部分皇帝都谴责这种不尊重人的异国敬礼方式。然而，图密善多次要求元老们行这种跪拜礼，像膜拜"主人与神明"那样膜拜他。戴克里先最终使这种礼仪官方化。

雷吉亚厅的两侧各有一座建筑，用途尚不明确。东边是一座小厅，被命名为"家庭神位"厅，人们原以为这里放置着皇帝家族的祭台。但实际这里是保卫皇帝的近卫队的警卫室。雷吉亚厅的西边，有一个长方形的大厅，底部是一个巨大的半圆形后殿，被两组叠加的石柱分成三个部分，取名为"巴西利卡"，可能是用于举行元首会议的皇家会议厅。

雷吉亚厅朝向一个巨大柱廊环绕的庭院。庭院中央有一座八边形池塘，被一座矮墙迷宫包围着。"西西里亚"（Sicilia）大概就在这柱廊附近，那是图密善图清净的地方，可能是一座花园或者是一处小屋。

雷吉亚厅的对面，中庭的另一边，矗立着另一座雄伟大殿，名为"餐厅"或者"朱庇特餐厅"（Cenatio Iovis）。这所辉煌的餐厅与雷吉亚

斯塔提乌斯在朱庇特宴会厅的用餐

这座大厅辉煌庞大。
圆柱数量不满足于100这个数字，
哪怕阿特拉斯放弃自己的职责，
这里的柱子多到足以支撑天穹与众神。
与利比亚和弗里吉亚的大理石比高低的，
是赛伊尼（Syene）和希俄斯（Chios）的大理石，
而柱基的大理石来自卢纳。
如果抬头向上看，
直到眼睛疲惫，
才能看到金色的天花板，还以为它是金色的苍穹。
恺撒曾在这里邀请罗穆路斯的后人
和无数公民坐满千张餐桌。
我对这宴会不感兴趣，
对用印度象牙桌腿支撑起的毛里塔尼亚崖柏木餐桌，
对提供有序服务的一营奴隶，
也无兴趣。
我只想注视他，只有他，
安静的面庞，闪耀光辉的皇帝殿下，
和他掩盖自身光辉的朴素举止。
然而，他想遮掩的威严，
都表现在他的脸上。

——斯塔提乌斯，《诗集》，IV, 8

毛骨悚然的一餐

一天，图密善邀请罗马贵族中最重要的一群人吃饭，客人们必须把随行奴隶留在候见室，然后独自进入一间大厅。整座大厅都是黑色的，从天花板到地面。图密善让大家入座，餐桌同样也是黑色的，每人面前摆着一块石头墓碑形状的牌子，写着落座宾客的名字。一上来，一群身上涂黑的男孩进入大厅，他们像幽灵一样围坐在餐桌和用餐者的脚下。然后，端上来盛放在黑色的餐具里的是平时用来祭奠死人的黑色食物。客人们惊恐万分，怕随时被处决，说不出半个字，而图密善自顾自地讲述起血腥的屠杀故事。宴会终于接近尾声，客人们准备回家。可留在餐厅候见室里的所有奴隶都不见了，代替他们的是不认识的侍者，他们让客人们爬上帘子紧闭的肩舆，这些可怜的人们愈加恐惧。他们回到自己的家，刚刚松了一口气，皇帝的信使又来了，每个人都以为这是来宣布他们死刑的。信使却把用餐时他们面前的牌子和他们用过的餐具送给了他们。实际上，黑色的涂料下面是金银制品。和这个礼物一起送来的，还有给每个人斟酒的小奴隶，身上的黑色也被洗掉了。为了给这个令人毛骨悚然的玩笑一个理由，图密善解释说这场宴会是为了纪念那些在远征达契亚时阵亡的士兵。

厅的面积（长31.6米，宽29米）相近，通过列柱走廊与大柱廊相连。三排叠起的石柱撑起38米高的屋顶。与雷吉亚厅不同的是，餐厅有着向外开放的窗户和柱廊，阳光可以照射进来。餐厅两侧的庭院中央各有一个椭圆形池塘。朱庇特餐厅像雷吉亚厅一样，也有一座不太深、微微高出地面的后殿，用来放置皇帝的宝座。20张大型躺床（每张可供9人同时进餐）可接待180人，宾客们可以通过柱廊一边欣赏风景，一边大快朵颐。斯塔提乌斯是弗拉维亚宫落成典礼后被邀请参加千人宴的一员。可以肯定的是，关于这次盛宴，尽管朱庇特餐厅面积巨大，也无法容纳所有宾客。毫无疑问，客人们被分配到宫殿的3个大接待厅中：雷吉亚厅、"巴西利卡"和朱庇特餐厅。最尊贵的客人依传统卧在躺床上用餐，其他人坐在躺床边。鉴于上述大厅都各有皇帝的宝座，他应该是分别去各厅，轮流与客人共进晚餐。因此，每位宾客，包括斯塔提乌斯，都能吹嘘"分享到主人餐桌上闻所未闻的美食""与朱庇特同席进餐"。

宴会中，斯塔提乌斯欣赏了由产地不同的大理石建造的色彩鲜明（绿色、带红丝纹的黄色、白色带紫色斑点、明白色）的圆柱。而金色的屋顶高高在上，让人误以为是天空的穹顶。对各种各样的家具，诗人也是赞不绝口，比如那珍贵崖柏制成的桌子配的是象牙桌腿。在他看来，同样令人称道的是，高效而沉默的仆人提供了完美的餐桌服务。但对斯塔提乌斯来说，他食用美味的菜肴并不重要，他唯一的幸福，是出神地凝望他所崇拜的皇帝那高贵威严的风采。

朱庇特餐厅的南面，人们可以进入奥古斯塔纳宫，两者之间并没有明显的界限。奥古斯塔纳宫是图密善的私人生活空间，这座两层宫殿建在帕拉蒂尼山坡上，比弗拉维亚宫要低一些，坡下就是马克西穆斯竞技场。底层朝向柱廊庭院，院中央有一个大池塘，池中有一个小岛，岛上有个小神殿，供奉的无疑是图密善最喜爱的女神密涅瓦。一座七孔小石桥连接着神殿和庭院。也许这座小岛是皇帝修隐的地方，正如后来哈德良别墅里的"海上剧场"。此处柱廊也许被图密善铺上了云母石（一种在尼禄统治时期发现的闪闪发亮、可以反光的石头）。皇帝饱受被刺妄想的折

97

磨，现在他在散步时可以通过石头反射看到身后发生的一切。

与弗拉维亚官接待厅的对称和开阔完全相反，奥古斯塔纳官的设计十分复杂。楼上，错综复杂的小房子组成了图密善的私人居住区。在给图拉真写的颂词中，小普林尼提到那里狭窄的走廊和极小的房间可以当"怪兽的窝"。图密善害怕被人谋杀，这是他永远的心病，这些不规则的房间网络就是证明。然而，这并没有避免他在自己的房间里被谋杀。

奥古斯塔纳官的较低层级有一个双层门廊环绕的院子。中间的水池有四个持盾的亚马孙女战士雕像。这里还有数个直接从岩石上凿出来、附有谈话室的房间，作为夏季的避暑餐厅使用。

宫殿的最底层是一个宽敞的弧形谈话室，与一个双层门廊相连，朝向马克西穆斯竞技场。谈话室中央有皇帝观看战车竞赛的包厢。图密善身处辉煌的宫殿中心，不用与熙攘的观众坐在一起，却可以出现在罗马人面前。这个弧形谈话室也是宫殿的南立面。

在这个谈话室的西边，有一座名为奴仆学院（Paedagogium）的小建筑。在这座两层的建筑里，有一组小房间用来给皇官里的年轻侍从居住，他们在这里学习皇家仪式的礼仪。就是在这里，人们从一堆年轻侍从的涂鸦中，发现了最著名的一幅画（塞维鲁时代），画面表现的是一个男人跪拜在一头被钉在十字架上的驴面前，并在旁边写着："亚历山梅诺（Alexamenos）敬拜他的神。"这是最古老的关于基督教的漫画，也是耶稣十字架受难形象的首次出现。

图密善官的第三个区域建在帕拉蒂尼山的东脊，是最后建成的，被错误地命名为"运动竞技场"。实际上这里是一个供皇帝私人消遣的"战车竞技场"。它的形状为狭长的长方形（长160米，宽50米），其中一个短边是弧形的。中央有分隔岛，很像马克西穆斯竞技场的缩小版，由鲜花装饰。跑道的周围是双层柱廊，墙面铺多彩大理石。这座战车竞技场东边的中央部分，有一座皇帝专用的巨大半圆形看台。这座战车竞技场与马克西穆斯竞技场的规模（长621米，宽118米）相比小了很多，实际是一座花园。这座在皇帝私人寓所出现的战车竞技场表明：在图密善时代，园林艺术家在花园已有的装饰基础上，有所突破，产生了新的装饰类型。弗拉维官这个装饰性建筑成了各别墅主人的教科书。例如小普林尼，他在弗拉维官建成不到10年后，声称要在他的托斯卡纳别墅里也修建一个供他漫步的战车竞技场。在帕拉蒂尼山东部，图密善曾想建一个巨大的人工平台，人们可以从帕拉蒂努斯坡道进入。据推测，平台上面是花园和散步道。在斐罗斯屈拉特（Philostrate）写的《提亚纳的阿波罗尼乌斯传》中，他提到了"阿多尼斯庭院"，阿波罗尼乌斯在这座鲜花盛开的花园里遇见图密善，也许这一切就发生在这个平台。

弗拉维王朝的皇帝们对帕拉蒂尼山的工程开发发挥了重要作用。从图密善开始，这座山丘正式成为皇家居住地。尽管图密善的继任者没有他那样狂妄自大，但安敦尼王朝的皇帝们毫不犹豫地占据了弗拉维官，因为这座宫殿完美匹配皇帝的职能。2世纪起，罗马人习惯用这座山丘的名字代称皇室家苑，正因为此，Palatia这个词至今仍有"宫殿"的意思。

191年，康茂德统治期间，一场火灾烧毁了宫殿的一部分。塞普提米乌斯·塞维鲁重新修缮并借此机会建起了一些新建筑物，延长了奥古斯塔纳官的东南边。为此，他在空中建起一座新的人工高台。在这座高台上，宫殿的这个新侧翼按照传统命名为塞维利亚纳官（Domus Severiana）。一座新的皇家看台建在马克西穆斯竞技场的最高处，图密善的私人浴场也被扩大了。东南面修建了七节楼（Septizonium），一个具有剧院装饰的多层纪念性泉水池，提供了一面壮观的柱廊墙面。塞普提米乌斯·塞维鲁希望来自非洲的同胞们可以在阿皮亚大道上远远地看到这个高大壮观的建筑。在塞维利亚纳宫的朝政大厅里，有表现星空和皇家星相的壁画。奴仆学院南边，塞普提米乌斯·塞维鲁让人修建了一座有三个小拱顶的小屋子，取名叫使者宫（Domus Praeconum），因为这里住着马克西穆斯竞技场的"信使"，他们负责在正式比赛前热场。这座小房子里有一幅很美丽的壁画，画的是这些与真人同大的"信使"像。

总之，帕拉蒂尼山从2世纪起就是罗马历史的缩影：悠久的遗址（罗穆路斯小屋，卡库斯阶梯、阿尔格伊礼拜堂），共和国时期的神殿（库伯勒神殿和胜利神殿），传承有序的皇家帝苑（奥古斯都宅邸、提比略宅邸、弗拉维宫、塞维利亚纳宫）。这座山丘已成为一座皇城，兼备宗教与政治功能。直至戴克里先统治时期，帕拉蒂尼山建筑群都是皇家宅邸。此后，由于罗马城的衰落。皇帝们更愿意迁居帝国边疆地区，特里尔、米兰、西尔米乌姆、尼科美底亚。伴随着君士坦丁大帝把帝国首都迁到君士坦丁堡，帕拉蒂尼山彻底被抛弃了。

图密善别墅

图密善在意大利拥有多座住宅。他的同时代人，诗人马尔提亚曾写道：图密善在阿里恰（Aricie）的别墅，"在这里，你（图密善）能眺望狄安娜神殿，也能观赏另一边的地中海"；在安克苏尔（Anxur）的别墅，"被有益健康的泉水（含硫黄）冲洗得干干净净"；在巴亚的别墅，"湖水庇佑着皇帝喂养的高贵的鱼"；在安提乌姆的别墅，"岸边平静的海浪涌到城前入睡"；在加埃塔的别墅，"是埃涅阿斯乳娘的故乡"；在奇尔切伊（Circeii）的别墅，"是太阳之女（喀耳刻）的庇护所"；最后，在阿尔巴的别墅，"可以尽情享受阿尔巴诺丘陵之美"。此外，还要加上图斯库鲁姆（Tusculum）的一座别墅。除巴亚别墅外，其他这些别墅都离罗马比较近，一部分集中在阿尔巴诺山（图斯库鲁姆、阿里恰、阿尔巴），另一部分分布在拉丁姆南面（安提乌姆、安克苏尔、奇尔切伊、加埃塔）。

这些别墅中，只有阿尔巴和奇尔切伊这两处别墅的遗迹依然存在。后者位于从台伯河口前往那不勒斯湾的中途，靠近奇尔切奥山（《奥德赛》中女巫喀耳刻居住的地方），是保拉（Paola）湖畔的一栋大别墅。住宅区位于西侧，建筑面向大海。湖边建有浴场、一个大泳池和一个背山面水的小剧场。这些建筑物的东面，有林荫大道，两侧是长长的柱廊，向湖边延伸。奇尔切伊别墅的设计与阿尔巴别墅设计相似，这些同时代人的记载使我们能更好地了解它们在图密善的私人和公共生活中发挥的作用。

由于靠近罗马，阿尔巴诺山地区成为罗马乡村中一片清新绿洲，一直是罗马人希望逃离城市喧嚣的首选之地。阿尔巴诺山是一座火山，在树林密布的山坡上有一个古老的圆形火山口，阿尔巴诺湖和内米湖则形成于较小的火山口。在罗马最古老的历史文献中就记载了阿尔巴诺山，因为罗穆路斯和瑞穆斯就来自阿尔巴，在这座城市附近，发生过著名的贺拉斯和库里亚斯之战。大多数罗马政客在这个特权地区都拥有自己的住房，比如苏拉、卢库鲁斯、庞培、西塞罗等。罗马的

▶ **阿尔巴别墅（罗马）**

阿尔巴别墅全景（今天著名的教皇别墅冈多菲堡）。它还原了图密善庞大住所的昔日的辉煌，有住宅建筑，花园，剧场（保存至今）。长长的粉红色高墙之上的窗洞，开向隐廊（保存完好），后者支撑起通往宅邸的道路。这座别墅有一个观景台，可以俯瞰阿尔巴诺湖。

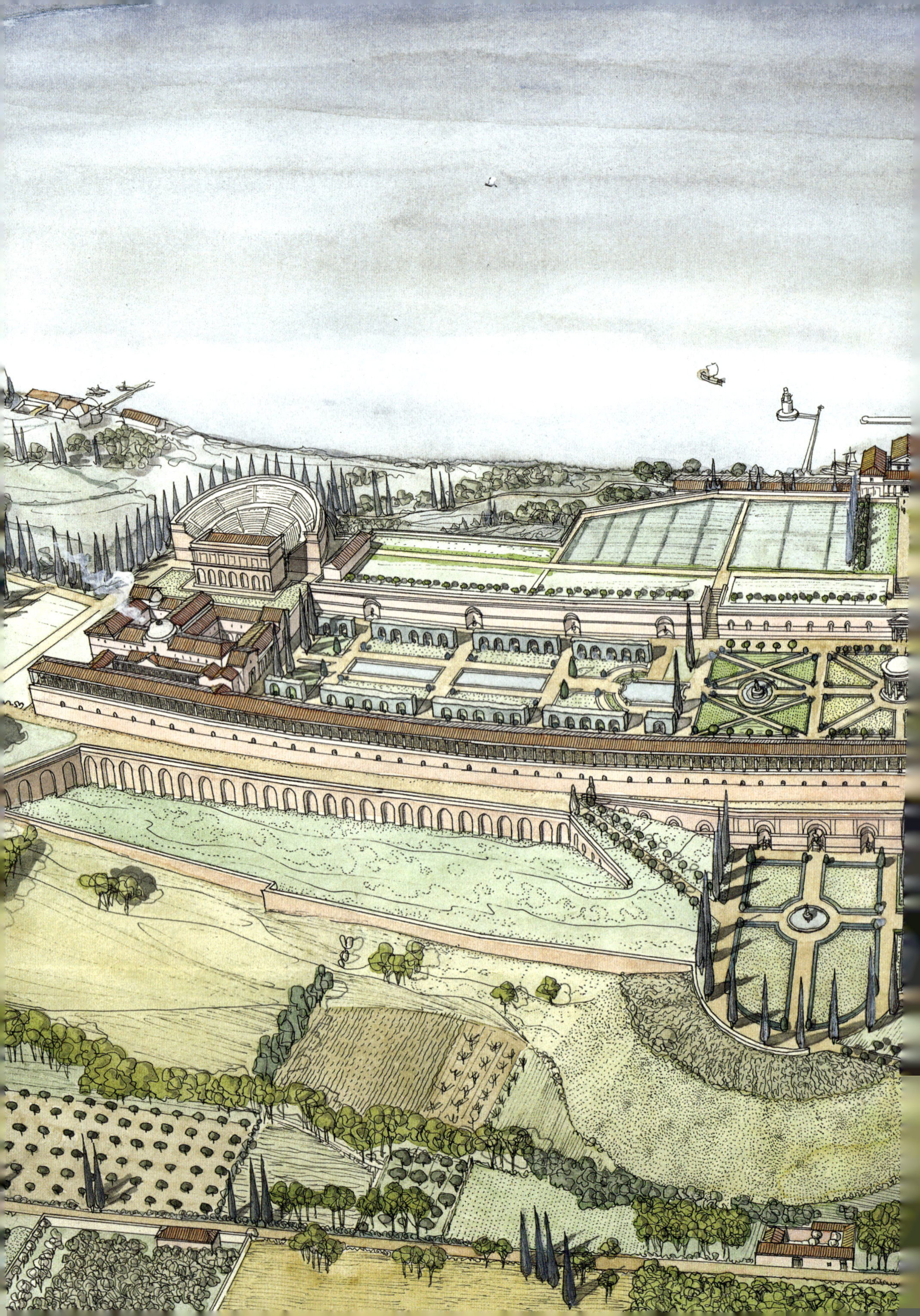

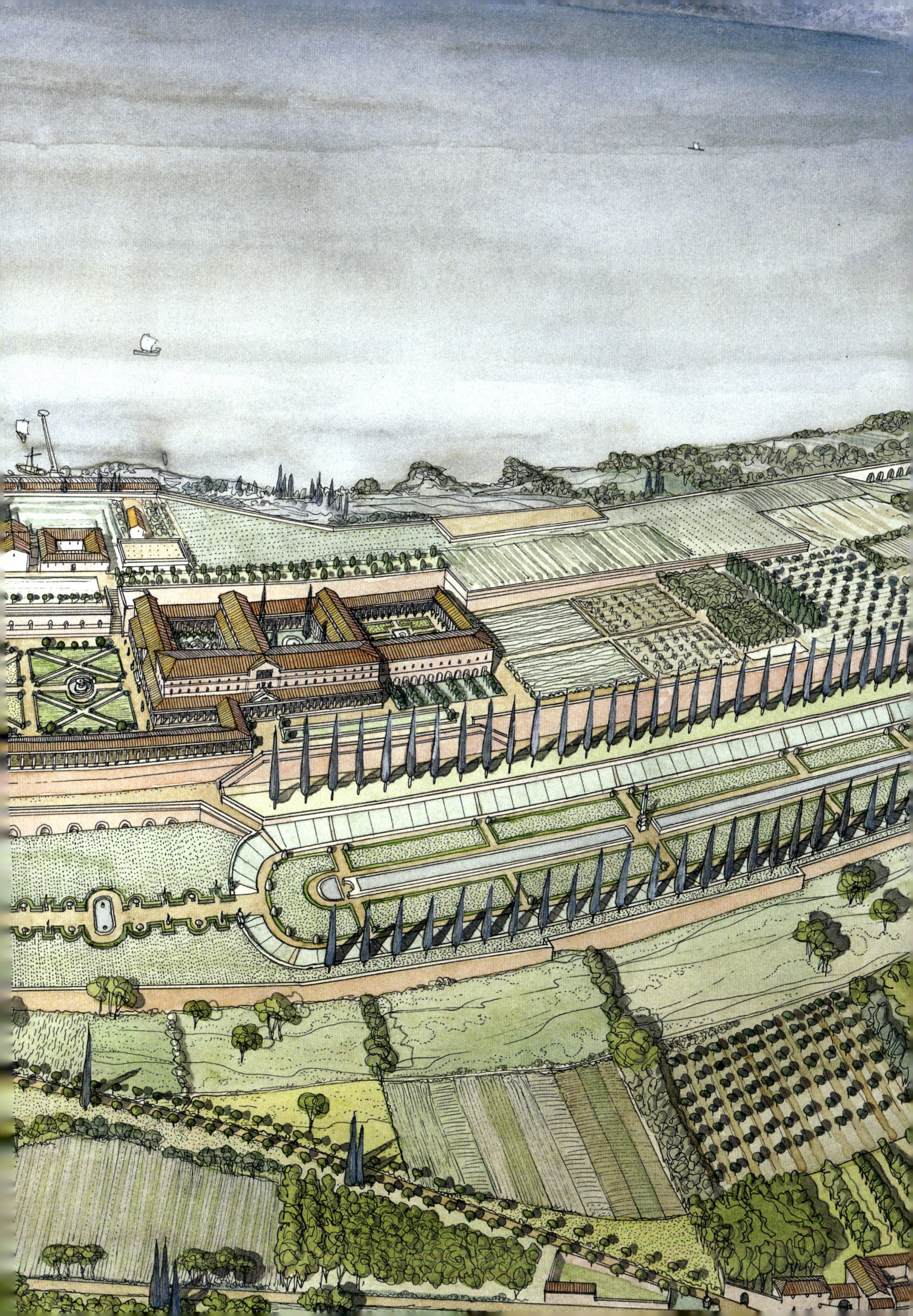

> ### 马尼利厄斯·沃皮斯库斯的蒂布尔别墅
>
> 马尼利乌斯·沃皮斯库斯（Manilius Vopiscus）是斯塔提乌斯的朋友，也是诗人，他远离公共生活，经常住在阿尼奥河（Anio，今天的阿涅内河）岸边蒂布尔（Tibur，今天的蒂沃利）的别墅中。
>
> 　　这里多么迷人，在被人类技艺改造之前，它也是这样美！没有一处大自然能如它这般慷慨。河畔大树垂向激流，树叶逼真的倒影随水流动。阿尼奥河本身就是奇观，尽管它的上游和下游都是多石河床，但这里让汹涌的河水和澎湃浪声舒缓下来。房子占据两岸却没有被宁静的河水隔开，建筑彼此相连，不必抱怨各自在水一方。这里总是宁静，没有风暴、没有骇浪。人们可以隔岸相视、交谈甚至触摸彼此。我最欣赏的是什么？是金色的房梁、崖柏的门框、耀眼的彩纹大理石，还是每个房间里的喷泉？我的眼睛看着这边，心却去了那边。如何描述你呢？宫殿，你一半在河水上，一半又望向寂静的森林。我是否该说说，架在草台上的浴池如何加热，火如何在凉爽的河岸点燃——河水连接制造蒸汽的锅炉，水在河流旁沸腾？
>
> 　　我曾经见过以多种方式加工的古代金属杰作。但（别墅中的）黄金、象牙、配得上最美首饰的宝石，以及艺术家雕刻巨大雕像前制作的白银或青铜小样，依旧让我难以描述。我的眼睛到处游移，所有的一切都能吸引我的目光，我的脚下也是迷人奇观，我却毫不知晓。最终耀眼的日光从玻璃装饰的穹顶射进来，我看到我正踩着多彩马赛克铺成的画面上，这是用新手法表现的"满地菜肴"（sol non balayé）的主题。（这个图案经常用于餐厅地面，内容是饭菜、果核、果柄、鸡骨……）
>
> 　　我该欣赏连接阿尼奥河两岸的主体建筑和矗立在河两岸带有三叶形的餐厅的亭楼吗？我又该欣赏你保留在房子中间的大树吗？它穿过屋顶和天窗，伸向清新天际，我担心另一个主人会用斧头残酷地把它砍倒！
>
> ——斯塔提乌斯，《诗集》I，3

年轻人也喜欢在图斯库鲁姆［现在的弗拉斯卡蒂（Frascati）］聚会，品尝地区名产金色葡萄酒。

图密善从小就热爱阿尔巴地区，父亲韦伯芗让他远离公共事务，在哥哥提图斯身边扮演永远的副手。图密善对罗马毫无留恋，他买下了阿尔巴诺湖区曾经属于庞培的别墅，经常离开罗马到那里过上很长一段日子。在这所房子里，他远离众人耳目，与执政官拉米亚·埃利亚努斯（Lamia Aelianus）的妻子多米提娅（Domitia）偷情，后来娶她为妻。

图密善成为皇帝后，又开始在阿尔巴诺湖畔，距庞培别墅不远的地方建造了一座大宅院。阿皮亚大道就在它的附近，确保了图密善与罗马的快捷联系。这座阿尔巴努姆别墅或阿尔巴别墅的设计被交给了弗拉维亚宫的建筑师拉比里乌斯。这两座建筑群的布局确实存在许多相似之处。目前，阿尔巴努姆别墅的遗址不对外开放，因为它的很大一部分都在教皇的冈多菲堡里。

阿尔巴努姆别墅建筑群坐落在三个按照阶梯排列的巨大平台上，每个平台长500米，背靠阿尔巴诺湖畔古老火山口的山坡。在最高的平台上有一个三层楼高的住宅区，三种不同风格的建筑围绕三个庭院展开。皇帝从他的别墅高处可以欣赏到壮丽的风景，近处是阿尔巴诺湖、罗马乡村，远处则是大海和奥斯提亚港口。这处住所非常舒适，有浴场和管道输送的暖气。走出宫殿，皇帝可以沿着一条长长的小径向西走。在有着双层基台的观景楼上，尽享阿尔巴诺湖的美景。下了观景楼，继续向西，皇帝将来到阿尔巴努姆别墅最特别的部分，"泉水池大道"。这是一条拥有四个泉水池（模仿一个洞穴的纪念性喷泉）的宽阔道路，矩形泉水池（前面的跨页图难以看出形状区别）和半圆形泉水池交替排列，每个泉水池都有一座雕像。这条大道通往一个剧场，它是直接从山体上凿出来的，由大量五颜六色的大理石装饰。在别墅最高的平台周围，有一条长350米、宽7.45米、高10米的隐廊，这是我们目前所知的最大隐廊。这个惊人的规模及墙壁上方开口提供的充足光线，让人联想这条隐廊是通往别墅的通道。事实上，阿皮亚大道确实有一条岔路通往这条隐廊的入口处。

在别墅最低处的平台，建有一个专门用于赛马的战车竞技场。距它不远的地方，还有一个圆形竞技场，这意味着阿尔巴努姆别墅拥有罗马人日常消遣的三种娱乐设施。一条输水道从附近的水源引水，将水储存在大型蓄水池中以满足喷泉、游泳池和浴场用水。湖边有三个码头，停泊着图密善游湖所用的船只。

在距别墅约2千米的湖岸上，一个天然洞穴被改造成了提比略所喜爱的斯佩隆加洞穴的模样。在大理石穹顶的中央大厅中心部分，有一个圆形小池塘，池塘中央有一个小岛，池塘周围镶嵌着海洋主题的彩色马赛克画，上面有鱼、特里同、涅瑞伊得斯姐妹。一个高2.5米的独眼巨人

▲ **图密善竞技场（罗马）**

图密善竞技场是罗马帝国西部罕见的建筑之一。它位于今天的纳沃纳（Navona）广场。此类建筑用于田径比赛。它彰显了图密善愿为帝国希腊化地区（地中海东部）流行运动建造专门建筑。

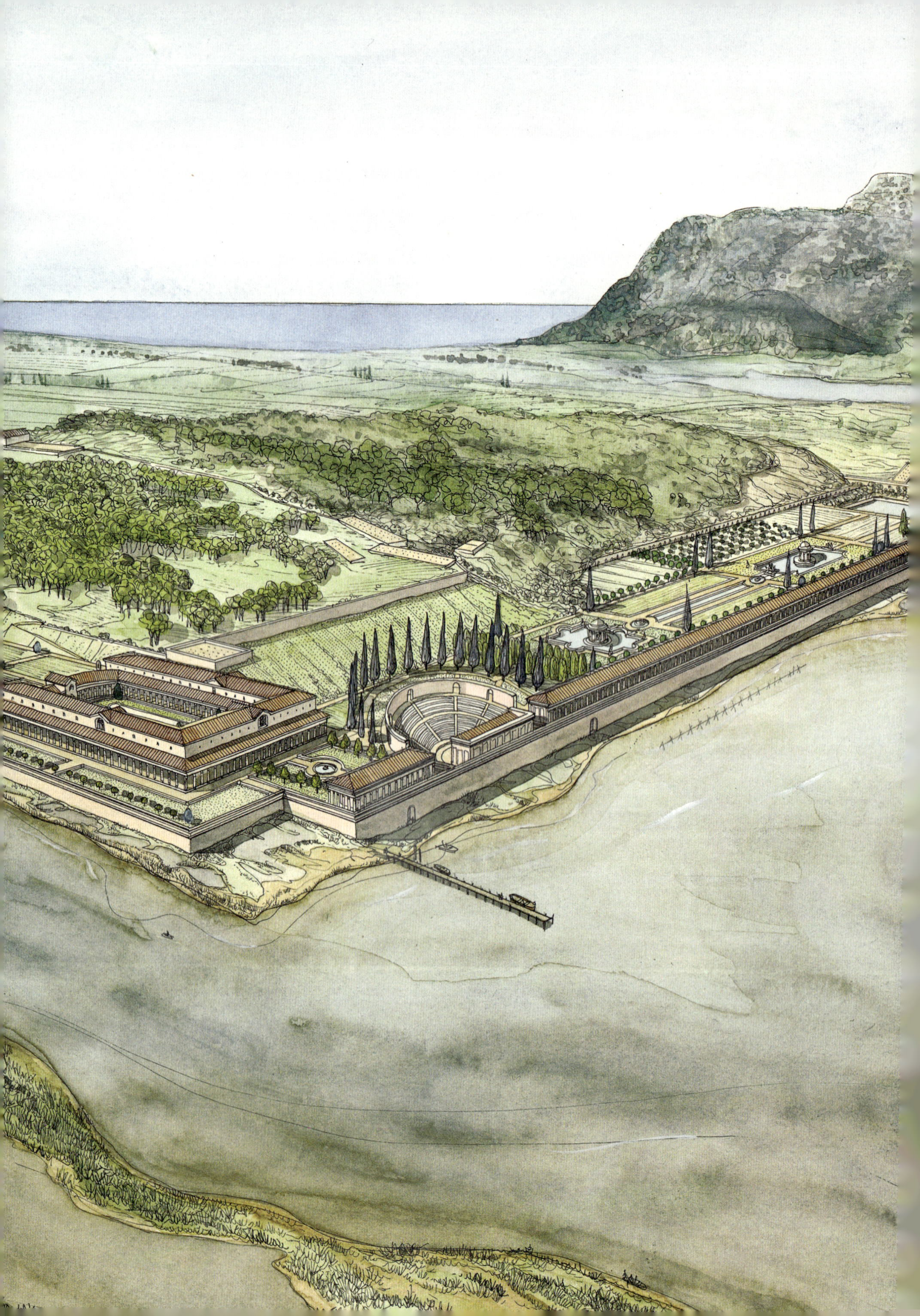

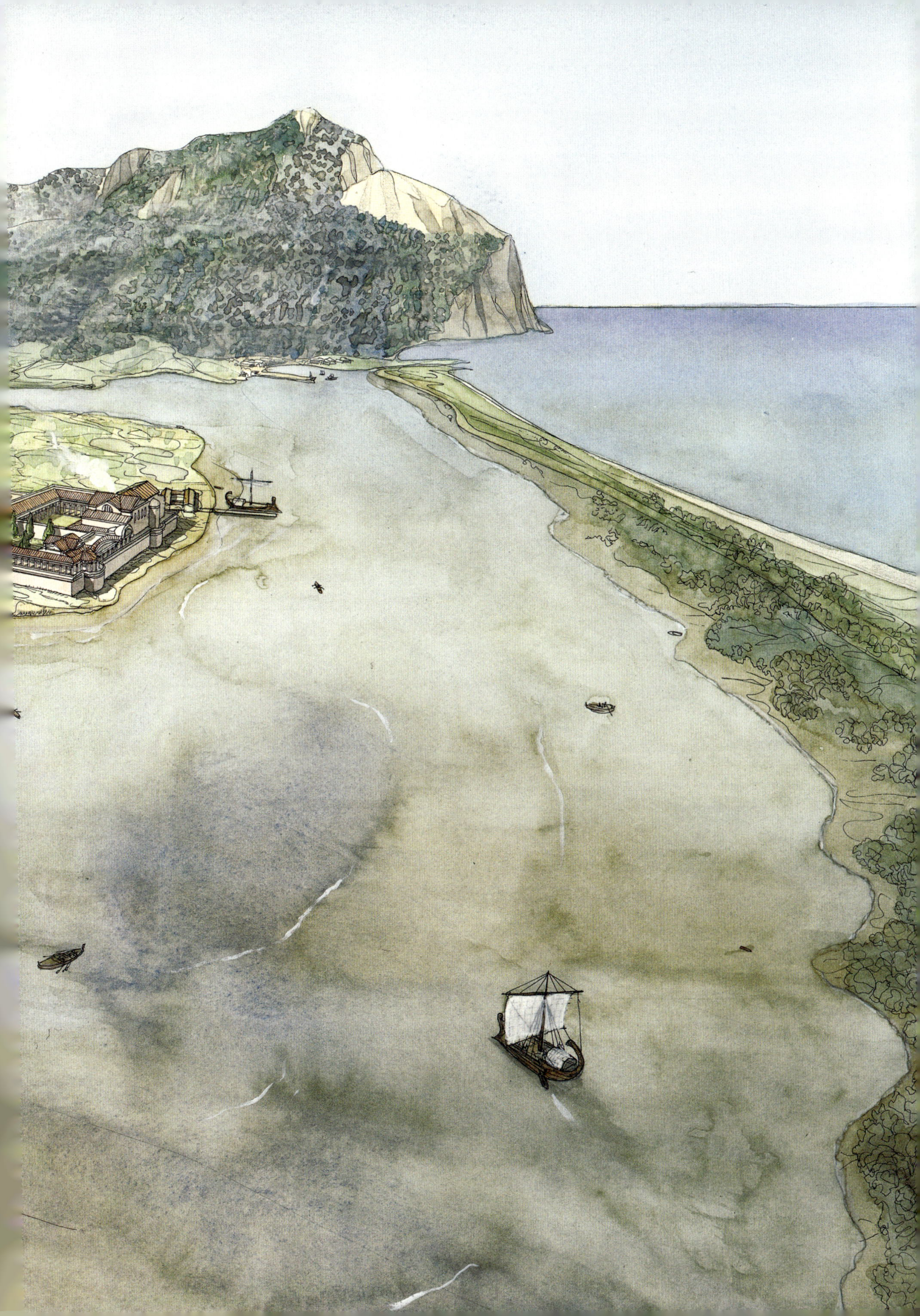

小普林尼的别墅

贵族出身的小普林尼很富有，在意大利拥有许多别墅。他描述了其中两座，一座是奥斯提亚附近劳伦图姆的别墅，一座在托斯卡纳。在他提到的所有元素中，我们挑选了一些可以在皇家别墅中找到痕迹的。

别墅的环境（劳伦图姆别墅）

别墅可以满足所有需求而且维护成本不高。入口有一个朴素却不寒酸的中庭；然后是一个D字形的柱廊环绕着的迷人的小庭院。天气恶劣时，小庭院可以作为一个"避难处"，有玻璃窗和伸出来的屋檐遮蔽着这里。

别墅中部有一个舒适的内院（cavaedium），朝向一个非常漂亮的餐厅，这个餐厅高悬于海岸上。海浪被从非洲吹来的风推到岸边击碎后轻轻地散去。餐厅四周是门和与门同大的窗。因此，人坐在任何一边和中间都能享受三面环海的景色。后面是内院，有柱廊、小庭院。从这里，可以看到中庭、树丛和远处的群山。

步行/马车通行的道路（托斯卡纳别墅）

在柱廊前，有一个被黄杨树分成不规则形状的平台。这里是一片缓坡草地，黄杨树丛在上面勾画出猛兽对峙的画面。在平坦的部分长有莨苕，十分柔软，甚至我敢说它们是流动的。一条散步道围绕着草地，矮灌木丛被修剪成异想天开的形状。围绕千奇百态的黄杨木丛和被剪矮的灌木丛的是一条供马车通行的道路。后者被两旁干燥石头垒起的墙保护着，也被修剪过的黄杨木丛覆盖和遮掩着。这片赏心悦目的草地，如前半部分一样，都是艺术品，后面便是田野和一望无际的草地和丛林。

亭台（劳伦图姆别墅）

在高台和画廊的另一边，有一座花园，内有一个亭台，我的乐园，我是说"我自己的乐园"！我本人决定把它建在这里。亭台里面，有一间阳光房，一面朝向高台，一面朝向大海，阳光供暖。接下来的一个房间，门开向画廊，窗开向大海。两侧中间加着一个迷人密室，隐藏在玻璃和随意开合的帘子之后，方便与房间"分离"或融为一体。这间密室有一张床和两把座椅。我躺在这里时，大海在我脚下，别墅在我身后，树林在我头顶，几扇窗户展现多种风景。旁边有一间用于夜间休息的卧室。在那里，我听不到奴隶的叫喊，也听不到海浪的呢喃，更听不到汹涌的波涛和霹雳雷鸣。如果我关上窗户，晨光也无法打扰我的安眠。

景色（托斯卡纳别墅）

这个地区非常美丽，你就像置身于一个巨大的圆形竞技场。只有大自然才能创造如此美景。一个宽广辽阔的平原被群山围绕，山上生长着古老又高大的乔木，在里面可以找到各种猎物。灌木丛随山坡而生，半山腰处，土壤肥沃的丘陵（竟然找不到岩石）与平坦的原野一样富饶。这里收获季节虽迟，但收成很好。山脚下，相互缠绕的葡萄藤向四周延伸，覆盖了宽广延绵的空间。沿着这些葡萄藤一些树丛形成了它们的围栏。更远处是牧场和田地，只有用健壮的牛和坚固的犁才能在此耕作。这里的土壤实在太厚实了，第一次耕地时，会犁出巨大土块，有时需要反复犁地9次才能使土壤松软。遍地开满鲜花的牧场生长一种三叶草，其他草本植物也长年青嫩，这是由于不竭的泉水滋养着它们。

浴室（劳伦图姆别墅）

在空间宽敞的冷水浴室里，两个圆形浴池分别靠着两堵墙，如果不去与附近的大海相比，就会觉得它们非常大。在它旁边有按摩室、锅炉房、蒸汽浴室，还有两个更加奢侈典雅的包间。然后是一个壮观的热水泳池，游泳时可以观赏海景。旁边还有一处可以进行球类运动的地方，日落时，球场还能吸收太阳的余温。那里矗立着一栋塔楼，底层有两个房间，二楼有一间餐厅，可以看到辽阔的大海、绵延的海岸与迷人的别墅。

战车竞技场（散步道）（托斯卡纳别墅）

我的战车竞技场的魅力远胜于其他设施。无论是在中间还是在入口，都能看到它的全部。它被爬满常青藤的悬铃木包围，树冠是自己的绿叶，脚下却是其他叶子。常春藤在悬铃木的树干与树枝间肆意生长，将一棵棵悬铃木连接起来。悬铃木之间，种植着黄杨树，最外围是月桂树，它们的影子与悬铃木的影子交织在一起。一条笔直的小道构成战车竞技场的边界，尽头是一个半圆形的谈话室。路的两边是柏树，浓密的树荫提供了阴凉。在赛道的中央，一圈圈椭圆形的赛道光线充足。宜人阳光的温暖抵消了阴影的凉爽。顺着赛道前行，会发现主道已不再是一条，而是被成排的黄杨树分割成数条。这里有一块小草坪，草坪上的黄杨被修剪成字母状，组成主人和园艺师的名字。小木桩和果树交叉排列。在这座战车竞技场，虽多体现城市住房精致的品味，但也有对乡村的仿效。中央赛道的两侧是矮小的悬铃木，树间纤细柔软的莨苕被剪出图形和字母。赛道尽头有一张白色大理石床桌，由4根绿色脉纹大理石柱支撑着一个大葡萄架。水管从这张床桌伸出，好像是用餐者的体重将水从中压出来似的，水落在一个镂空石板上，通过一个隐蔽的机械装置，会重新回到美妙的大理石水池中，盈满而不溢。开胃菜和正餐都放在这个水池的石栏上，较轻的菜放在船形和鸟形容器里，漂浮在水面上。

——小普林尼《书信集》（*Lettres*）Ⅱ, 17 和 Ⅴ, 6

波吕斐摩斯的雕像和另一个怪兽斯库拉的雕像让人想到斯佩隆加洞穴的装饰，尽管它们明显小于原作。阿尔巴诺湖洞穴［又名南非奥·贝尔冈蒂诺洞穴（Ninfeo Bergantino）］间接地向提比略表示敬意，因为提比略的《回忆录》是图密善最喜欢的读物之一。

图密善在阿尔巴努姆别墅都做些什么呢？小普林尼称图密善为"厌世者"，他是一个孤僻的人、与世隔绝，不信任任何人，也不喜欢别人的陪伴。大多数时候，他都是一个人吃饭，一个人在阿尔巴努姆别墅的小路上散步。他可以一连几个小时把自己关在房间里捉苍蝇，然后再用一个

◀ **图密善在奇尔切伊的别墅（坎帕尼亚）**

前景是居住部分、一个露天剧场和一座通往浴场柱廊。别墅朝向一个环礁湖。远景，奇尔切奥山（《奥德赛》里喀耳刻居住的地方）巍然耸立，形态独具一格。

尖尖的锥子刺穿它们。他酷爱骰子游戏，从早上便开始玩。他不爱体育锻炼，对长柄武器也毫无兴趣，却唯独偏爱弓箭：他总是独自狩猎"野生"动物。说是"野生"，其实也是圈养在阿尔巴努姆别墅猎场中的。他是一个非常熟练的射手：他能向野兽头部射入两枝箭，使它们看上去像是长了角；有时他会让一个小奴隶站得远远的，张开手掌，射出的箭支能穿过孩子手指间的缝隙，却不伤他分毫。有时他也会乘船游湖垂钓，像在巴亚附近的卢克里努斯湖一样，湖中饲养的鱼会顺着他的声音来觅食。在他统治的最后几年中，被人谋杀的恐惧越发使他心神不宁，图密善甚至担心会遭到水手的袭击。因此他会独自一人在船上，再让人驾一艘小船拖着他的船。

在阿尔巴努姆别墅度过漫长岁月后，图密善习惯把元老和罗马当局召集到他的别墅里来处理国家事务，这座私人住宅因此成为第二座皇宫。贞女科涅利娅被指控违背贞节誓言，成为元老瓦列里乌斯·李奇尼阿努斯的情人，图密善作为大祭司必须对这名年轻女子的行为作出裁决。在处

索伦特的一座海滨宫殿

斯塔提乌斯曾受邀到他的保护人波利乌斯·菲力克斯（Pollius Felix）的海滨别墅做客。作为答谢，他为这座拥抱整个那不勒斯海湾的住所献上了一首诗。

在以塞壬命名的著名城墙与承载密涅瓦神殿的岩石之间，有一座能看到海浪的别墅。这里是高高的山冈，是酒神巴克斯珍爱的土地。在这里享受阳光的葡萄没有理由羡慕在法勒尔努姆的同胞。海浪拍打在弯曲的岸礁上，卷起千堆雪。这是大自然的作品，这么说是因为这里独有的海滩，它切开巨石、沿着峭壁穿越至陆地深处的。这个地方的魅力首先在于热水浴。双拱顶的浴场里，汇集来自陆地的淡水和海水。一条拱顶柱廊从海滩爬上山坡，长长的身躯征服了崎岖不平的岩石。在这个曾经炎热异常、尘土遮天的地方，在这个只有一条羊肠小路通向山上、毫无情趣可言的地方，人们现在可以惬意地漫游。

应该先欣赏景色，还是先赞美主人的巧思？房子的一部分可以看到温柔的旭日，另一部分可以看到夕阳——哪怕天色已晚，哪怕岩石的阴影落到海面上，哪怕宫殿的倒影漂浮在暗蓝色的海里，别墅西侧依旧金光灿烂。房子的这边随着大海的轰鸣颤动，房子那一侧的人们却完全听不到嘈杂的海浪，可以安心享受大地的宁静。这里，大自然尽情展现其美；那边，大自然又乖乖顺服，按照主人的意愿被改造。曾经在高处可以看到平原和野兽的巢穴，现在已经盖起种种建筑。你现在可以看到树林的地方，以前连土都没有。主人让一切服从他的意志，改变并战胜了岩石。

该如何评论别墅窗户提供的上千个视角呢？每个房间都因其能从独特的角度欣赏海洋而富有魅力。除去海之平原，每扇窗户还各有自己的风景，有的窗户看到伊斯基亚岛，有的窗户看到荒凉的普罗奇达岛（Procida）。有的能看到米赛努姆岬，有的能看到气氛压抑的尼西达岛（Nisida）。再远一些，有俄普罗埃岛（Euploea），它是迷航船只的幸运星，还有海浪堆雪的美加利亚岛（Megalia）。你在波西利波的别墅顾影自怜，现在它的主人就住在对面的索伦特别墅，而它只能远远地守望。索伦特别墅最高的房间可以俯瞰所有房间，用肉眼可以直接看到宽广大海另一边的那不勒斯。

——斯塔提乌斯，《诗集》，II，2

理此次丑闻之时，图密善把另外几位祭司召集到阿尔巴努姆，把处死科涅利娅的任务交给了他们。塔西佗暗示了三个臭名昭著的告密者在阿尔巴努姆别墅的活动，也让人联想到图密善在这里聚集他的拥护者编造指控事实，以便铲除令他不快的元老。

与其他皇帝住所相比，阿尔巴努姆别墅的独特性在于它是图密善进行文学活动的场所。为纪念他最爱的女神密涅瓦，图密善每年都要在别墅的剧场里举行阿尔巴竞技会或密涅瓦五日节（Quinquatries）庆祝活动。公众很可能被允许参加这些文学竞赛活动。阿尔巴竞技会包括诗歌和演讲比赛，后者的题目与皇帝的活动有关。宫廷诗人斯塔提乌斯是密涅瓦竞技会的获奖者之一，他在诗中赞美图密善战胜了日耳曼人和达契亚人。阿尔巴竞技会还有角斗和戏剧演出。公元91年，执政官阿奇里乌斯·格拉布里奥（Acilius Glabrio）在一次表演中与几头熊展开肉搏，并将它们打倒在地。图密善嫉妒这一壮举，不久之后将他处死。

图密善时期，阿尔巴努姆别墅在文人笔下声名狼藉。这里是帝国怪物毫无顾忌进行恶劣行为的巢穴，围绕在这里的都是些献媚小人。小普林尼和朱维纳尔（Juvenal，拉丁全名为 Decimus Junius Juvenalis）给阿尔巴努姆别墅取绰号为阿尔巴要塞。这不仅表明坐落在火山口的别墅的外观像座真正的堡垒，又不怀好意地暗指这里就是一个土匪窝。朱维纳尔的一首著名讽刺诗彻底抹黑了阿尔巴努姆别墅的形象。这位诗人用残忍荒唐的口吻讲述了一则小逸事。一位渔夫大清早把一条巨大的多宝鱼从亚得里亚海进献到了别墅。然而，在皇帝厨房中根本找不到一个能烹饪这条海怪的器皿。图密善立即派人去罗马叫醒那些沉睡的帝国元老院成员，命他们前来解决这个大问题。"这位伟大的将军（图密善）通知沮丧的贵族们到他的阿尔巴要塞，要求他们迅速赶来，好像是要处理有关卡蒂人（les Chattes）和野蛮的希冈布赫人（les Sicambres）[18]的情报一样，似乎宇宙的尽头发生了一件令人不安的大事！"人们看到罗马这些位高权重的人物都匆匆赶到阿尔巴，脸色苍白、满头大汗，在这条与罗马皇帝同样伟大的多宝鱼面前，他们想不出赞美之词。其中一个人建议把鱼切成小块。另一个更机灵的人建议，马上用陶土烧造一个足以容纳这条鱼的盘子，还建议颁发一项法令，从今开始为皇帝组建一个烧陶团队为宫廷服务。这项提议获得通过，元老们放心地离开阿尔巴努姆别墅。无论这个逸事真实与否，"图密善的多宝鱼"这个故事都用一种残酷的方式告诉人们当时阿尔巴努姆别墅的恐惧氛围。当然，这则故事也并非完全子虚乌有。小普林尼信中一段话证实图密善经常因为琐事召来元老，做出"起草荒唐并无用的法令"这样的事。阿尔巴别墅的坏名声或许可以解释为什么后世罗马皇帝没有意愿住在这座豪华别墅中。

哈德良

（76—138）

哈德良雕像画。

哈德良别墅

> 我，我可不想成为恺撒，
> 去布列塔尼人的地方游荡，
> 混在日耳曼人中，
> 忍受斯基泰人的冰霜。

诗人弗洛鲁斯（Florus）曾用这些善意的小诗句嘲讽哈德良皇帝的旅行嗜好，哈德良也以同样的语气回应他的朋友："我，我可不想成为弗洛鲁斯，游荡在旅店里，混迹于酒馆中，忍受大蚊子的叮咬！"

确实哈德良在自己的统治期间（117—138），把大部分时间用于巡视帝国疆土，从北到南，从东到西。在他执政的20年中，2/3的时间都在旅途上，他在外度过的时间比待在罗马的时间更长。这些旅行并非没有意义，因为这使他更加了解帝国的行省及各个行省的特殊需求。他还视察军队，检验边境守卫措施的有效性。哈德良的好奇性格促使他将有用与舒适结合起来，借巡视去探寻自然和人工的奇观。

根据《罗马君王传》（Historia Augusta）所述，正是这些旅行激发了他建造哈德良别墅的灵感："他在蒂布尔建造了一座超级别墅，这个住所的不同部分被镌刻上行省和最著名景点的名字，比如吕克昂、阿卡德米亚、市政厅、卡诺珀斯运河、珀西勒（Poecile）[19]、坦佩，甚至还有地狱，一个都没落下。"

哈德良别墅位于蒂布尔（蒂沃利）的南部，背靠萨比尼山，是古代意大利最宏伟壮观的别墅。更令人惊讶的是，古人对这座卓越住所的缄默：只有《罗马君王传》中的只言片语，以及奥勒利乌斯·维克多（Aurelius Victor）[20]在一句话中简单提到。维克多指出这座别墅建于哈德良生命末期，然而它并不是一个老人的作品，因为工程开始于公元118年，即哈德良统治初期。还有，《罗马君王传》坚信皇帝在蒂布尔复制了他在旅行中见过的最美丽景观。不过，别墅的卡诺珀斯运河是在哈德良去埃及旅行之前开始建造的，后来他终于欣赏到了卡诺珀斯和它的运河。最后，在哈德良别墅中并没有"地狱"（他只是把别墅的地下交通通道命名为"地狱"）。

别墅使用的名字让人一下就能联想到许多希腊世界最显赫的景点：坦佩，色萨利地区著名的山谷，因空气清新和环境静谧而著名；卡诺珀斯运河，从塞拉皮斯神殿到埃及卡诺珀斯的水道；珀西勒，雅典知名柱廊；阿卡德米亚，雅典花园，柏拉图在这里建立了他的哲学学校；吕克昂，雅典街区，亚里士多德在这里教学；市政厅，雅典城受人敬仰的人生活的地方。

即便有这些著名地方的装点，哈德良别墅的这些不同元素事实上都属于源自共和国末期的园艺传统。西塞罗曾给自己在图斯库鲁姆的别墅的部分花园取名为"吕克昂"和"阿卡德米亚"，他喜欢在那里与朋友探讨哲学。珀西勒是一条步行/马车通行的道路（une ambulatio ou une gestatio），小普林尼在托斯卡纳的别墅也有这样的步车两用的道路。实际上，在柱廊上人们发现了铭文，指出了柱廊往返的距离。人们在巴亚和罗马的住所中也发现了相同标记，可能也是指这些柱廊的长度。"卡诺珀斯"这个名字代表一种异国情调，所有伟大的罗马别墅都体现出这种趣味，其中的运河使用最多的名字是"尼罗""埃夫利波斯"（Euripes）[21]或"卡诺珀斯"。最后，哈德良别墅的"海上剧场"只是一座用来休息的花园观景台。哈德良的设计灵感与园艺艺术颇为相似，两者之间的唯一区别是，这些本应融入花园景色的建筑，在蒂布尔别墅融入一个建筑群中。此外，哈德良并不试图精确复制那些上面提到的景点，他更多是对它们进行了文化上而非地理上的参考。事实上，景点的背景，让作为伟大文人的皇帝，重返哲学和文学领域。哈德良别墅的实际状态就是在他脑海中形成、锤炼出来的精神与知识空间。

在细致考虑哈德良别墅其他异趣的地方后，就会发现更多的元素在1世纪的贵族度假别墅里早就出现：浴场、图书馆、柱廊散步道、观景台、剧场、泉水池、运河、喷泉、一些不同朝向的餐厅、鱼塘、战车竞技场。哈德良别墅拥有所有这些元素，只是规模更大，从居住在这里的人数看，与其说它是一个私人府邸不如说它是一座小镇。

哈德良别墅距罗马约28千米，这里原本有一座共和国时期属于哈德良妻子萨比娜家族的别墅。哈德良确实从别墅建造伊始就搬到了蒂布尔，很少住在罗马的弗拉维宫。他可能会在冬天住上几个月，因为他为宫殿接待室配置了地暖系统。在两次旅行巡视之间，他只要在意大利，就会定居在蒂布尔。对他来说，这座别墅不仅是一个度假地，也是帝国权力的中心。别墅中专门为行政与军事人员规划的区域证明了这一点。铭文也保留下皇帝在蒂布尔做决策的纪录。因此，我们不能把哈德良别墅与其他退隐别墅，如提比略在卡普里的别墅或图密善在阿尔巴的别墅，相提并论。在蒂布尔，皇帝长期居住并处理帝国事务。在哈德良去世前三四年，由于他得了一场大病，且受年轻男宠安提诺乌斯自杀的触动，他决定全年都住在自己的别墅里。命运只是碰巧让他在一次临时的旅行中，于巴亚的恺撒别墅逝世。

以妻子家族的庄园为基础，哈德良亲自参与设计了他的庞大别墅。这座别墅共占地126公顷，周长约5千米。他需要考虑这里的地形：一个中央高地被两块洼地包围，洼地中的两条溪流沿着东南-西北轴线流动。东北方向的山丘为别墅抵御了强风，所以各种建筑建在崎岖不平的山坡上，也决定了它们的朝向。哈德良在整体

▶ **哈德良别墅（蒂沃利）**

在这一区域的中心有珀西勒柱廊和它所环绕的长条状的水池。近景显示前往住所入口的主路，长长的大道两边种着树，向右侧而去。穿过大门的它，岔成两条路，中间是一个花圃，通向住所的前庭入口。中景，可看到（右边）宫殿一隅和环形的"海洋剧场"，后面是其他内院。

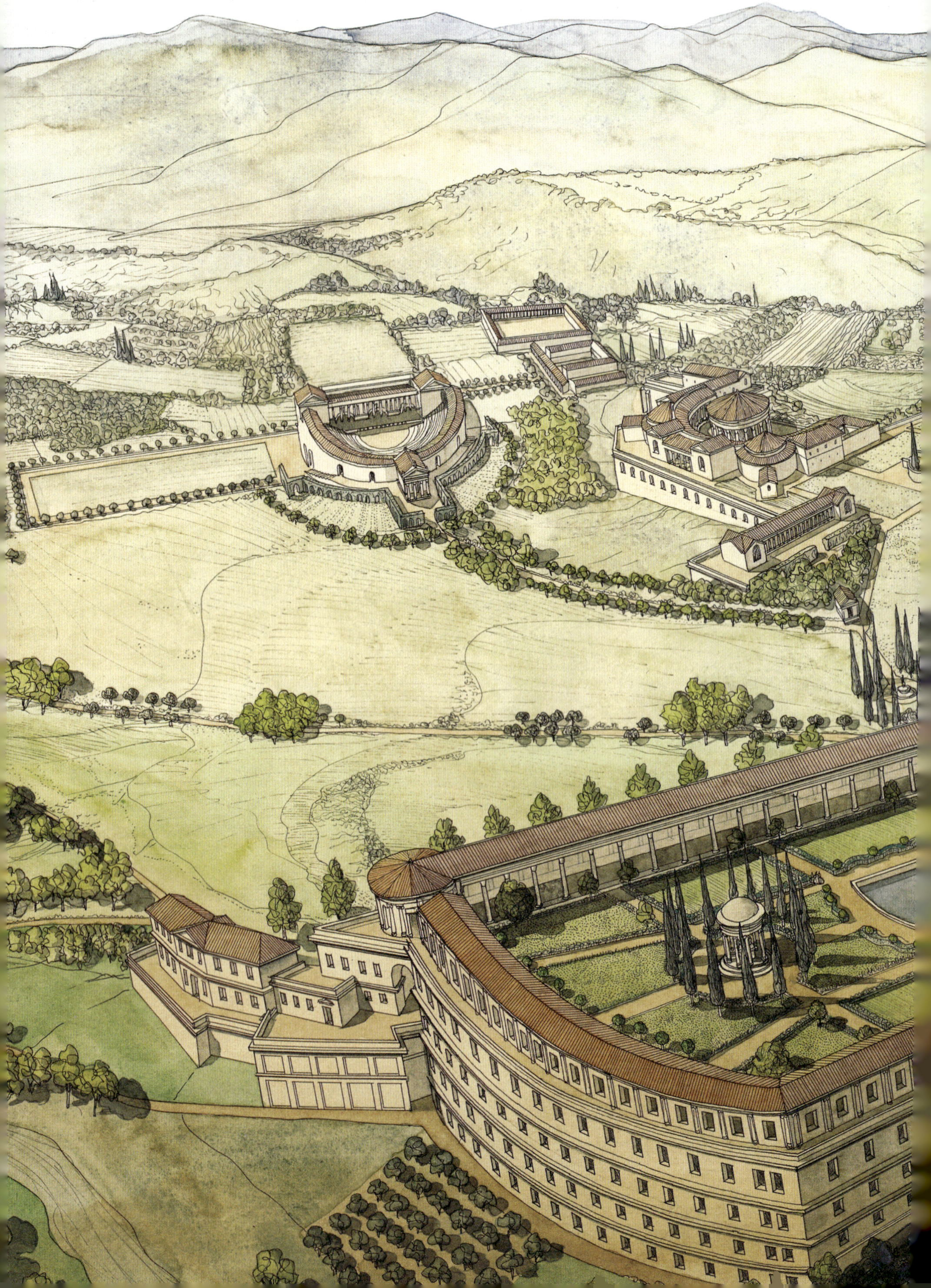

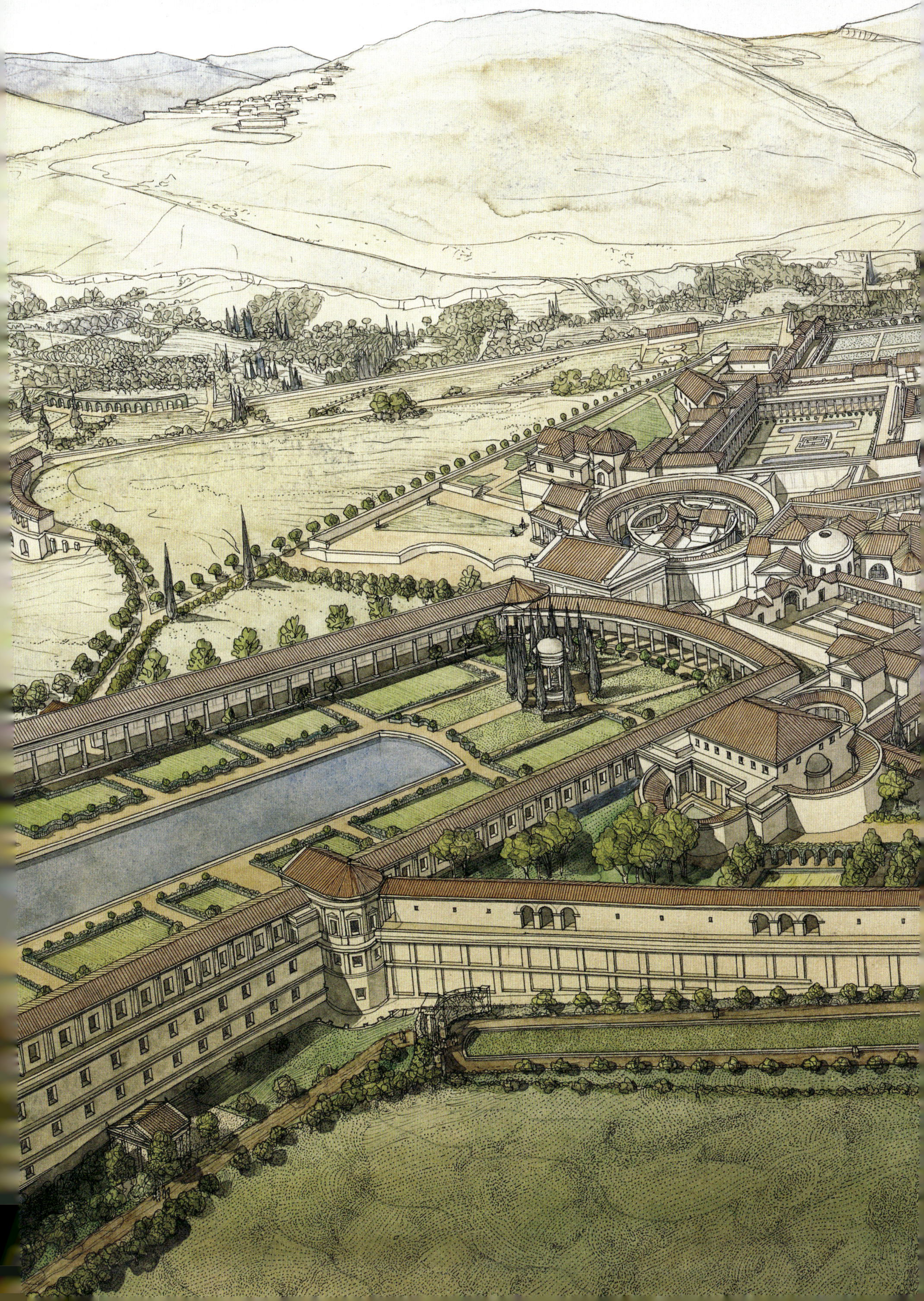

哈德良别墅

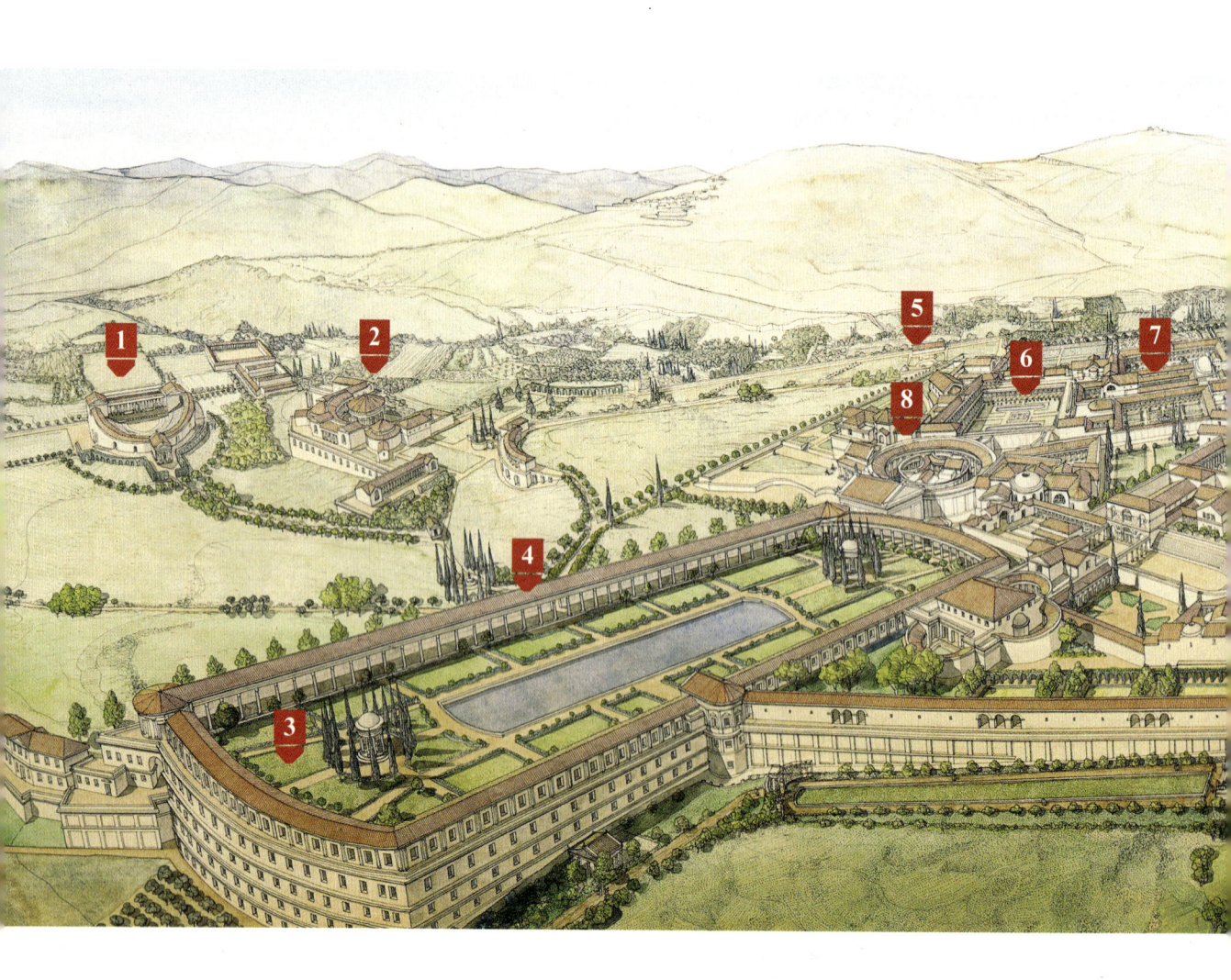

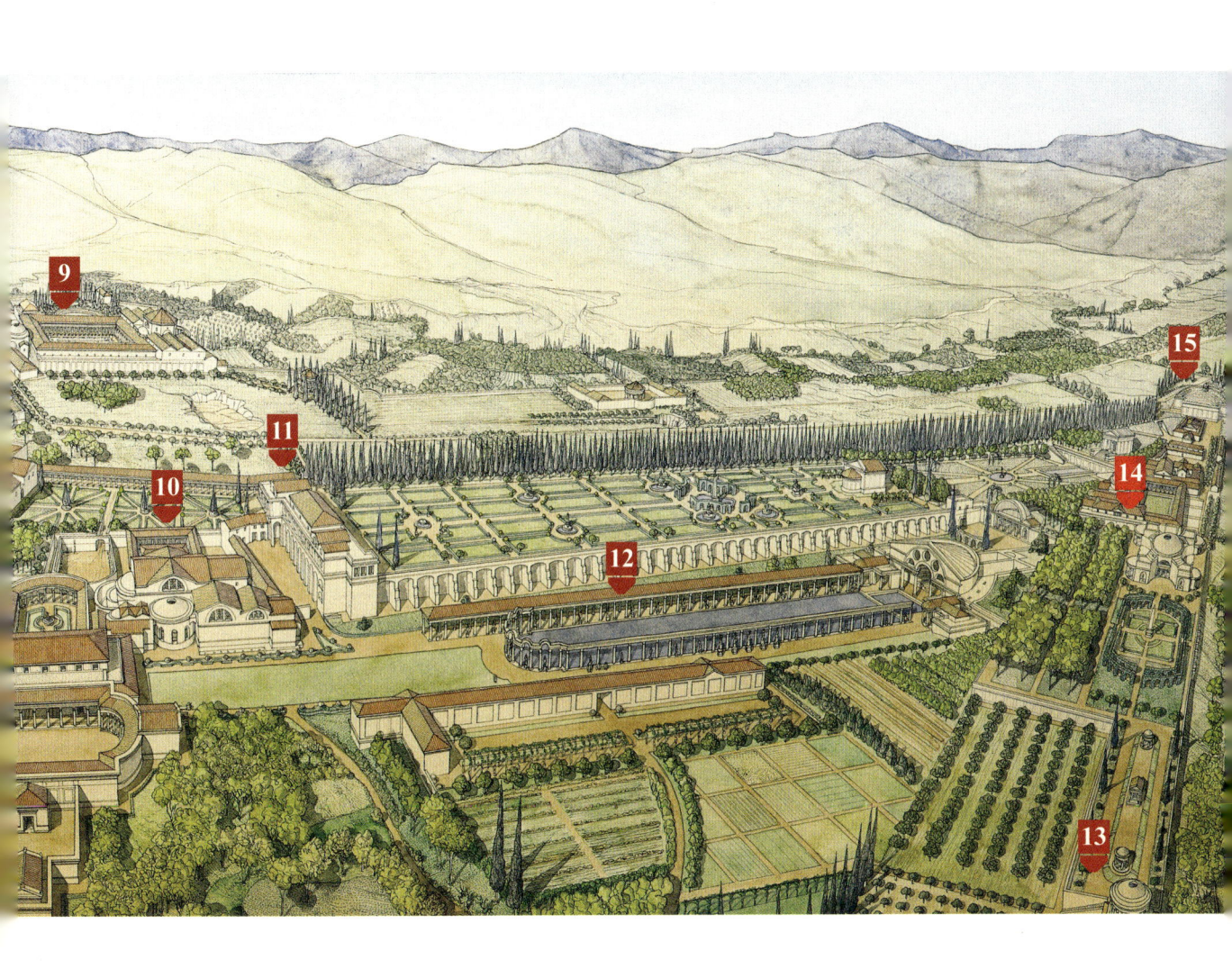

哈德良别墅

1. 剧场
2. 维纳斯神殿
3. 百舍区
4. 珀西勒柱廊
5. 坦佩谷
6. 图书馆庭院
7. 宫殿
8. 海洋剧场
9. 黄金广场
10. 浴场
11. "帅帐"
12. 卡诺珀斯
13. 观景台
14. 阿卡德米亚
15. 音乐厅

设计上做出了很大贡献。《罗马君王传》告诉我们，除了深厚的文学和哲学底蕴外，他还擅长数学、几何学和绘画，关于这一点迪翁·卡西乌斯曾说："他多才多艺，但非常谦逊，例如，他懂雕塑和绘画。"一件逸事可以证实哈德良对造型艺术的爱好。当图拉真与他的大建筑师大马士革的阿波罗多鲁斯商讨，让后者负责几项罗马工程项目时，哈德良插进来想提一个建议。"去，去，画你的南瓜去，"阿波罗多鲁斯毫不友善地说道，"你对这些一窍不通。"他这么说是因为，哈德良当时正在画一幅南瓜静物画。成为皇帝后，哈德良没有忘记阿波罗多鲁斯的无礼，拒绝让他建造维纳斯神殿和罗马神殿。这位大建筑师很恼火，批评神殿的选址和里面放置的神像太大，皇帝因此下令判处他死刑。我们不知道哈德良委托了哪个建筑师建造了哈德良别墅，但很显然，他深度参与其中，追踪工程进展，提出了许多建议。这也说明了别墅的整体风格不统一的原因。根据奥勒利乌斯·维克多的说法，皇帝不就是一个"摇摆不定"（varius multiplex multiformis）的人吗？

哈德良别墅的平面图乍一看令人费解。各栋建筑摆放奇怪，找不到一条主轴线。尼禄在建造金宫时，先平整选定的土地，再去实现他的宇宙宫殿的梦想。哈德良则采取相反的理念：根据各地块的形态决定不同建筑的位置。也就是说，哈德良别墅的建筑是根据中部高地与两侧各一片的洼地进行组织安排的。别墅中居住或装饰的建筑系列由此而来：因地势自然崎岖，它们形成了不同走向，彼此交错，交相呼应。为了让人们从一处轴线跨越到另一处轴线时不会有改变方向的感觉，一些小型附属建筑保证了建筑之间的连接。环形的"海洋剧场"就是一个枢纽，连接着图书馆、皇家宫殿和珀西勒柱廊周边的建筑。

人们经常拿哈德良别墅与凡尔赛宫作比较。诚然，在这两座宫殿里，君主都是一边行使权力，一边与朝臣娱乐，但它们的区别是显而易见的。路易十四的宫殿遵循的是追求平衡的设计理念，把建筑和花园区分开；哈德良别墅则彰显不对称设计，让楼阁无序分布。哈德良是第一位在意大利将治理国事的"宫殿"与用来娱乐和冥想的"别墅"结合起来的人。尼禄设计的金宫被视为"疯狂之举"，为了个人享乐而将宫殿建在市中心。帕拉蒂尼山上的弗拉维宫将皇帝住宅和官员居住区并列。哈德良别墅则是第一个让皇帝可以同时享受"乡下"和"罗马"的生活的官方建筑。哈德良本人体格健壮，刻苦地练习骑术又热爱远行，他在蒂布尔可以兼顾燃烧体能的个人爱好和对国家的职责。

北边的蒂布尔大道有一条岔路通往别墅。这条小路直达离皇帝别墅不远的阿佛洛狄忒神殿。这座神殿是环形的，与女神在克尼多斯的神殿一样。神殿内有一尊美轮美奂的克尼多斯阿佛洛狄忒女神雕像的复制品，原作出自雕塑家普拉克西特利斯之手。距神殿不远的地方矗立着一个剧场。

从阿佛洛狄忒神殿到哈德良别墅有两条路，一条是供皇室客人走的地面上的路，另一条是仆人专用的地下通道。事实上，哈德良别墅在地下藏有一个完美的交通网络，可以通向别墅的任何建筑。这个地下交通系统一方面供服务人员使用，不占用皇帝和随从人员的地上空间；另一方面供车辆使用，运送日常生活所需物品。在这些地下道路中，人们还进一步开凿岩石，对空间进行拓展，建了可以同时养100匹马的马厩和放置战车的"车库"。社会阶层的差别反映在别墅主入口的设计上。社会名流、政府官员走前庭，这是一组由庭院和柱廊构成的绚丽建筑群，通向大、小浴场之间的一个巨大泉水池。工作人员则是通过前庭旁侧，进入地下通道，前往他们的住处——百舍区（Cento Camerelle）。

在俯瞰坦佩谷的高地上，耸立着一栋楼阁，

可以观赏山丘全景。在它的旁边，在同一轴线的三组重要建筑，图书馆、宫殿和黄金广场，依次排开。沿宽广的"图书馆庭院"有两个大厅，许多人本以为它们分别是"希腊馆"和"拉丁馆"。实际上，这两座建筑里没有配备任何古代图书馆设施，更没有按类排书的书柜。这两座所谓的"图书馆"其实是朝北的夏季餐厅。沿着"图书馆庭院"的另一侧有一个长条形建筑，其中央走廊两侧各有一组房间，每组五间客房和三间凹室。客房的美丽地面被保存了下来，它们是典型哈德良时期的马赛克画，黑色的几何和植物图形绘制在曲线优雅的白底上。我们因此认为别墅的这个部分专门留给客人来享受坦佩谷美景。

通过"图书馆庭院"便进入皇帝的住所，其中居住的部分比觐见厅要小得多。有一个内院被两排柱子（每排四根）分成三个部分，它无疑是"君主委员会"开会的地方。至于那个被称为"多利克柱式柱厅"的大空间，它很可能有一个穹顶，并罩着一个大泉水池。接下来，一个长方形大厅可能是觐见厅（皇位所在地）。宫殿的一侧是消防站，它与皇宫形成了一个夹角。第一条轴线的尽头是另一座辉煌的建筑——"黄金广场"，由于这里发现了许多艺术品，所以在文艺复兴时期便有了"黄金广场"的绰号，它是哈德良对凹凸曲线高超使用的一个经典案例。它是作什么用的？餐厅？也许除了表现大胆设计以外并没有什么用途。游客从一个带半圆形谈话室的穹顶八边形前庭，进入一个巨大柱廊庭院，它的外侧还有双排柱廊。这个庭院的奢华主要体现柱廊立柱的颜色交替上，有些是埃及绿色花岗岩，另一些是云母石，一种浅色波纹大理石。在这个柱廊后面，矗立着哈德良别墅最壮观的建筑：一座八边形亭楼。每一边都采用了凹凸曲线交接的形式，每一边都有两根石柱。尽头是一个巨大的半圆形泉水池，饰有圆形和矩形壁龛，其中一个还有喷泉。

另一组壮观的建筑群是"海洋剧场"，它是连接第一组建筑群和下一组环绕"珀西勒轴线"的建筑群的纽带。这个名字起得并不准确，因为它实际上是一个圆形建筑，就像一条运河环绕的小岛。"海洋剧场"的设计毫无疑问是供哈德良退休之后用的，它就像一座微缩的宅院，配备餐厅、浴场设施、卧房、图书馆，它们都朝着一个由凹面墙围绕的内院。人们可以通过运河上的两座木桥进入这个庭院，而"岛"上的人可以收起这两座桥的桥板，切断与外界的任何联系。"海洋剧场"的这个巧妙装置可以与叙拉古狄奥尼修斯一世的发明相媲美，西塞罗这样描述："尽管他睡觉的房子周围是一条很宽的深沟，需要通过一个木制栈桥才能到达，但他会在关上卧室门的同时，不忘把栈桥收起来。"

离开"海洋剧场"便来到珀西勒。从"剧场"一侧走下几级台阶，是"哲学家大厅"。事实上，从摆放藏书的壁龛可以看出来，这是一个图书馆。这是《哈德良的生活》的作者提到的那个"吕克昂"吗？南边是别墅的三个浴场设施中的一个，名为"太阳炉"（Heliocaminus），意指用来日光浴的地方，然而这个"太阳炉"更像是一个蒸汽浴室。离它不远处的细长空间，是一座名不符实的"赛车竞技场"。其实这是一个被分割成三部分的大泉水池，专门用来举办盛大宴会。这个大餐厅（Cenatio）被花园和喷泉围绕。

▶ **哈德良别墅：中心部分（蒂沃利）**

图片左下部是通往"前庭"的道路。"前庭"这一纪念性建筑群，占据了图片中心位置（下部）。其上方，是第二个内院，左右两侧分别是小浴场、大浴场。

图片的左半边，我们能看到珀西勒的一角和整个宫殿。

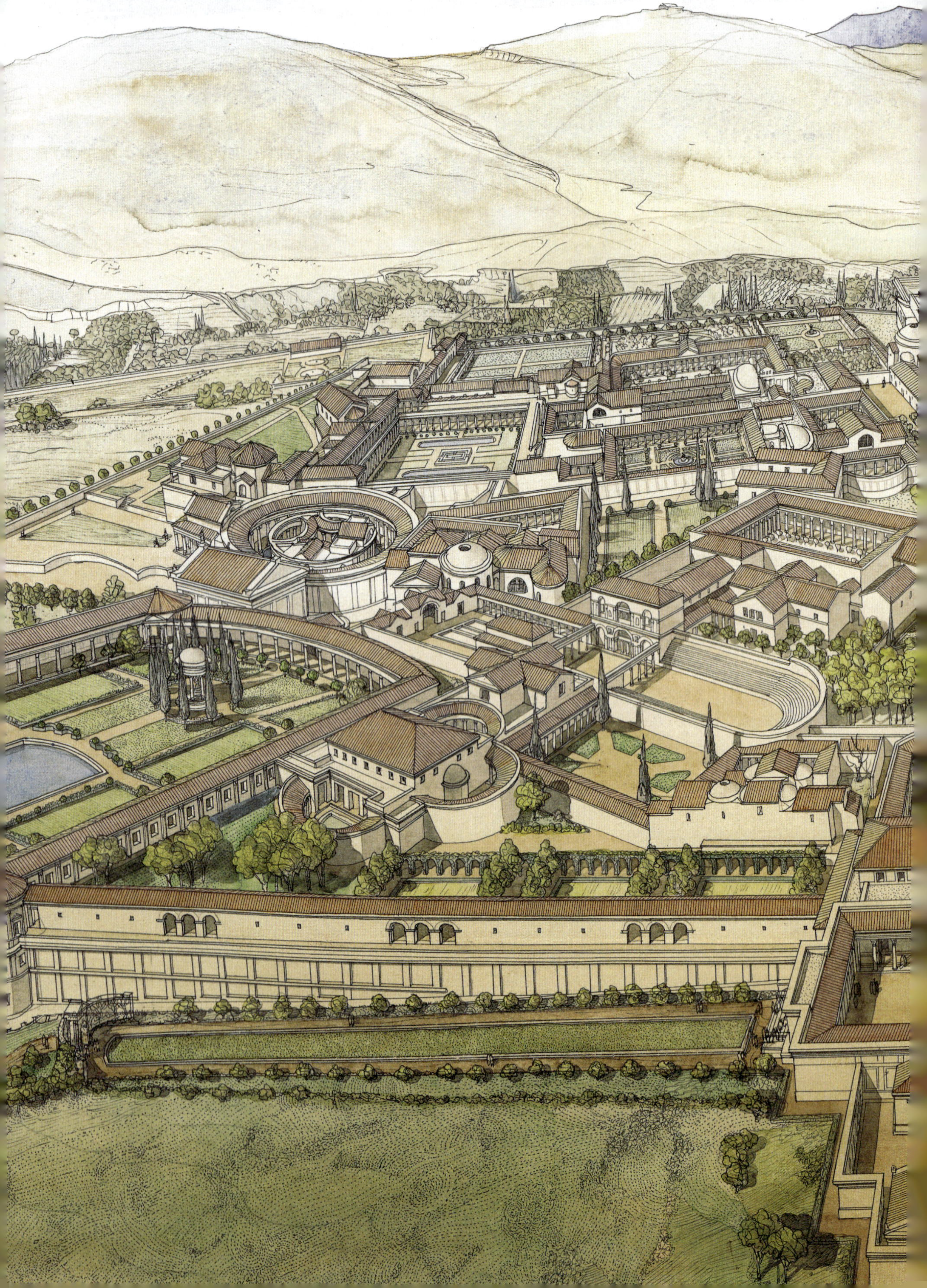

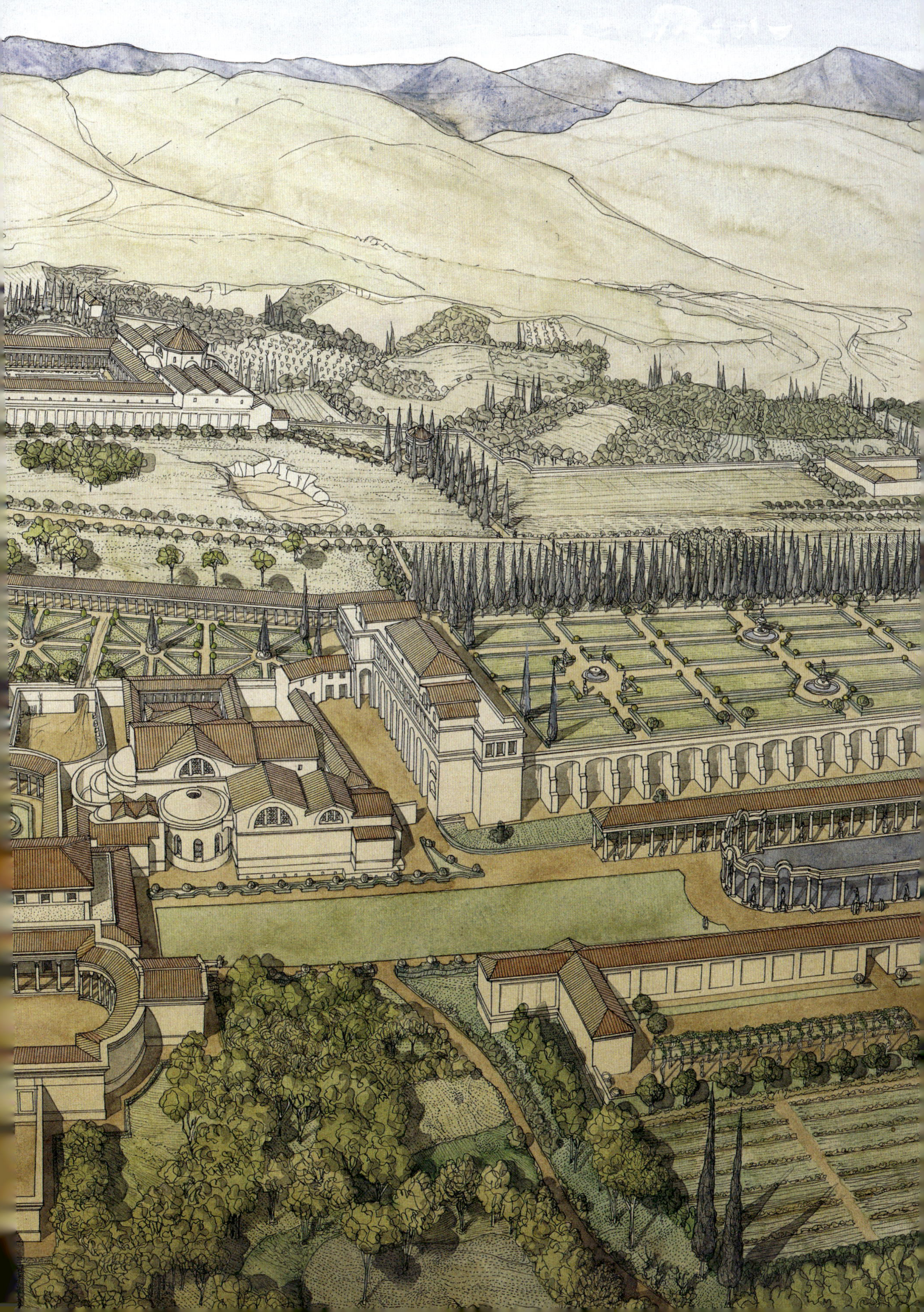

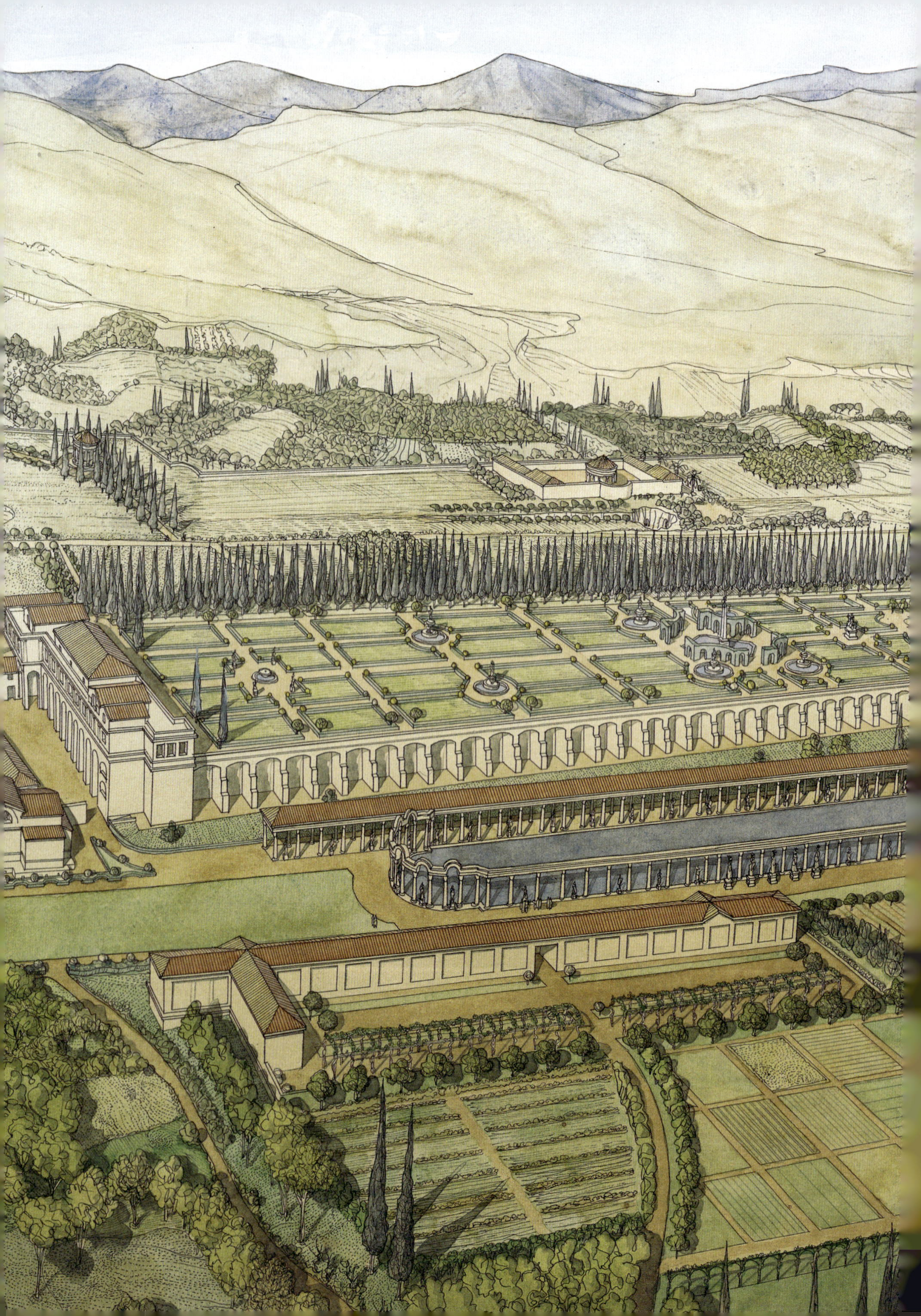

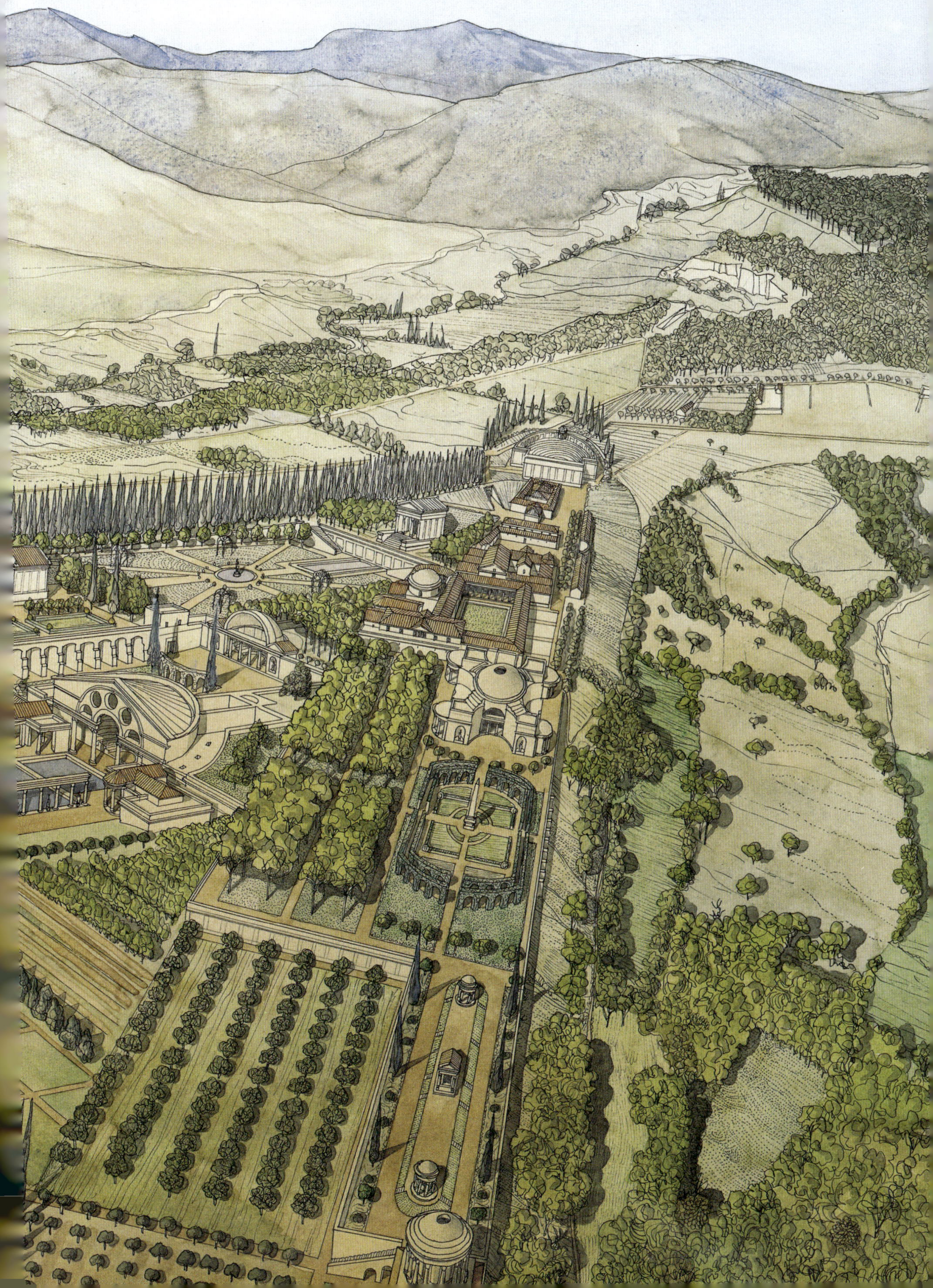

◀ 哈德良别墅（蒂沃利）

"卡诺珀斯"这个壮观的计划构成该皇家别墅非常重要的部分。它毫无疑问地体现出皇帝的想法。柱廊有雕像装饰，表现了哈德良对希腊化文化以及某种埃及视角的敏感，促使他实现了一些建筑和作品的创造，古埃及通过特殊视角被突显出来。该水池无疑让人想起在埃及从亚历山大到卡诺珀斯（今日的阿布基尔）开凿的水路。塞拉皮斯（希腊-罗马时代，埃及人供奉的重要神明）神殿的存在证明了一切。

在"哲学家大厅"的西边，延伸出珀西勒柱廊的巨大柱廊广场（长232米，宽97米），其围墙高达9米。这里是散步区域，皇帝可以在这里步行、骑马或驾车。根据季节和气温的变化，皇帝既可在灿烂的阳光下，也可在荫凉的柱廊下散步。珀西勒的西部被一栋四层的巨大建筑封合起来，其中三层朝南，被隔成相互不连接的小屋（6米×4米）。这是"百舍区"，奴隶和皇帝行政工作人员的宿舍。一条地下通道从百舍区通向别墅的其他地方。珀西勒的南边，矗立着一个巨大的餐厅，围有三个半圆形谈话室。这座餐厅的精致大理石柱、装饰及其宽阔的面积表明这里是举行官方宴会的地方。

第三个建筑群位于一个小洼地的轴线上，包括两栋浴场设施、"帅帐"、前庭和卡诺珀斯。一大一小两组浴场对称地坐落于正门的大前庭

皇帝庄严的入城式。（拉韦纳）

皇帝登船。皇帝登上即将离岸的船只,这幅画表现了这个场面的热烈与庄严的气氛。(拉韦纳)

两侧,二者包含了罗马传统的浴室设施:更衣室(apodyterium)、温水厅(tepidarium)、热水厅(caldarium)、冷水厅(frigidarium)、蒸汽浴室、泳池。然而这两个浴场的设计并不相同,小浴场外面有三个石柱壁龛,形成了波浪感,而内部的浴室则围绕着一个凹凸有致的八边形庭院排列。长方形的大浴场在设计上则完全符合罗马传统的浴场结构。这两个浴场建筑群的存在印证了《罗马君王传》中的一句话,"(哈德良)为浴室区分了性别"。小浴场应该是女人专用,大的则是男人专用。大浴场的南面有一个多层的高大建筑——"帅帐",这里有工作人员的宿舍和仓库。

在洼地东南的坡地上,建有用于加固山体的扶壁,上面还有两层的小型建筑。山坡脚下是哈德良别墅保存最好的作品——"卡诺珀斯"。传统上认为,这条长119米、宽18米的水路,是埃及亚历山大至卡诺珀斯,可以直达塞拉皮斯神殿运河的复制品。哈德良别墅的"运河"的短边

▶ 哈德良别墅:"宫殿"(蒂沃利)

"宫殿"区的中心部分呈现出此处整体建筑构成的精神。右边,人们看到的是海洋剧场和附属的小浴场("太阳炉"),这是"宫殿"的第一个建筑群。接下来是延伸出来的建筑设计整体,排列在几个庭院周围。近景是被称为"图书馆"的两个建筑群,倾斜排列。后景(图的上部)是黄金广场综合建筑群的一隅。

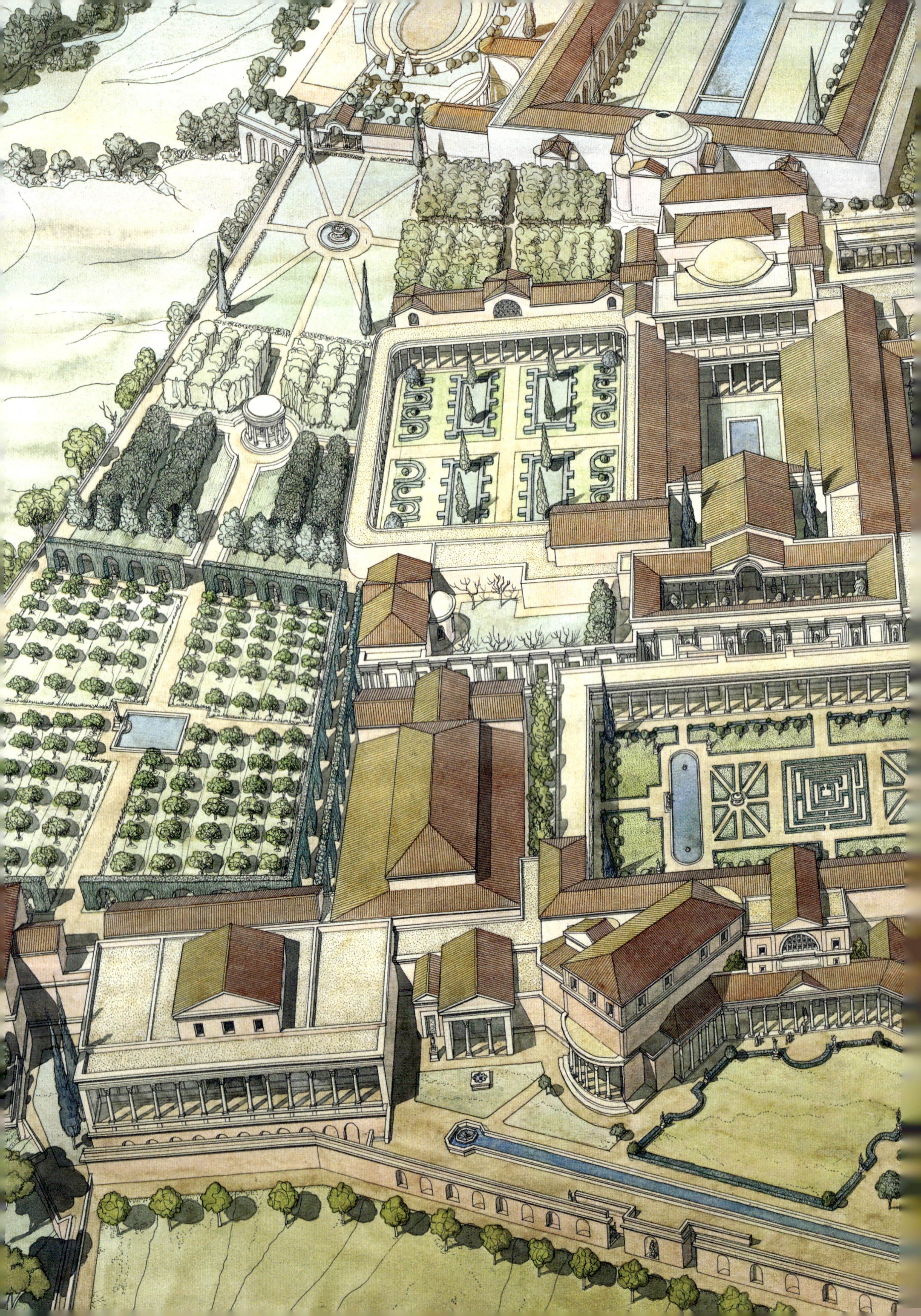

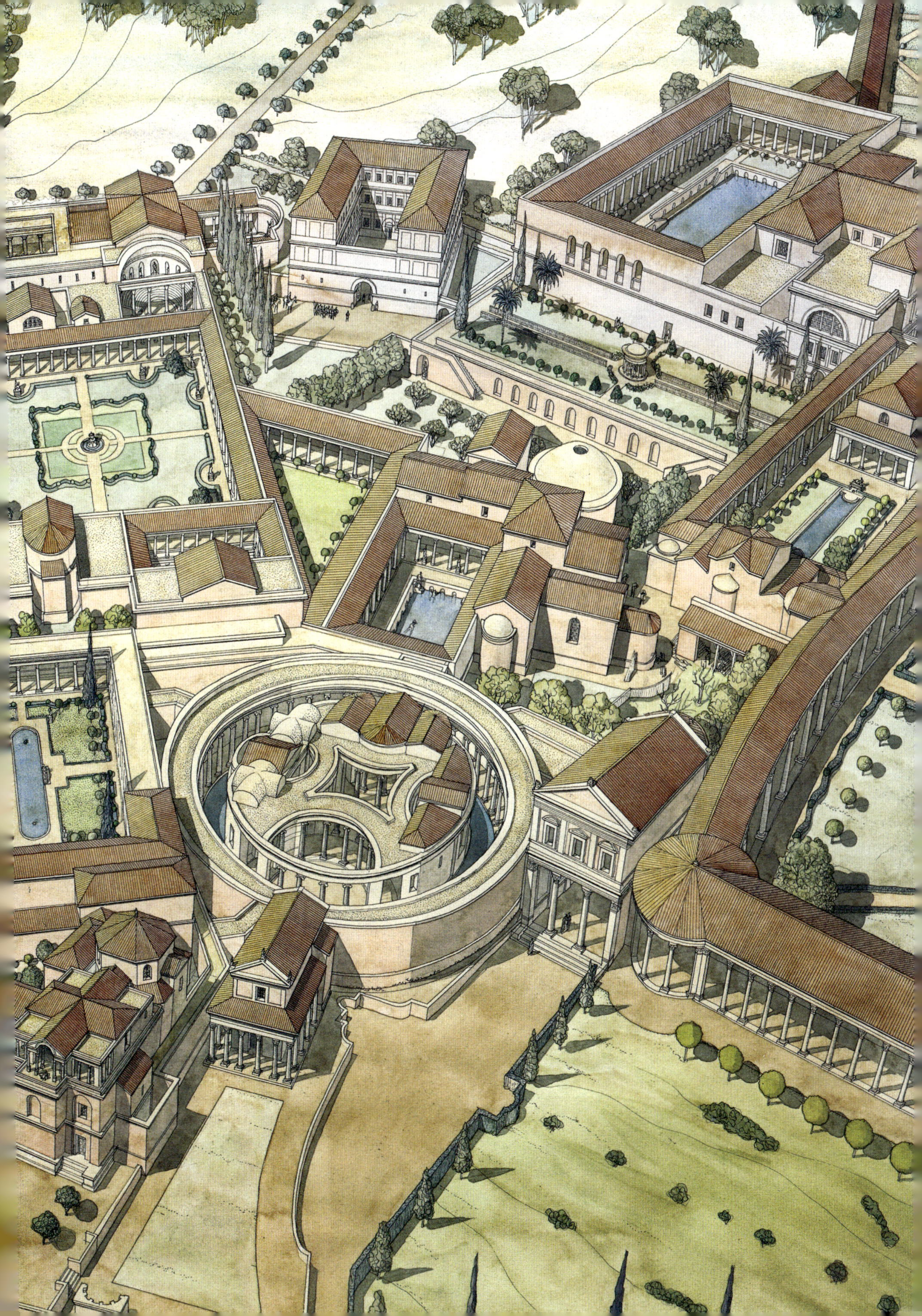

是弧形，长边的一侧是单排圆柱，另一侧则是柱廊。柱与柱之间摆放着许多雕像：尼罗河和台伯河的拟人像，一条鳄鱼，四座雅典卫城厄瑞克特翁神殿女像柱复制品，两个西勒诺斯，阿瑞斯，雅典娜，赫尔墨斯，两幅出自斐迪亚斯和克雷西拉斯（Crésilas）之手的亚马孙女战士浮雕。运河上，还有两组表现传说中食人的斯库拉的群雕。卡诺珀斯运河的尽头有一座被长方形水池隔开的建筑，它曾被错误地称为"塞拉匹姆"（Serapeum）[22]。这其实是一座巨大的泉水池，上覆半圆顶，一道瀑布从那里流入池中。一张巨大的桌子证明塞拉匹姆实际上是一座夏季豪华餐厅。客人们在这个人造山洞里用餐，享受着周围的喷泉、瀑布和运河。塞拉匹姆是斯佩隆加和阿尔巴诺湖洞穴餐厅的复杂变体。

哈德良别墅第四个轴线位于高地的另一侧，坦佩的对面。这里是哈德良晚期建筑集中的地方。它的一端是"观景台"，又名罗卡布鲁纳塔（Roccabruna）。塔的底座是正方形双层底座，包围着一个八边形的内部建筑。从这座塔上，哈德良能够看到一片延伸到罗马的帝国乡村景象。一条长长的林荫散步道通向阿卡德米亚，其高台上的楼阁是别墅最高的建筑。此楼阁的复杂结构，建筑中曲线的使用，让人们想起黄金广场上那座楼阁。它的主体是圆形结构，有四个凸出来的谈话室，由凹进去的走廊相连接。后面是阿波罗神殿（或朱庇特神殿）。这条阿卡德米亚轴线的末端是一座小型音乐厅。这里是哈德良别墅艺术品最多的地方，有希腊雕像的复制品或原作，如两个红色大理石的萨堤尔，两个灰色大理石的半人马。也正是在这里，人们找到了那幅著名的表现鸽子于盆中饮水的马赛克画，老普林尼曾提到它是帕加马同一主题画的复制品。其他一些同样精美的马赛克画也在哈德良别墅一同出土：三幅马赛克装饰画（Emblemata）[23]，上面有剧院戏剧的面具及乐器图案；还有一幅表现牧羊的田园风光；另外

两幅马赛克画大一些，一幅表现在农场吃草的家畜，一幅表现一头狮子在野外袭击一头公牛。这些小小的瓷片在创造者手中组成了带有渐变效果的画面。这六幅画的制作日期是共和国末期到奥古斯都统治时期，很可能属于以前共和国时代此地的别墅，哈德良别墅是在它原有位置上建起来的，而哈德良又用它们装饰自己的住宅。

哈德良别墅十分迷人，也令人不解，它给皇帝提供了无限探索当时最大胆建筑设计的可能性。在别墅中，随处都是曲线、穹顶，半圆形后殿，凹凸面并行使用，四边形、圆形、八边形交替使用，以及墙面的正弦弧形组成的游戏。在这些最辉煌的设计作品里，传统墙面设计几乎全部消失，被轻巧的柱廊代替，后者神奇地支撑着穹顶，而这一切都给人以通透的感觉。哈德良别墅建筑师们令人目眩神迷的技艺没有被继承下去——它太特殊了，让后世模仿者望而却步。

哈德良对蒂布尔自己住所所做设计的深层动机始终是个谜。如果只在哈德良别墅看到这是皇帝对他访问过的名胜的艺术再现便过于狭隘了。破碎的轴线，逃逸的曲线，充分体现出这座建筑是属于哈德良本人的，正如历史学家曾告诉人们，他是一个生性"多疑"的人。在哈德良别墅，皇帝可以完全实现自给自足，按照当下的心情，进行学习、休息、运动、朋友聚会、独自冥想等。毫无疑问，哈德良别墅的异国情调氛围让他想到自己治下的各个行省。如果死亡没有将他带走，他或许还会给他的宅院带来更多变化。人们不知道后来的皇帝是否曾在这个神奇别墅里居住过，只知道巴尔米拉的女王芝诺比娅被奥勒留击败后，囚禁于此，直到272年死去。

巴亚湾

哈德良在巴亚湾的恺撒别墅度过了他最后的时日。他因病重，被从哈德良别墅搬到这里，人们认为温柔的海洋空气对他身体有益。作为皇家

> ## 马克·奥勒留在阿尔西乌姆（Alsium）的假期
>
> 年轻的马克·奥勒留的修辞老师弗隆托（Fronton）与他这位后来当上皇帝的学生保持着友好通信。他很遗憾地得知，马克·奥勒留在伊特鲁里亚海岸边的阿尔西乌姆别墅居住期间，工作勤奋，废寝忘食。为此，他给皇帝写了一封信，用讽刺的语气地写下了他想象中一个皇帝应该度过的假期。
>
> 什么？你以为我不知道你去阿尔西乌姆是为了放松自己的精神吗？在这四天时间里，你会沉迷于游戏、娱乐、休息并忘记一切。我敢肯定你早就准备好尽情享受在海边度假的快乐：一觉睡到日上三竿，然后呼叫尼格尔给你送一些书来，当你读上瘾时，普劳图斯会完善你自己，阿克奇乌斯让你获得满足，卢克莱斯使你平静，而恩尼乌斯让你激情澎湃。到了第五个小时，你读到了缪斯，如果有人对你进行一段演讲，你一定会听。你沿海岸尽可能走得很远，如果你想的话，你会登上一艘船去享受天高海阔，观看和倾听船上首席桨手喊出划桨号子。然后，你去浴场，做体育锻炼，让汗出透。接着，你会饱餐一顿，享受各种海鲜，"钓上来的"和"洞中捕的"，如普劳图斯所言。除了海鲜，还有长期喂养的家禽，精美菜肴，水果，甜点，蛋糕，以及在透明玻璃杯中滑动的美酒……说实话，你为什么会去阿尔西乌姆？就因为普劳图斯说，它是"坐落在一片平坦土地"上的一处美丽海景？如果不是为了度假，你会为了不眠不休，为了工作、为了焦虑去那里吗？在你的一生中，你曾让自己真的享受过吗？也许你更喜欢与一只狐狸相处，而不喜欢消遣！
>
> ——弗隆托《关于阿尔西乌姆的假期》（*Sur les vacances à Alsium*）

园林的一部分，独裁者恺撒的房产建在山丘的两个斜坡上，从南面俯瞰巴亚湾，占地近15万平方米。层叠的建筑，分布于顺应等高线的各层级地基上。

巴亚因温泉众多而驰名，治病的功效吸引了很多罗马人。这个温泉小城还因其气候和那不勒斯湾的美景广受青睐，大部分罗马皇帝都在巴亚拥有自己的别墅。

在古罗马时代，巴亚的海岸线比现在更加深入海中。巴亚湾被两片海上陆地隔开，一片是自然形成的，另一片是人工填埋而成的。今天它们都已被海水淹没。当时的巴亚湾通过一条运河与大海相连。

海湾的沿岸有绵延不断的浴场设施，足有40000平方米。这里可以分成5个区域：维纳斯或"维纳斯神殿"区，索桑德拉区（Sossandra），散步道区，墨丘利区，狄安娜或"狄安娜神殿"区。从恺撒别墅看下去，可以看到一个个穹顶、高台、蓄水池、花园和建筑的柱廊。每个区都拥有自己的内部建筑风格。

在古代，今天的蓬塔·埃皮塔菲奥角向海中伸展得很远，尽头是一个由25根岩石柱子支撑

▶ 巴亚遗址全景（那不勒斯巴亚湾）

近景，左边矗立着多边形的狄安娜神殿，中间是所谓的"散步道"大院，它的右边是索桑德拉区和花园，再远处是维纳斯和大浴场区。远景是港口，左边是皮索别墅（今天已完全没于海底），位于伸到海内中心航道的岬角上。在右边的山上是恺撒别墅，哈德良在这里去世。

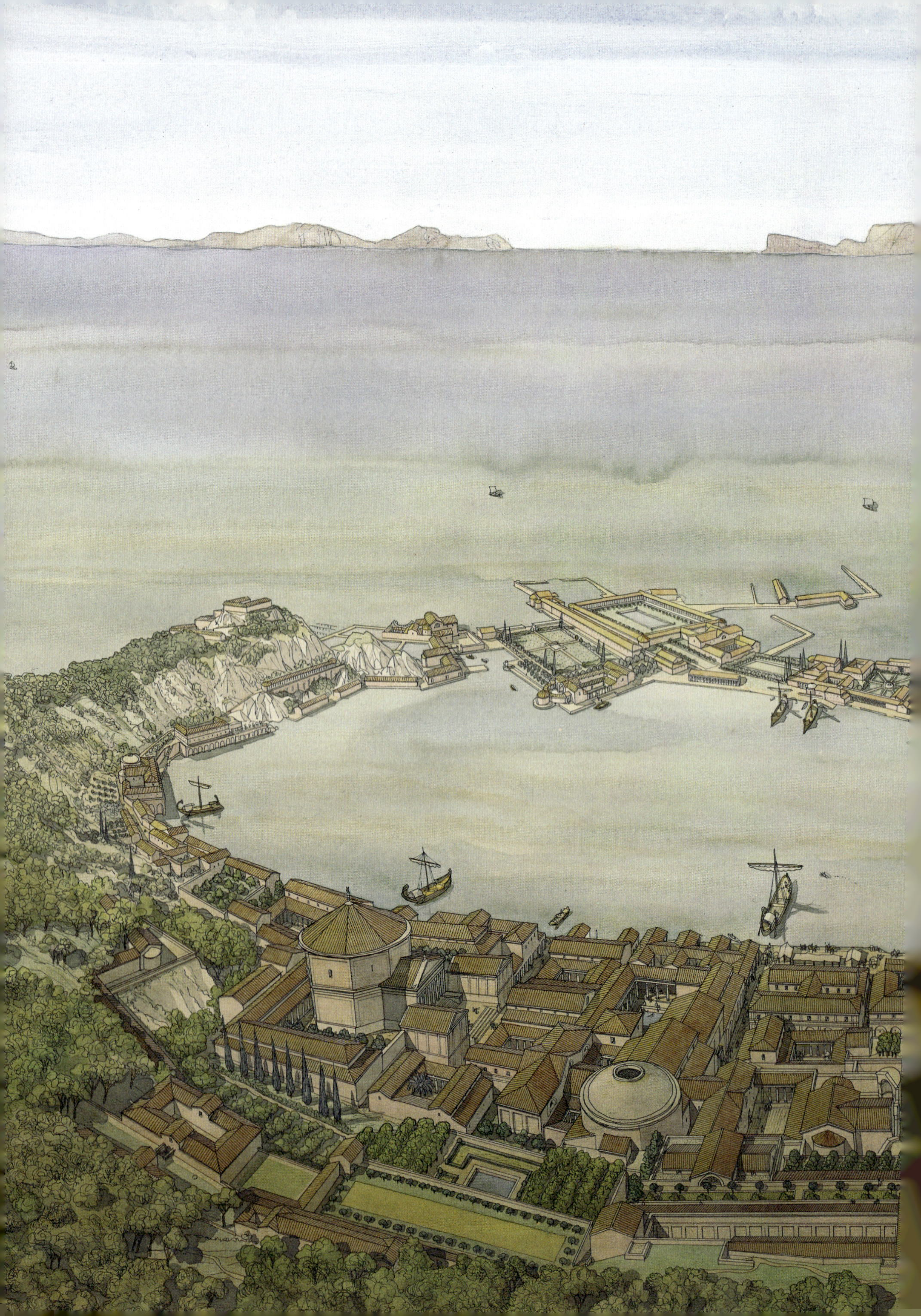

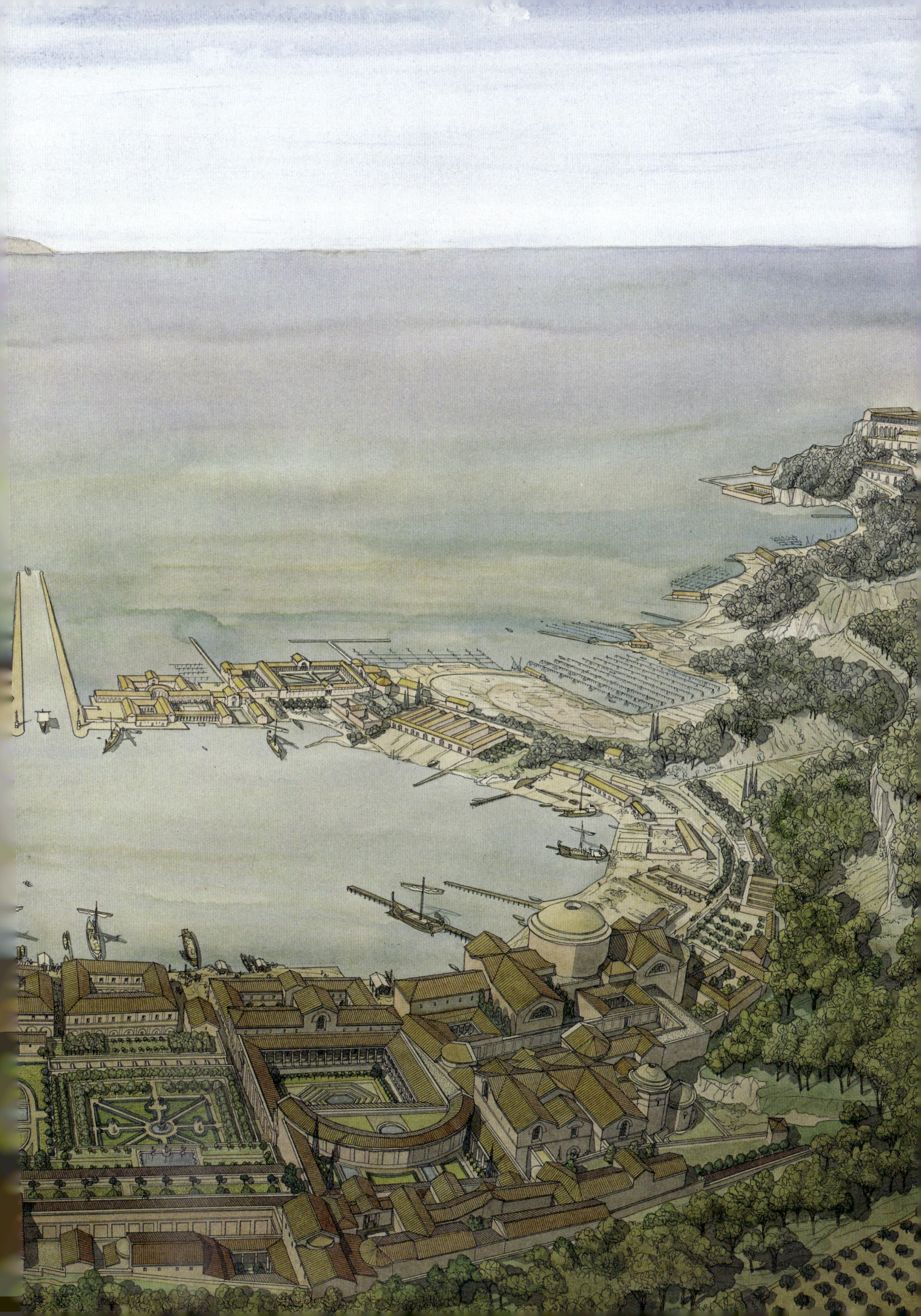

起来一个人造岬角。在这个岬角上，有一座滨海别墅。根据人们在水管上找到的文字，证实这个别墅属于富有的皮索家族。尼禄统治时期，盖乌斯·卡尔普尔尼乌斯·皮索曾密谋组织了刺杀皇帝的行动。在刺杀行动暴露和皮索被处决后，他在巴亚的别墅便成为皇家财产。2世纪，此别墅按新的设计重建，建筑中央是一个巨大的矩形庭院。

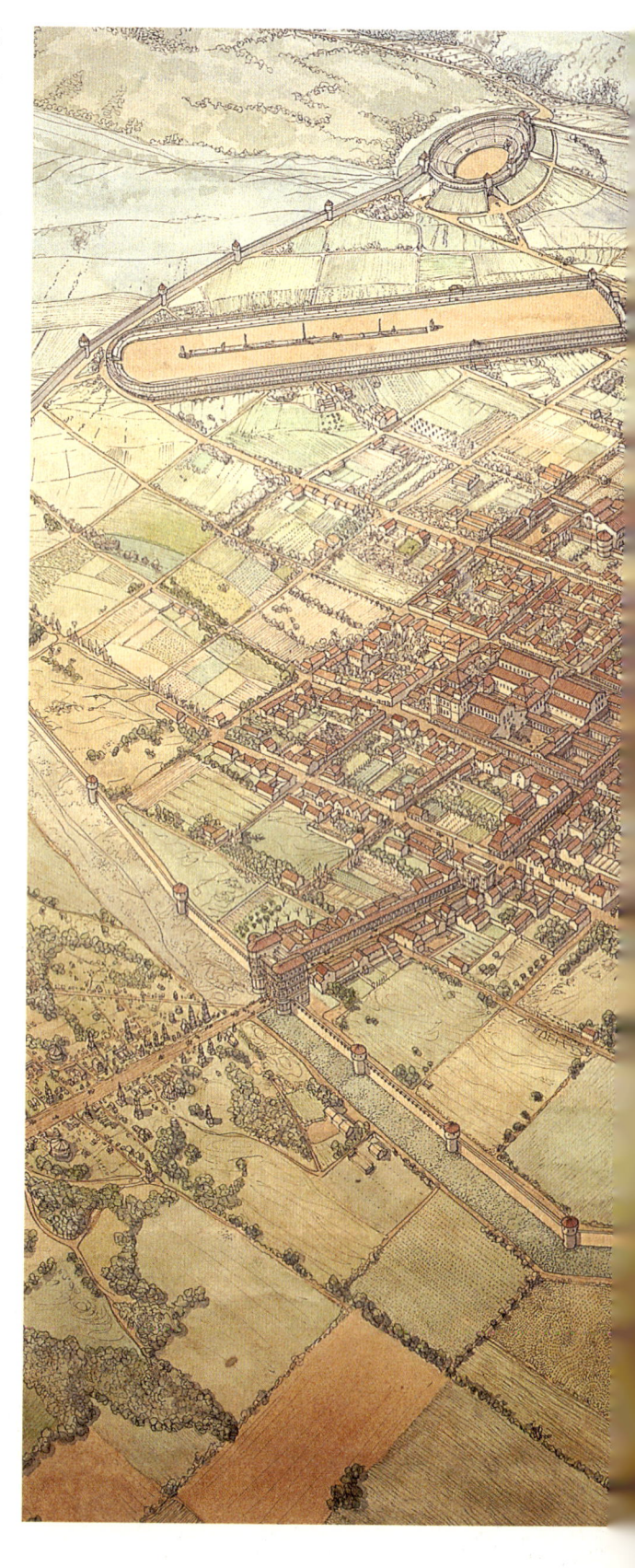

特里尔位于通往高卢道路和莱茵河的交叉口，2世纪开始发展。这个城市于286年成为皇帝的根据地。

131

罗马帝国末期的皇帝们

戴克里先（245—313）

萨罗纳宫（斯普利特）

286 年，来自达尔马提亚的军官戴克里先被军队拥立为皇帝。他是一名优秀的政治家，成功重振了近一个世纪处于无政府状态的羸弱帝国。他实行了政治、经济和税务改革，治国政绩有目共睹。他构想出一个新的统治体制，"四帝共治"：两位皇帝"奥古斯都"与两位副皇帝"恺撒"，共同统治帝国东方和西方。

戴克里先成为罗马帝国历史上的孤例。在国家重新安定后，他在 305 年退位，回到他在故乡萨罗纳（今斯普利特）修建的别墅，在那里度过余生。

戴克里先的住宅占地近 3 公顷，与前两个世纪的其他皇帝宫殿截然不同，后者以视觉愉悦和消遣为设计理念。在戴克里先统治时期，帝国边境地区一直受到入侵、劫掠的威胁，帝国各行省无一真正安全之地。所以戴克里先的宫殿按军营布局，建成了一座军事堡垒。高 18 米，厚逾 2 米的围墙，围出一块长 200 米、宽 175 米的巨大长方形土地。四座大门设在各个方向围墙的中心点上，城内两条相互垂直的大道——即南北干道"cardo"和东西干道"decumanus"——穿过宫殿。每座门两边各设有一座八边形塔楼，城墙四角各有一座方形警戒高塔。只有朝海的一面，比较讲究，城墙上方建有柱廊，其中间和两头都设有凉亭。

围墙内，街道两旁是拱廊，把宫殿分成不同区域。从西边的铁之门进入，人们可以到达皇帝私人住宅区，有卧室和浴室，西边是按照帕拉蒂尼山弗拉维宫模型建造的带后殿的大客厅，这个"金宫"，用于接待宾客，在西北边，一个很大的餐厅用来举办官方宴请。南边向海的铜之门通向一个巨大的穹顶前庭。

在南北干道和东西干道的交汇点上，矗立着戴克里先的陵墓，建在一个 3 米高的基坛之上，建筑顶部八边形塔盖住了内部的穹顶。最后，金之门（北门）和银之门（东门）通向行政区和军营。尽管戴克里克已经正式退位，但依旧监督着政务，当继位者之间的分歧威胁到他刚刚建立的秩序时，他仍会介入。

萨罗纳宫整体庄严肃穆，没有异想天开的成分，直线和直角是设计主调。没有花园，没有散步道，没有柱廊，只有规矩排列的树木勾勒着街道。这座罗马世界最后一座伟大宫殿没有保留任何尼禄金宫、图密善弗拉维宫、哈德良别墅在建筑上的奇思妙想和优美弧线。

马克森提乌斯（280—312）

马克森提乌斯宫

306 年，马克森提乌斯获得"奥古斯都"的称号，他把统治的大部分时间都花在与戴克里先的其他继承者的斗争上。312 年，马克森提乌斯在米尔维安桥战役兵败而亡，他的死让对手君士坦丁成为帝国西部唯一的皇帝。

马克森提乌斯的名字与古罗马广场最宏伟的建筑密切相关——建在圣道上的宏伟巴西利卡。它占地 106 米×60 米，高达 35 米的中殿更可谓是建筑学上的一大成就。这座中殿的屋顶由三个巨大筒形拱支撑，支撑着这些筒形拱的则是红细纹乳白色大理石柱。

在距凯西利亚·麦特拉（Caecilia Metella）巨大圆柱形陵墓不远处，马克森提乌斯于阿皮亚大道旁建造了自己的宅邸。如同戴克里先的宅邸，这里也与一座陵墓相连，也如同在君士坦丁堡，这所宅邸配有战车竞技场。这座宫殿背靠一座小山丘，建在过去连续建造的三座别墅的原址上，这三座别墅分别属于公元前1世纪，朱里亚-克劳狄王朝和2世纪，所以它保留了以前别墅的多种建筑元素，比如，共和国时代支撑高台的隐廊和安敦尼时代的浴场。马克森提乌斯在长达115米的隐廊两端增建了两座塔，用来观赏风景。一座带后殿的巴西利卡正对中庭，是宫殿的行政区。

战车竞技场毗邻宫殿，两者由走廊连接。从东边的凯旋门到西边的12座栅门（两端各有一座塔），整座战车竞技场长达520米。皇帝的包厢位于竞技场南侧。12排的阶梯座位由砖砌拱洞支撑，能容纳超过10000名观众。场地中央的分隔岛是一条人工水渠（euripe），中间竖立戴克里先时代模仿埃及建造的方尖碑。现在，该方尖碑矗立在纳沃纳广场由贝尔尼尼设计的四河喷泉的中央。

阿皮亚大道附近和宫殿正前方，是马克森提乌斯年轻儿子罗穆路斯的陵寝，他在309年英年早逝，随即被神化。陵墓建在双重柱廊围出的庭院中央，柱廊的建设使用了一种新型建筑砌体，叫opus listatum，即一层砖加一层凝灰岩碎石。陵墓主体是一个直径为33米的正圆形建筑，前面有一个长方形凸出部分，像罗马的万神殿设计，陵墓内部墙上凿了壁龛，用以摆放马克森提乌斯家族的石棺。

君士坦提乌斯二世（317—361）
马克西穆斯竞技场上的方尖碑

君士坦丁大帝把帝国分赠给他的三个儿子，他们很快互相争斗起来。356年，君士坦提乌斯二世在他的两个兄弟死后，成为唯一的皇帝，正式进驻罗马。他爱慕虚荣又固执己见，决定在马克西穆斯竞技场上竖立一座方尖碑。马克西穆斯竞技场用于战车比赛，其历史可以追溯到伊特鲁里亚老塔克文（Tarquin l'Ancien）王时代，历任君主一直在扩建。到了君士坦提乌斯二世时期，它已经可以接纳30万观众。公元前10年，奥古斯都在场中央分隔岛上竖立起一座从赫利奥波利斯带回来的拉美西斯二世的方尖碑（现在位于波波洛广场的中央），高23.7米。

君士坦提乌斯二世从底比斯运回一座图特摩斯二世的方尖碑，高32.5米，由玫瑰红花岗岩制成，竖立在奥古斯都方尖碑不远处。阿米亚努斯·马尔切利努斯（Ammien Marcellin）[24]描述了357年在马克西穆斯竞技场中央竖立这座"满是图像记号装饰高山"的壮观历史场景。在某一瞬间，这事儿差一点就失败了。人们在竞技场搭建起木头脚手架森林，用近千条绳索绑着方尖碑。方尖碑被慢慢拉起来，可在半途不动了，斜着停在那里，好像就要倒下了。上千人用尽全力转动绞盘，才使这座石碑又重新动了起来，最终矗立在了分隔岛的中央。人们为它安装上一个镀

▶ **斯普利特的戴克里先宫（克罗地亚）**

戴克里先退休后，在亚得里亚海边（位于今日的斯普利特）建造宫殿。实际上，完全可以把它看成是紧凑、坚固的军事堡垒，这反映出当时社会的不安定。人们从临海的一边可以看到别墅外墙的大柱廊，八边形的皇陵和它尖尖的顶端。在围墙内的一隅，可以看到一个围绕四方形庭院的军营。

133

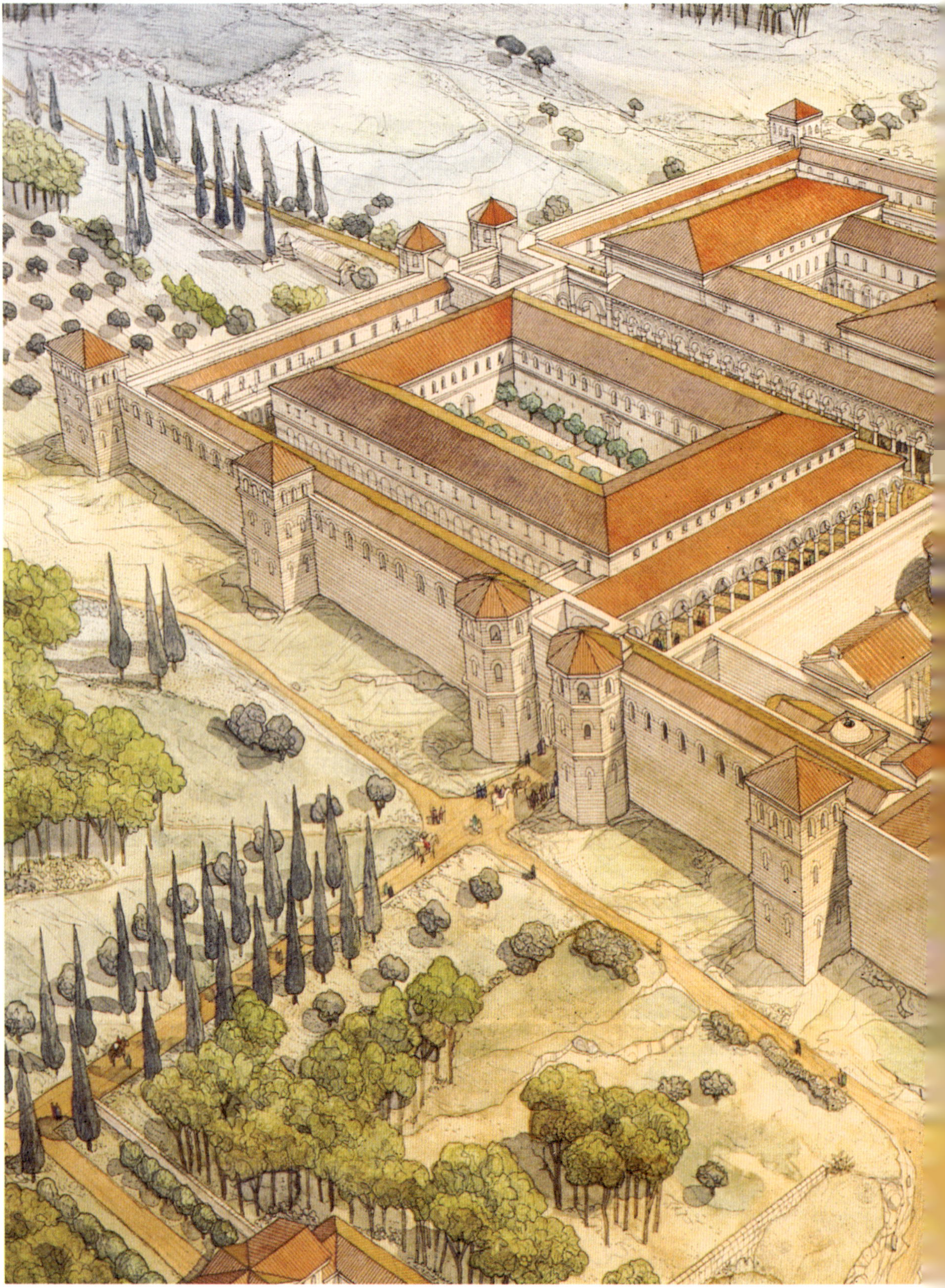

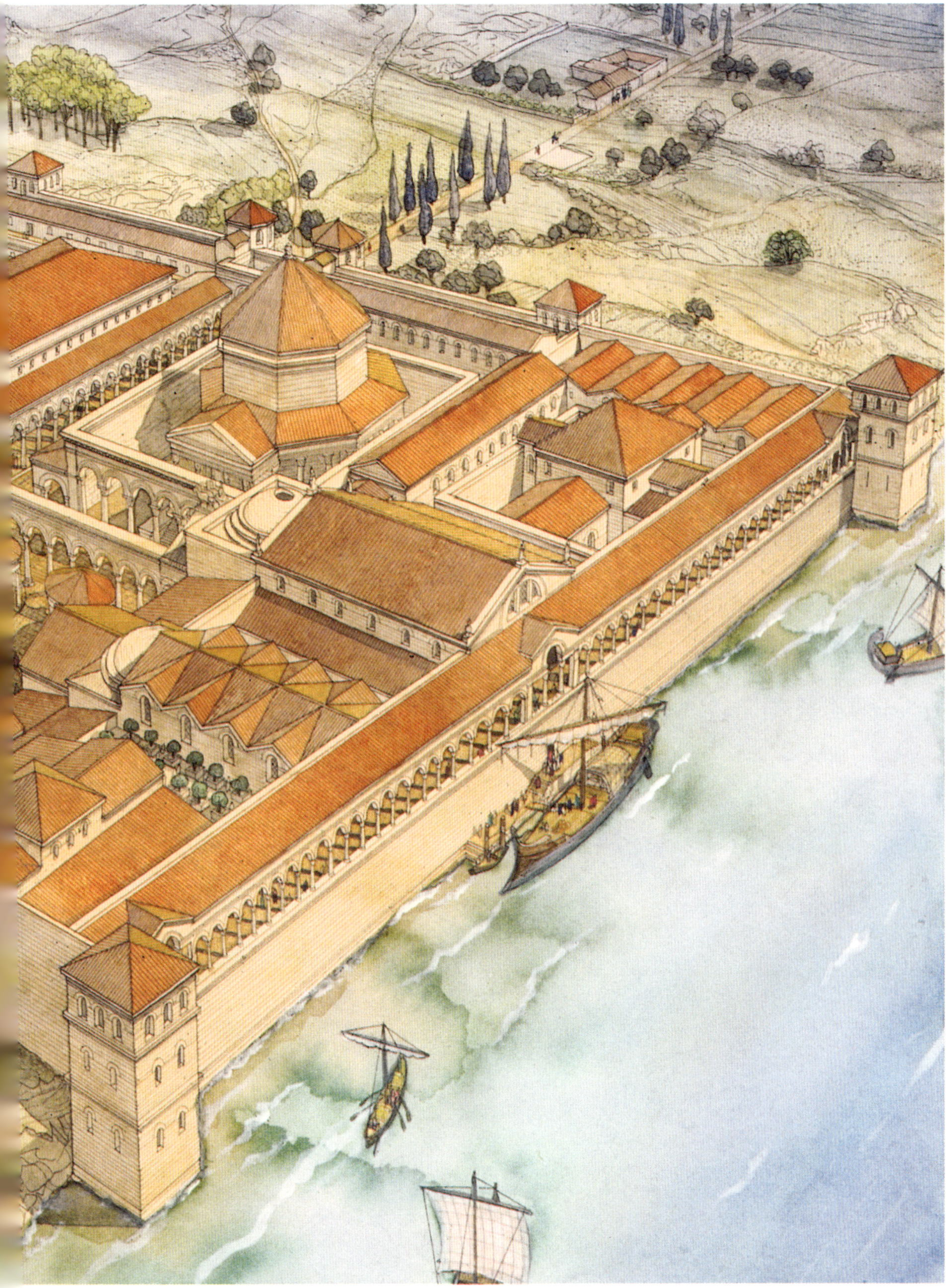

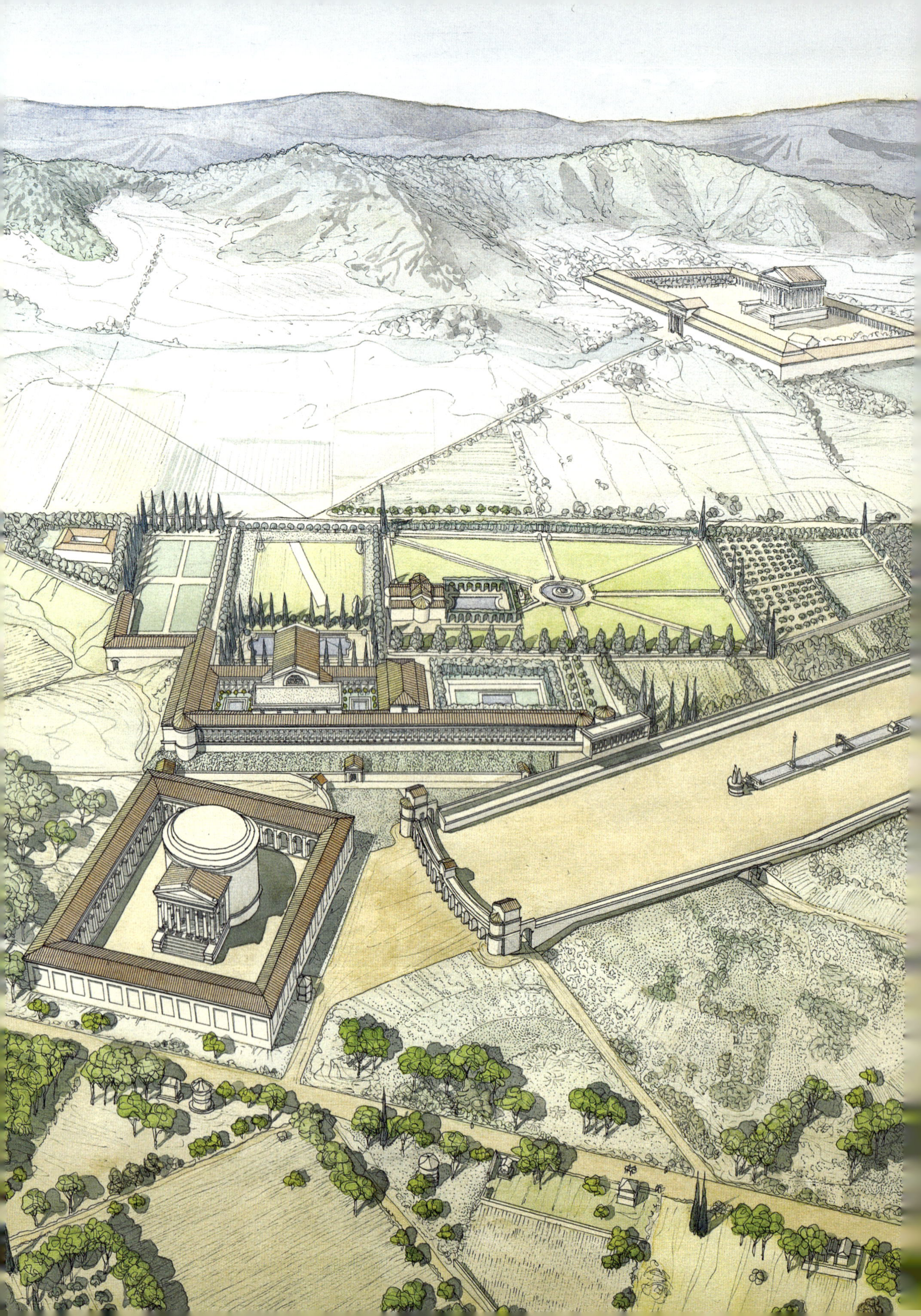

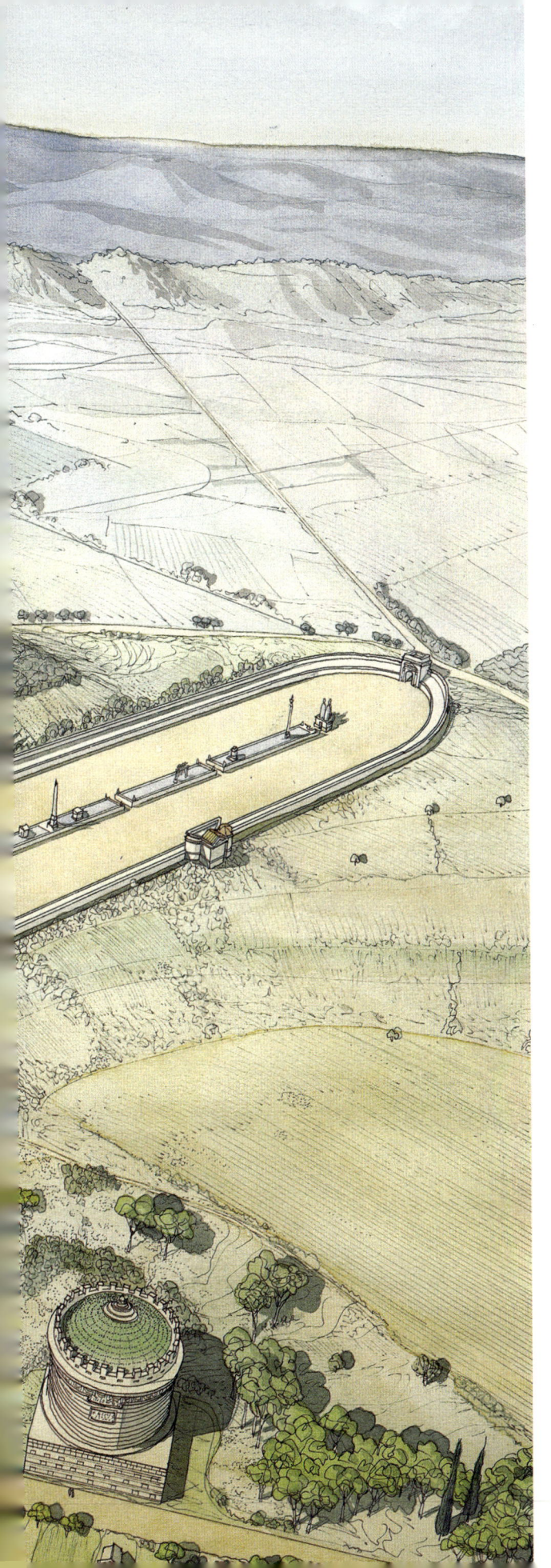

阿皮亚大道（近景）旁的纪念性建筑群。一侧是凯西利亚·麦特拉的圆柱形陵墓。人们可以看到战车竞技场，皇室包厢与宫殿正面的长柱廊相连。左边，是马克森提乌斯儿子罗穆路斯的陵墓，很像穹顶神殿，建在柱廊环绕的庭院中央。远景是克瑞斯神殿和福斯蒂娜神殿。

这座战车竞技场是目前古罗马世界保存状态最为完好的。

后页

357年，在君士坦提乌斯二世方尖碑竖立后，马克西穆斯竞技场的全貌。埃及最大方尖碑，在马克西穆斯竞技场的中心被竖起。今天，它竖立在圣-让·德·拉特朗大教堂门前。

远景，是富丽堂皇的帕拉蒂尼山宫殿群。在"体育场"之外，是温泉浴场及塞维鲁在3世纪初建造的泉水池。

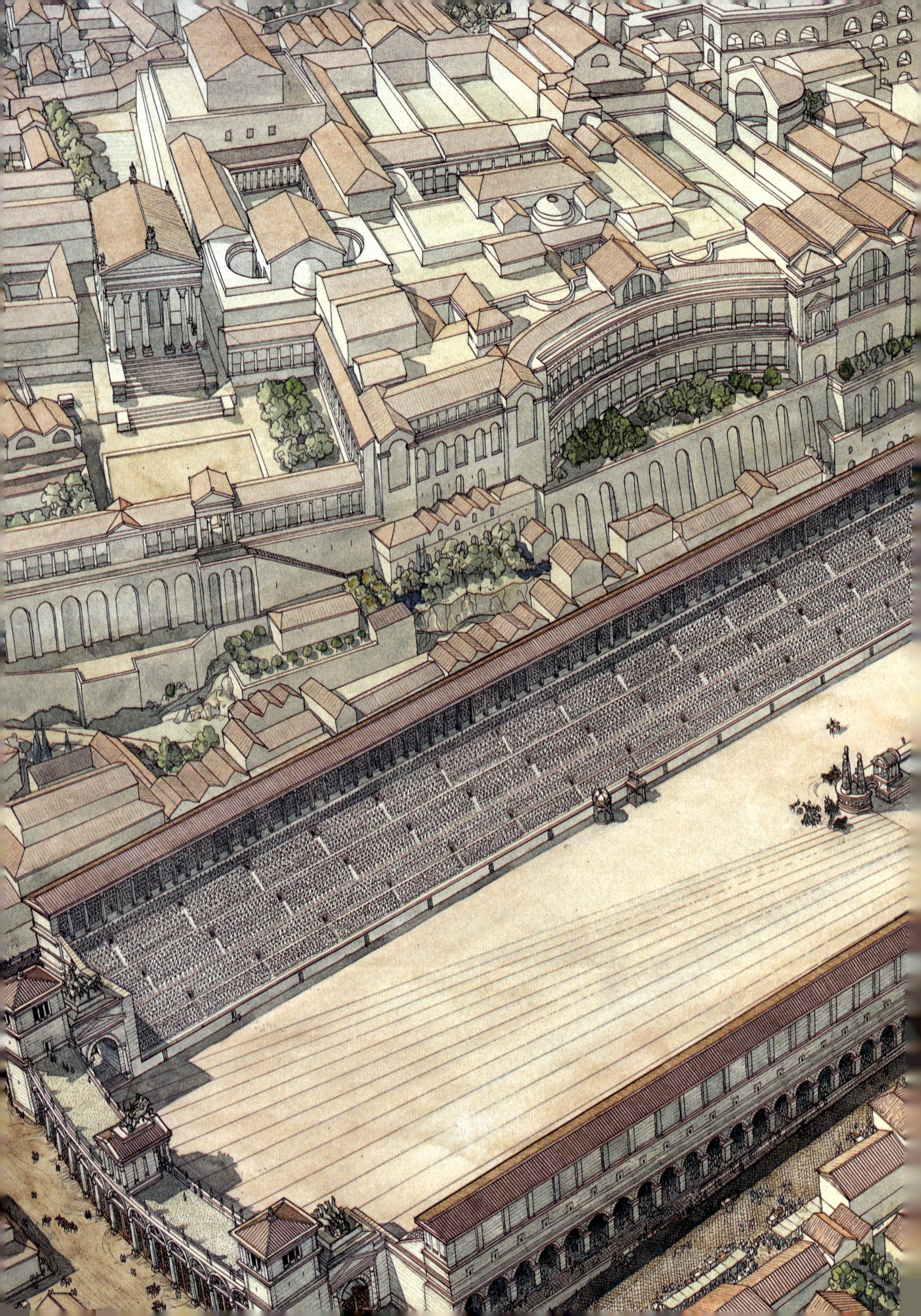

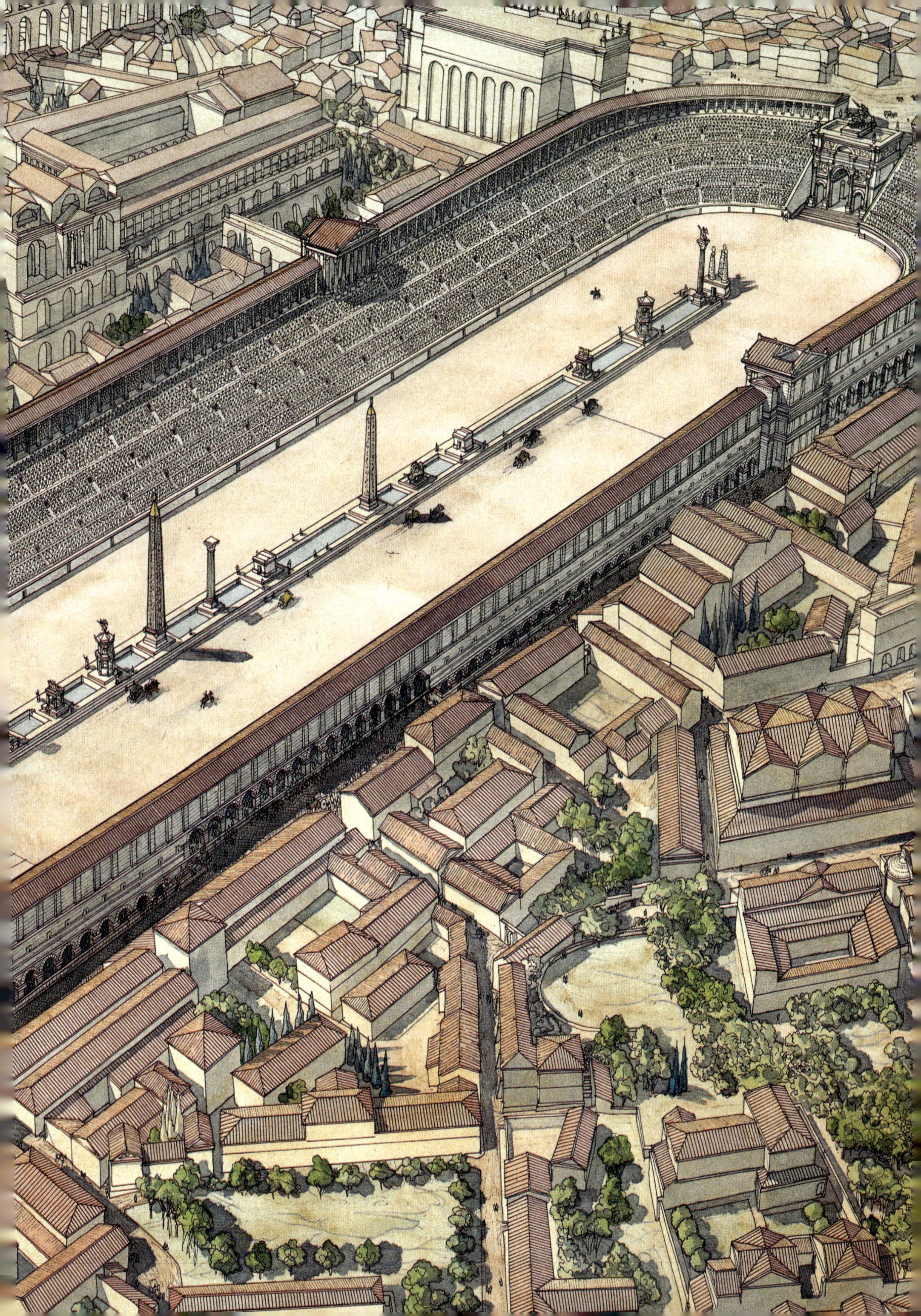

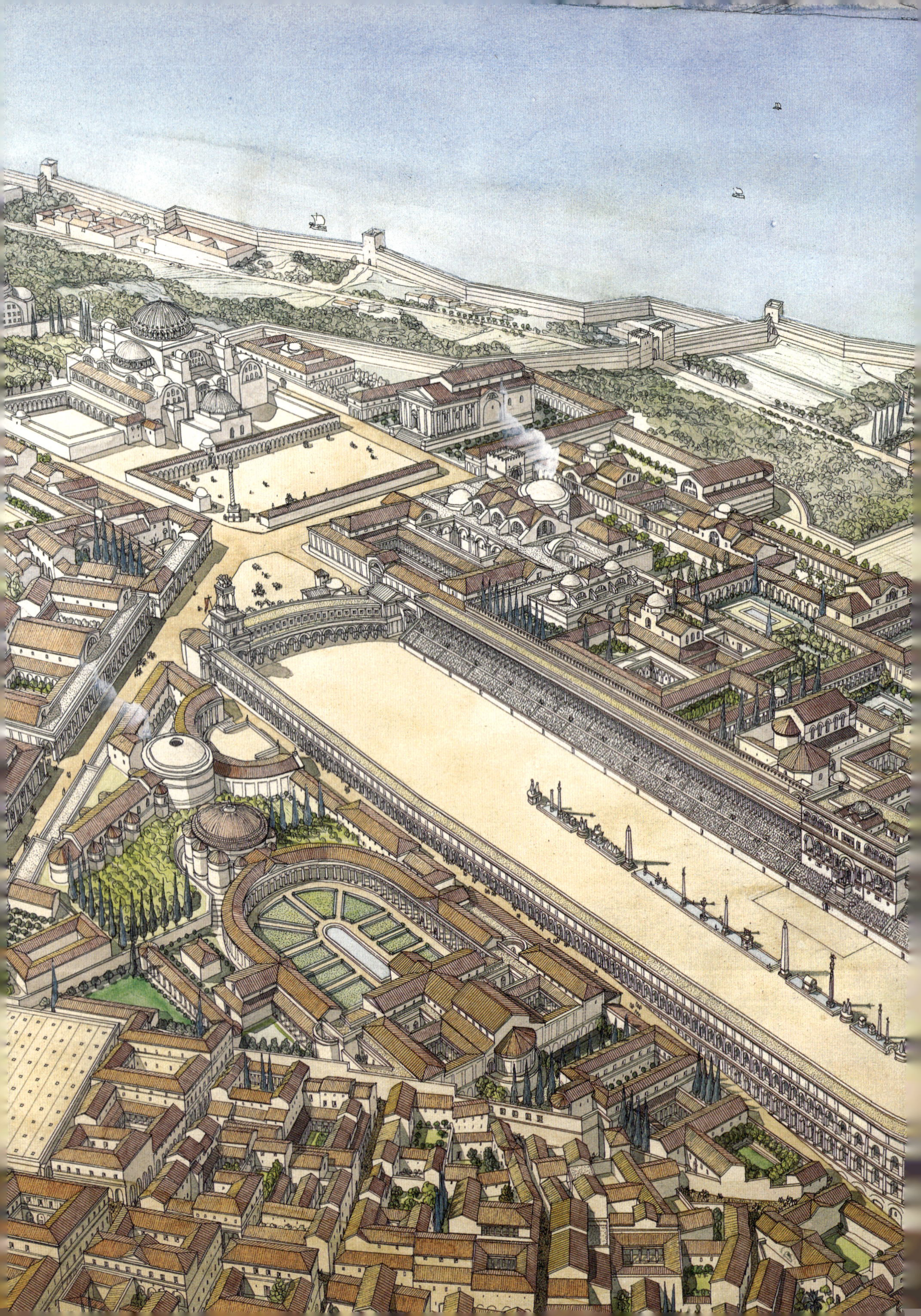

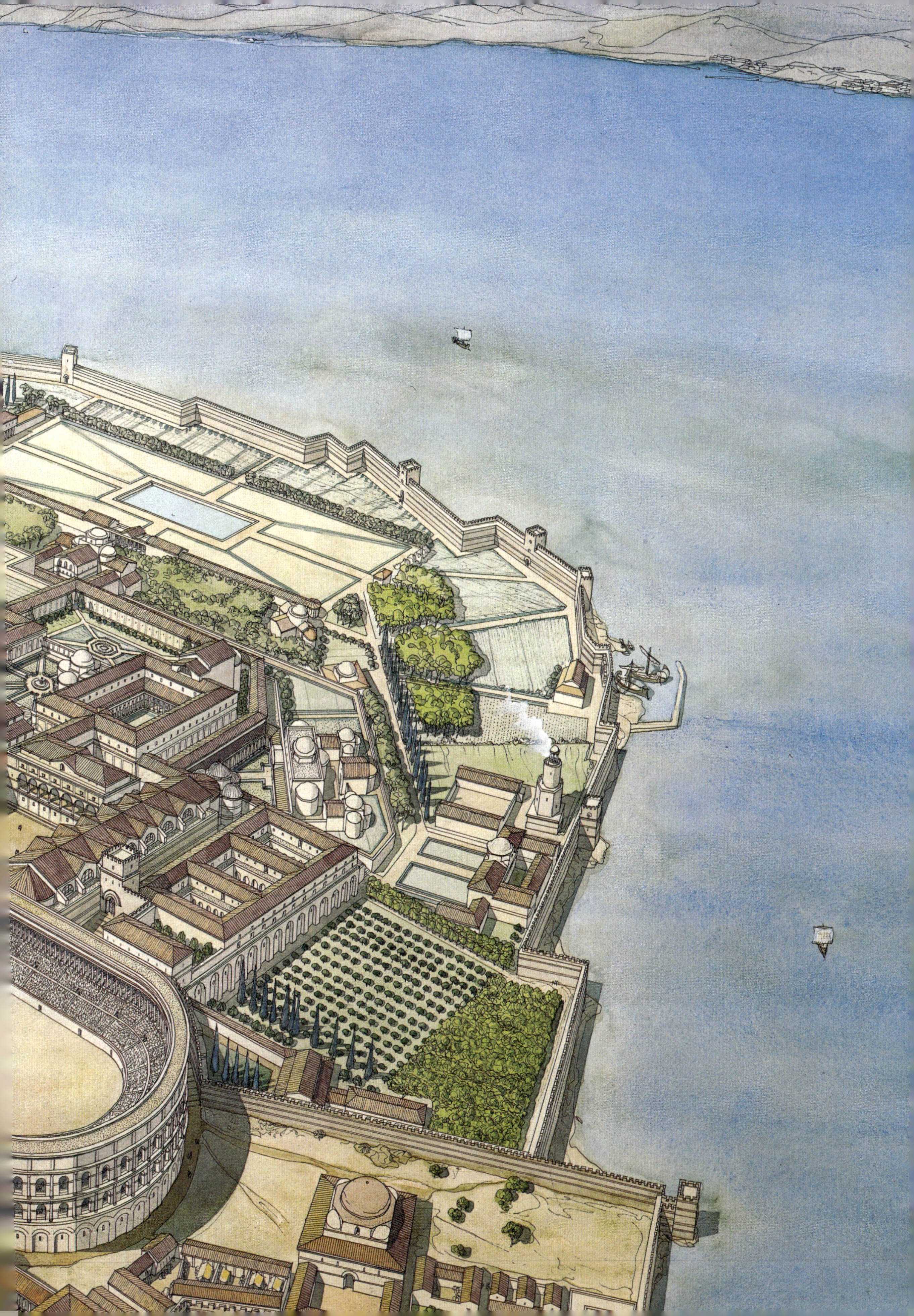

◀ 查士丁尼时代的君士坦丁堡（伊斯坦布尔）

拜占庭皇帝们的皇宫及战车竞技场全貌。在那个时代，战车竞技场扮演着重要角色。在这里举行的赛车比赛是属于庆典仪式，支持各队的不同党派也具有重要政治意义。

这幅图近景和左边是大储水池，正中间是罗索斯宫（Lausos）和安条克宫（Antiochos），然后是卡蒂斯玛宫和战车竞技场。卡蒂斯玛宫是一座形式紧凑的建筑，它前面是带帷帐的皇家包厢并连接大皇宫内各院和各种不同的纪念性建筑。这个建筑群被高大城墙包围，城墙附有许多防卫塔，守卫着博斯普鲁斯海峡。

图左边是圣索菲亚大教堂和它的穹顶，后面是圣伊琳娜教堂。

对岸是克里索波利斯的一角。这个景观展现了罗马帝国末期皇宫的样貌。该宫殿复原图依托于考古数据，以及对可以推演皇宫和战车竞技场模样的古典文本，如先皇在世授位的君士坦丁七世的《典仪论》，进行准确文字分析。最新研究成果对重现战车竞技场及周围环境发挥了重要作用。

金青铜球，几乎眨眼工夫就被闪电劈碎了。后来人们把球换成了一个镀金火炬。

君士坦提乌斯二世的方尖碑现在位于圣-让·德·拉特朗广场。

查士丁尼（482—565）

君士坦丁堡大皇宫

324 年，在战胜了对手李锡尼乌斯后，君士坦丁决定在古拜占庭遗址上建一座以自己名字命名的新城。4 世纪时，罗马不再是罗马帝国的首都，皇帝们也不住在罗马城。拜占庭具有许多战略和经济优势：它位于马尔马拉海和金角湾中间的三角形半岛，扼守着博斯普鲁斯海峡入口，进而可以控制欧亚大陆之间的海陆交通。324 年 11 月，君士坦丁为"新罗马城"砌上第一块石头。330 年 5 月 11 日，他率领罗马权贵及军官正式入住君士坦丁堡，从此他和他所有的继位者都住在这里。

新城既是罗马城的东方翻版，又是帝国的宗教中心，拥有与罗马相似的机构（600 人的元老院，一位执政官，皇家的平民食物分发点）。它像罗马一样被分为 14 个城区，有一个大广场。君士坦丁大帝还计划建造一些大教堂，但只有后来其陵墓所在的圣使徒教堂在他的治下完工。君士坦丁堡吸引了大量新居民，到了 4 世纪末，城市扩展到最初的城墙之外。狄奥多西二世又建造了新城墙以扩大城市面积。5—8 世纪，一些新建筑的增加使这座城市呈现出它在中世纪的面貌。

从君士坦丁大帝起，后世罗马所有皇帝都居住在君士坦丁堡。皇帝会在盛大宗教庆典和节庆演出时与民众见面。随着统治者的变换，大皇宫也覆盖了半岛的整个东部。宫殿建筑群最北边是元老院和塞维鲁时期建成的奥古斯都广场，广场中间竖立着米隆里程碑（Milion）。如同罗马城的里程碑，帝国所有道路都以此碑作起点。君士坦丁堡的主干道——梅塞大道的起点便是奥古斯都广场。宫殿内有多处祭祀建筑，其中就有圣使徒教堂。然而，皇帝官方教堂是圣索菲亚大教堂。它在 360 年君士坦提乌斯二世治下完工，最初是献给智慧女神的。圣索菲亚大教堂曾两次被大火烧毁，最终在查士丁尼大帝的统治下建成了现在的模样。

君士坦丁堡大皇宫与罗马的弗拉维宫有诸多相似之处，后者很可能是其原型。事实上，君士坦丁堡大皇宫的大柱廊相当于雷吉亚厅，而"19 张躺床宴会厅"（Triklinos）与图密善宫的宴会厅功能相近。还有，同在帕拉蒂尼山一样，住所边也建造了一座有顶的战车竞技场。受到伽列里乌斯在塞萨洛尼基新修宫殿的启发，君士坦丁大帝选择沿着塞维鲁于 196 年建成的战车竞技场修建他的皇宫。该皇宫后在 4 世纪进行了扩建。

查士丁尼时代的君士坦丁堡战车竞技场可以与罗马的马克西穆斯竞技场媲美。这座建筑也成为君士坦丁堡政治和社会生活的重要场所。实际上，城市居民根据他们对赛车车队的喜爱分成两大党派：蓝党与绿党。（另外两队的支持者组成的红党和白党没有什么重要性）532年，尼卡叛乱时，各派联合起来反对当局并想推翻查士丁尼。幸亏贝利撒留，皇帝得以粉碎起义并在战车竞技场屠杀了3万到4万人。

查士丁尼重现了战车竞技场的风采。分隔岛的中央矗立着"蛇柱"，高9米，由三条相互缠绕的蛇组成，它本来是公元前5世纪赠送给德尔菲的阿波罗神纪念碑的黄金三角基座。同在罗马一样，390年，查士丁尼在分隔岛竖起了两座方尖碑。这个分隔岛的特别之处是它并不是一个连续的整体：分隔岛两端的界石柱分别对应"蓝党"和"绿党"两个阵营；还有代表"红党"和"白党"的两组界石柱，它们穿插在分隔岛之中，与方尖碑一起将分隔岛截成数段。

古代文献记载君士坦丁在他的皇宫内部建造了一个皇帝包箱，仿效弗拉维宫可以俯视罗马马克西穆斯竞技场的包厢。在君士坦丁堡，沿着战车竞技场建起的卡蒂斯玛宫（Kathisma）[25]有一个大包厢，皇帝可从内部楼梯到达。在战车竞技场狄奥多西方尖碑的底座上，有皇帝与城里市民一同观看战车比赛的浮雕。皇家包厢的地位等级充分显示了君士坦丁堡统治者的神圣威严。

注释
（本书注释均为编者所加）

1. 法语原文为"meubles et immeubles"，此处作者使用了双关语，可引申为"动产和不动产"。
2. 传说中战神马尔斯的盾牌，由萨利祭司团保管的圣物之一。
3. 拉丁语 Salii，意为"舞蹈者"，故又译"舞者祭司"，是侍奉战神马尔斯的祭司。
4. 森都里亚会议的投票场。
5. 拉丁语 Campus Martius，常译为战神广场，又译马尔斯原野、马尔斯的战场。实际是位于罗马西北部、紧邻台伯河最大河湾右岸的一片平原，与汉语中一般意义上的广场不同。本书基本采用常见译法，第40页为上下行文通顺采用"马尔斯原野"这一译名。
6. 又译玛塞纳斯。他住在空气新鲜的艾斯奎里努斯郊原（Esqulinus Campus）。
7. 根据祭牲的内脏进行占卜的祭司。他们也对雷殛的征兆作出解释。伊特鲁里亚人擅长此术，遇到重大事件，罗马元老院就从伊特鲁里亚请来最有威望的脏卜师进行咨询。
8. 古希腊早期女性服饰。
9. 在这则神话中，实际上达那俄斯最小的女儿许珀耳涅斯特拉并未杀死自己的丈夫林叩斯。后来也正是林叩斯复仇杀死了除自己妻子外的49位达那伊得斯姊妹以及达那俄斯，获得了阿尔戈斯的王位。
10. 法语原文 paradise，作者在这里巧妙使用了该词的多意：既为"花园"，又为"天堂"。
11. "那不勒斯隧道"，是当今中文对该地的称呼。该词拉丁语直译为"那不勒斯地窖"，为塞内卡用来讽刺隧道环境之语。故后文涉及塞内卡文章内容引用时，保留直译。
12. 指斯库拉和波吕斐摩斯。
13. De Vita Caesarum 法语版 Vie des douze Césars 中使用词汇为 langouste（龙虾），中文版《罗马十二帝王传》遵循英译版的 crab，翻译的是"螃蟹"，拉丁语版用词为 Lucusta。
14. 法语 Dioscures，意为"宙斯的儿子们"，一般是卡斯托尔与波吕丢刻斯的统称。
15. 即 Lucius Cassius Dio。
16. 法语 vigile，也负责消防工作。
17. 即埃斯奎林山西坡的法古塔尔（Fagutal）。
18. 又名 Sicambri，一个日耳曼部落。
19. 该词意为带有壁画的柱廊，中文并无对应词汇。此处作为地名，按照法语音译。
20. 也即 Pseudo-Aurelius Victor。
21. 位于希腊哈尔基斯的海峡。
22. 意为塞拉皮斯神的神殿。
23. 以人物、动物和其他物体为代表的中央面板，或希腊-罗马镶嵌画中偶尔出现的另一特色设计主题。它通常是 opus vermiculatum——一种非常精细的马赛克作品，用微小的镶嵌材料（石头、陶瓷玻璃或其他坚硬的立方体）制作。它的周围多是粗糙的马赛克镶嵌成的花卉或几何图案。
24. 即 Ammianus Marcellinus。
25. 源于古希腊语中的座位一词，后引申为皇帝专座。

词汇表

（以下是经常出现在书中的术语定义）

Abside 半圆形后殿，大厅尽头的半圆形空间。

Ambulatio 步行道，花园内可散步的道路。

Atrium 中庭，罗马住宅中重要的组成部分，一般在院中央有一个水池，可以承接房顶流下的雨水。

Basilique 巴西利卡，大型封顶建筑，内部以后殿结尾，由柱子分割区域，具有多重作用。

Belvédère 观景台，一种用于观远景的建筑。

Cenatio 宴会厅，餐厅。

Cryptoportique 隐廊，半地下封顶走廊，一种连接别墅内房间的暗道。

Diaeta 与主建筑分离的独立楼阁，用于房屋主人隐修。

Euripe 罗马别墅中在花园内挖掘的人工河。

Exèdre 半圆形谈话室，有座椅。

Forum 罗马城市中心的广场，周边是公共和宗教生活的重要设施。

Gestatio 花园中用于乘肩舆骑马和驾车游览的道路。

Imperator 英白拉多，共和国时期，对胜利将军的称号，帝国时代是代表皇帝职能的头衔。

Lararium 在中庭供奉家族信仰神明的小祭坛。

Nymphée 纪念性泉水池，有各类雕像作为装饰的喷泉。

Oculus 天窗，穹顶上的圆形窗户。

Péristyle 围绕花园式庭院的柱廊。

Pilastres 壁柱，镶在墙内的垂直柱子。

Podium 基坛，台基。支撑神殿或其他建筑物的地基，在演出场所它是贵宾看台。

Pomerium 相传由罗穆路斯划定的祭祀用地，亦是罗马城的地界。

Pontife 祭司，罗马掌管一个学校的人，大祭司是罗马宗教领袖。

Portique 柱廊，封顶走廊。

Praetorium 最早是指罗马军营帅帐，帝国时代，亦指皇帝和行省官员的宅邸。

Spina 分隔岛，竞技场中央用围墙围起的分隔岛，外侧是跑道。

"Styles" 罗马绘画分为4种风格：公元前2世纪，庄严对称风格；奥古斯都时代，逼真和戏剧化；1世记开始，镶嵌艺术；1世纪末，第二和第三风格的兼容。

Tablinum 前厅，面向中庭，主人接待和办公的地方。

Thermes 浴场，私人和公共浴场，有温水浴池、热水浴池、冷水浴池、蒸汽浴室和游泳池。

Topiaire 罗马园艺，将树木剪成各种形象。

Triclinium 用躺床招待宾客的餐厅，一床一般三人。

Vestibulum 前庭，中庭房间入口的过道。

参考文献

在这里，我们推荐的是一些关于古罗马皇家宅邸的法语书籍。读者可以在这些书中找到关于特定建筑的更详细的参考书目。

J.M. ANDRÉ, *La villégiature romaine,* Paris, P.U.F., Que sais-je ?, 1993.

N. BELAYCHE dir., *Rome, les Césars et la ville aux deux premiers siècles de notre ère,* Rennes, 2001.

R. BIANCHI-BANDINELLI, *Rome. Le centre du pouvoir,* Paris, L'univers des Formes, Gallimard, 1969.

N. de CHAISEMARTIN, *Rome. Paysage urbain et idéologie,* Paris, Armand Colin, 2003.

F. COARELLI, *Guide archéologique de Rome,* Paris, Hachette, 1998.

J.M. CROISILLE, *La peinture romaine,* Paris, Picard, 2005.

L. DURET et J.P. NÉRAUDAU, *Urbanisme et métamorphoses de la Rome antique,* Paris, Les Belles-Lettres, 2001.

P. GRIMAL, *Les jardins romains,* Paris, P.U.F., 1969.

P. GROS, *L'architecture romaine - 2 - Maisons, palais, villas et tombeaux,* Paris, Picard, 2001.

L. JERPHAGNON, *Histoire de la Rome antique. Les armes et les mots,* Paris, Tallandier, 1994.

Y. LE BOHEC dir., *Rome, ville et capitale, de César à la fin des Antonins,* Paris, Le Temps, 2001.

E. LEVY ed., *Le système palatial en Orient, en Grèce et à Rome,* Actes du colloque de Strasbourg 19/22-06-85, Strasbourg, 1987.

M. ROYO, *Domus Imperatoriae. Topographie, formation et imaginaire des palais impériaux du Palatin,* École Française de Rome, 1999.

G. SAURON, *L'Histoire végétalisée. Ornement et politique à Rome,* Paris, Picard, 2000.

R. TURCAN, *L'Art romain,* Paris, Flammarion, 1996.

R. TURCAN, *Vivre à la cour des Césars,* Paris, Les Belles Lettres, 1987.

P. VEYNE, *L'Empire gréco-romain,* Paris, Le Seuil, 2005.

图书在版编目（CIP）数据

鸟瞰古罗马 /(法)卡特琳·萨勒
(Catherine Salles) 文 ; (法) 让-克劳德·戈尔万
(Jean-Claude Golvin) 图 ; 谢强, 郭畅译. -- 成都：
四川文艺出版社, 2025. 5. -- ISBN 978-7-5411-7140-6

I . K126

中国国家版本馆CIP数据核字第20254H6V27号

Voyage chez les Empereurs Romains by Jean-Claude Golvin & Catherine Salles
© Actes Sud-Errance, France 2006
Current Chinese translation rights arranged through Divas International, Paris 巴黎迪法国际 (www.divas-books.com).

本书简体中文版权归属于银杏树下（北京）图书有限责任公司
版权登记号：图进字 21-2024-207

NIAOKAN GULUOMA
鸟瞰古罗马

［法］卡特琳·萨勒 文　　［法］让-克劳德·戈尔万 图
谢强　郭畅 译

出 品 人	冯　静
选题策划	后浪出版公司
出版统筹	吴兴元
编辑统筹	郝明慧
责任编辑	李国亮　王梓画
特约编辑	王　凯
责任校对	段　敏
装帧制造	墨白空间·张萌
营销推广	ONEBOOK

出版发行	四川文艺出版社（成都市锦江区三色路238号）
网　　址	www.scwys.com
电　　话	028-86361781（编辑部）

印　　刷	天津裕同印刷有限公司		
成品尺寸	190mm×260mm	开　本	16开
印　　张	9.5	字　数	195千字
版　　次	2025年5月第一版	印　次	2025年5月第一次印刷
书　　号	ISBN 978-7-5411-7140-6	定　价	128.00元

后浪出版咨询(北京)有限责任公司　版权所有，侵权必究
投诉信箱：editor@hinabook.com　fawu@hinabook.com
未经许可，不得以任何方式复制或者抄袭本书部分或全部内容
本书若有印、装质量问题，请与本公司联系调换，电话010-64072833